TUJIE 图解
孕期同步胎教

付娟娟／编著

中国人口出版社
China Population Publishing House
全国百佳出版单位

图书在版编目（CIP）数据

图解孕期同步胎教／付娟娟编著．—北京：中国人口出版社，2014.5

ISBN 978-7-5101-2483-9

Ⅰ．①图… Ⅱ．①付… Ⅲ．①胎教—图解 Ⅳ．① G61-64

中国版本图书馆 CIP 数据核字（2014）第 089323 号

图解孕期同步胎教

付娟娟 编著

出版发行	中国人口出版社
印　　刷	河北美程印刷有限公司
开　　本	820毫米×950毫米　1/16
印　　张	17.5
字　　数	200千
版　　次	2014年5月第1版
印　　次	2014年5月第1次印刷
书　　号	ISBN 978-7-5101-2483-9
定　　价	36. 80元(赠送CD)
社　　长	陶庆军
网　　址	www.rkcbs.net
电子信箱	rkcbs@126.com
电　　话	(010) 83534662
传　　真	(010) 83515922
地　　址	北京市西城区广安门南街80号中加大厦
邮政编码	100054

目录

CONTENTS

孕2月 好“孕”来啦

孕3月 肚里藏着一个“小小的人儿”

孕7月 沉甸甸的“孕味” …………………………… 157

孕9月 放松心情，幸福期待 ……………………………… 215

孕1月

从无到有创造生命奇迹

生命是一个从无到有的过程。女性从未孕到有孕，其生理和心理都会经历一个非同寻常的过程。腹中那个可爱的小生命的健康状况无疑是准爸爸、准妈妈最为关心的。那么，在迎接新生命到来的关键的孕1月，需要注意哪些问题呢？请随着书页的翻动来了解一下吧。

本月胎教要点

很多准妈妈在孕1月并不知道自己怀孕。但是这个并不明显的过程中，却隐藏着与生命质量有关的重要信息。准妈妈的身心健康，甚至是一个表情一个动作都对胎宝宝的一生有决定性的影响。因此，在备孕期和孕期一定要注意做到：

强身健体

准妈妈的身体强健是胎宝宝茁壮成长的必要条件，也是降低自身孕期风险的重要条件。准妈妈可以通过做孕期体操、补充必要的营养、作息规律等来达到强身健体的目的。

远离致病因素

现代科技给人们带来便利的同时，也带来了许多或明或暗的负作用。比如多种电器带来的光电辐射都不利于胎宝宝的健康成长。这是准妈妈需要注意的。此外一些药品的应用更应该注意。很多导致胎宝宝不能健康成长的因素是不可逆转的，因此准妈妈一定要加倍留心，远离这些致病因素。

保持良好情绪

情绪不仅可以影响准妈妈本人的食欲、睡眠、精力、体力等各方面的状况，而且可以通过神经和体液的变化，影响胎宝宝的血液供给、心率、呼吸和胎动等多方面的变化。大悲大怒对准妈妈和胎宝宝都有不良影响，甚至会抵制胎宝宝的器官成长。而乐观积极的情绪则有利于胎宝宝的身心健康成长。因此，准妈妈一定要注意保持良好的情绪，切忌情绪有大的波动。

第1周：小生命在等待

好胎教助孕好宝宝

具体来说，恰当的胎教对宝宝有以下影响：

1 促进智商的提高。研究证明，在胎宝宝的大脑细胞分裂增殖的两个高峰期（孕2~3月，孕7~8月）进行充分有益的刺激，可使脑细胞的分裂趋于顶峰，为将来的高智商奠定基础。

2 有助于心理的全面发展。胎教有利于培养胎宝宝的感知能力和情感接受能力的良性发展，使胎宝宝以后在成长过程中就能很好地接受审美教育，具有想象、直觉、顿悟和灵感能力，并具有情感体验、调节和传达能力，孩子心理才能得到全面发展。

3 有助于完善个性。个性的形成与早期在子宫的经验很有关系，在人生的开始受到整体性和审美的教育，会对一个人的心灵产生长远而深刻的影响，最终使这个人的人格趋向完善，成为能够自我认知、自我完善和自我实现的人。

4 对胎宝宝的综合良性影响。孕期进行科学的胎教，有助于胎宝宝各器官功能发育得更加完善，发掘胎宝宝心理潜能，为胎宝宝智力、行为的形成和发展打下良好基础。

胎教提示

胎教从准备怀孕那一刻就可以开始，但这并非意味着已经怀孕或者孕期过半再做胎教就没有意义。胎教对任何一个阶段的胎宝宝来说，都是意义重大的。

必须注意的备孕事项

备孕是一件大事，因此生活中要加倍留意以下事项，以保证孕育的质量：

1 孕前6个月停止服用避孕药。避孕药的成分对胎宝宝健康不利，在人体内残留时间较长，在停服6个月后才能完全排出体外。准妈妈在停药后的半年中，最好选择避孕套来避孕。这样做不会损害精子、卵子的质量，并且可靠性也很高。

2 备孕期间不要随便吃药或注射药物。很多药物都会影响到精子的生存质量，甚至会引起精子的畸形。当含有药物的精液进入女性体内后，经阴道黏膜吸收后可进行女性血液循环，从而影响受精卵的质量，产生低体重儿或畸形儿。因此备孕前用药一定要仔细咨询医生。

3 至少在孕前半年内戒烟、戒酒。长期吸烟或过度饮酒会影响精卵质量，对优生不利。

4 注意化妆品。远离隔离霜、粉底、美白祛斑霜等含铅的化妆品。如果女性体内含铅量高，会造成胎宝宝患各种疾病，如多动、智力低下、贫血等。

有些化妆品含铅等有害物质量即使较少，但若长期使用也会造成影响。因此经常使用化妆品的爱美女性最好在备孕前做一下相关检查，避免因为爱美过度而导致有关问题。

5 远离辐射污染。如果做过X线照射，一般要过4~6周后才较安全。X射线即使很少的照射量也可能导致卵子畸变或基因突变。此外一些电磁辐射也对人体有影响，因此备孕期间尽量远离各种电磁辐射。

6 作息规律。一定要早睡早起，保证睡眠。否则不能保证身体更健康，也影响整个孕期的生活质量。睡眠时间一般应保证7~8小时，入睡时间以晚上9点到11点为佳，这样有利于形成良好的睡眠习惯。

7 心情舒畅。人的精神紧张、情绪不佳会抑制排卵，从而干扰受孕。因此备孕前一定要保持心情舒畅。

胎教提示

新装修的房子不能居住。装修用的有机溶剂、黏合剂等，对成人可能没有多大的影响，但可能对胎儿造成不可逆的损伤。

必须做的孕前检查

做好孕前检查，可以筛查出不利于孕育的因素，及早发现、及早治疗，避免因为母体健康问题而影响胎宝宝的身体健康，有利于优生优育。因此一定要注意在备孕前做好以下各项检查：

检查项目	意义所在
血常规检查	1. 了解准妈妈的血色素数值、白细胞数量、有无潜在感染，以及准妈妈是否患有贫血。 2. 通过血小板的数值，可以了解准妈妈的凝血机能，以及是否有血液系统或免疫系统疾病
尿常规检查	1. 有助于肾脏疾患的早期诊断。怀孕会加重肾脏的负担，严重的可能出现肾功能衰竭，并增加高血压病的风险，甚至引起流产、早产、胎儿宫内发育受限等。 2. 发现准妈妈是否有泌尿系感染或糖尿病等问题
妇科检查	1. 对于有月经不规律、腹痛、白带多、外阴长东西、乳房异常等症状的女性来说，孕前妇科检查更是必不可少。 2. 通过这些检查可以确定是否存在一定的不宜怀孕的身体疾病，早发现早治疗
肝脏检查	很多人携带乙肝病毒都没有任何症状，所以在怀孕之前检查一下自己是否携带乙肝病毒是很必要的，这有助于医生决定你是否可以现在怀孕，以及宝宝出生后是否需要立即治疗，从而避免宝宝被乙肝病毒感染
血压检查	1. 高血压是一种有遗传倾向的疾病，如果你有慢性高血压，在准备怀孕之前，需经心血管专家进行全面检查，以决定能否妊娠。 2. 如果医生同意你怀孕，怀孕后也要注意控制血压，以减少胎宝宝发育迟缓、流产、早产等发生的概率
心脏检查	凡有呼吸困难、易疲劳、心慌心悸症状的女性应检查心脏，确诊为心脏病的应在妊娠前进行治疗

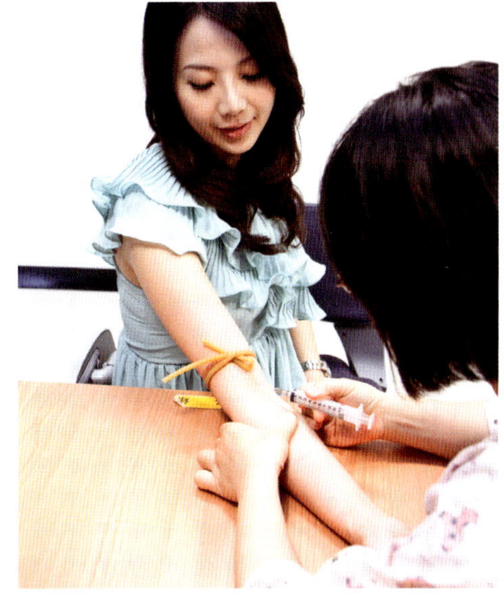

胎教提示

先天性心脏病有一定的遗传倾向，为避免给宝宝带来遗憾，患有先天性心脏病的妈妈一定要谨慎孕育。如果已经怀孕，应立即到医院找产科医生和内科医生进行检查，以确定心脏功能情况，分析是否能够经受妊娠和分娩所增加的负担。

建议做“优生四项”检查

“优生四项”主要检查母亲体内是否有弓形虫病毒、风疹病毒、巨细胞病毒、单纯疱疹病毒这四种病毒的感染现象。当准妈妈被其中任何一种病毒感染后，自身症状轻微，甚至无症状，但可垂直传播给胎儿，造成宫内感染，导致胚胎停止发育、流产、死胎、早产、先天畸形等，甚至影响到出生后婴幼儿智力发育，造成终身后遗症。

哪些人必须做“优生四项”检查

不是每个人都必须做“优生四项”检查，准妈妈可以根据需要选择性地做其中的一项或几项，比如家里养猫养狗可选择做弓形虫病毒检查。另外以下这些特定人员要做检查：

1 年龄在35岁或35岁以上的女性，因为这个年龄的女性卵巢正在走下坡路，胎儿染色体病变的可能性较大。

2 夫妻双方，其中一方家里有过畸形儿及遗传病史的。

3 曾经自然流产或做过人流，以及曾经生过死胎、畸形儿或曾有宝宝出生时有残疾的。

4 家里养有宠物，常常吃烧烤或半生不熟食物的，易引起弓形虫感染，应检查。

5 不知道自己血型的夫妇，最好做个血型检查。

6 近期没有检查肝功能的人，最好查乙肝。

怎样看懂“优生四项”检查报告单

IgM 阴性，IgG 阳性	IgM 阴性表示没有感染此病毒，可以怀孕；IgG 阳性表示已产生免疫力，胎宝宝感染的可能性很小
IgM 阴性，IgG 阴性	IgM 阴性表示没有感染此病毒，可以怀孕；IgG 阴性则表示身体内没有抗体，属易感人群，妊娠期最好重复 IgG 检查，观察是否阳转
IgM 阳性，IgG 阳性	表示可能为原发性感染或再感染。可借 IgG 亲和试验加以鉴别，以确定是否适宜怀孕
IgM 阳性，IgG 阴性	表示近期感染过，或为急性感染；也可能是其他干扰因素造成的 IgM 假阳性。建议 2 周后复查，如 IgG 阳转，为急性感染，否则判断为假阳性

如果孕前没有做“优生四项”检查，可在怀孕3个月建卡的时候做“优生四项”检查。

胎教“教”的是谁

胎教到底教的是谁？若要找到答案，需要先看一下胎教的意义。

胎教通过维护准妈妈的身心健康来达到促进胎儿发育的目的。可见胎教首先要教的是准妈妈。要让准妈妈获得健康的身心。因此胎教要按规律来办事。

比如情绪胎教，这是很关键的胎教方式。如果准妈妈情绪上有问题，就会影响胎宝宝的身心健康。准妈妈的好情绪可以为胎宝宝个性完善提供好的环境，准妈妈的焦虑、恐惧和不安所引起的一系列生理变化，严重地影响着胎宝宝的生活环境。这些消极因素会导致母体对胎宝宝的供养减少，使胎宝宝也置于不安与恐惧之中。

再比如音乐胎教，对于乐曲的选择和音调的高低都有讲究。胎教音乐就不适合选择“慷慨激昂”的乐曲。而刺耳的音量反倒成了噪声，不仅干扰准妈妈的休息、影响她的心情，还可能会对腹中的胎宝宝造成负面影响。

由此可见，在进行胎教时准妈妈一定要先学习好，取得优秀成绩，才能保证胎宝宝也成功地从“胎教大学”毕业。

此外准妈妈的亲人也要积极配合她的胎教课，为她创造适宜的胎教环境，以利于她心情舒畅地学好胎教课。

胎教提示

从某种意义上说，胎教需要全家总动员。对于将来需要由婆婆照顾产妇的家庭来说，尽快让婆媳关系达到和谐是关键。

不要带着功利心去胎教

“赢在出生之前！”“不要输在胎宝宝的起跑线上！”……

这些口号的提出，看似有道理，其实背后却深刻反映出时下胎教的浮躁性、盲目性与功利性。

我们首先要明白，所谓的神童不过是智力水平超出一般人的人（儿童）。而这与先天遗传和后天的教育都有关系。绝对不是仅在母腹中进行胎教就可以决定“终生”的。

胎教的目的不是为了培育所谓神童、天才，而是为了全面培养胎宝宝良好的综合素质，让他出生后具有更好的情商、智商和能力，使他在今后的人生

道路上更好地发育和发展。

我们提倡胎教，并不是因为胎教可以培养出神童，而是胎教可以尽早地发掘个体的素质潜能，让胎宝宝的先天遗传素质获得最优秀的发挥。

切记胎教只是“万里长征的第一步”，后天的培养也很重要。孩子家庭生活环境的创造很重要。并不是说胎教好了，生出来就任凭他“自由”发展了。

比如胎宝宝需要宁静的时候，准妈妈不合时宜的胎教行为反而不利于胎宝宝的成长。

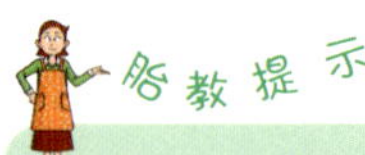

胎教不要贪多。有些准爸爸准妈妈认为胎教就像吸收营养一样，吸收得越多，身体就越棒！这个比喻是对的，但是后边的话是错误的。营养吸收过剩，超过身体的极限，会造成各种疾病。而胎教不合时宜地贪多图快，也会适得其反。

E时代的胎教重点

E 时代声、光、电交织成的各种信息对人的刺激越来越多。诸如刺激不断升级的游戏，惊悚怪异的影视画面等等，各种信息铺天而来。

这些信息不仅会耗损人的精、气、神去接收、消化这些信息，而且会刺激人的情志，使人或惊恐、或焦躁、或愤激、或狂乐……

这些都对准妈妈、准爸爸的身心健康造成不良影响。而准妈妈、准爸爸的精气神耗损太过，身心健康有损的情况下，带给宝宝的“营养”就会大打折扣，甚至根本谈不上营养，反倒“有害”。

因此如果想要一个健康的宝宝，准爸妈一定要抵制住各种不良信息的干扰。

1 不要长时间在各种屏幕前“遨游”。影响休息、导致身体疲劳不说，还会有各种辐射影响健康。如电脑、电视、手机等。

2 不要看不良画面。如暴力的、血腥的、色情的、激战的、光线刺激过于强烈的等等。

这些画面如果引起惊吓、恐惧、过激的心情，不仅惊扰自己而且会惊扰胎宝宝，造成不该发生的事情。

3 不要参加各种不益于健康的活动。如夜店生活、泡吧至后半夜、去荒山野地游玩等等。

4 按时睡眠，作息规律。晚上 11 点前尽量睡觉，更不要今天晚上睡得不好第二天白天去补睡，切勿这样黑白颠倒、作息不规律，否则容易导致免疫力下降。

5 专注一心。你是否有边上网或看电视，边吃东西的“一心二用”甚至“一心多用”的习惯？做事情尽量专注，有利于培养胎宝宝良好的性格。

6 此外准妈妈和准爸爸也要注意个人修养的提高，完善自己的德行。德行不仅会使自己的社会关系和谐，同时也使自己的心情愉悦，为孩子创造积极的成长环境。

E 时代的胎教重点在养情志、安心神、重德行。这些对准爸爸和准妈妈身心健康有益，也对他们的修为提高有益。最终还是对胎宝宝有益。

散步是适合整个孕期的运动胎教

准妈妈在怀孕后，最好能坚持每天都出去散一下步，这对自身和胎宝宝都极有好处。

适合散步的地方

准妈妈散步的地点要尽可能地走进自然的生态环境中。在准妈妈欣赏自然之美的时候，胎宝宝也正在分享着大自然的美丽，而且准妈妈可以借看到的各种事物和胎宝宝进行交流。

散步前要做好的准备工作

散步前先留心一下天气，如要避开雨、雪、雾等天气，而夏天和冬天应注意防暑、防寒。

散步前还应留意一下路线，避开车多、人多和台阶、坡度陡的地方，穿的衣服要便于行动，鞋跟不要太高，最好是软底的运动鞋。

在散步前用便携式水壶带点白开水和零食也是比较重要的。

散步的时间与时长选择

要避开一些高峰时间，一般情况下市区的上午 7 点到 10 点人潮相对拥挤，而下午 4 点到 7 点之间空气污染相对严重，最好避开这段时间。可以选择吃完晚饭后半小时在小区或者附近公园溜达，有家人陪伴更好。

散步的时候不要让自己太累，也不要走得太急，可以慢慢地走，以免对身体震动太大或造成疲劳，这一点到了孕晚期应格外注意。

胎教提示

如果有先兆流产症状（阴道少量流血，可伴有下腹部疼痛），最好不要散步，不然会使准妈妈的情况雪上加霜，这时医生一般会建议准妈妈卧床静养。

第2周：精子与卵子的对对碰

不同时期的胎教要点

孕期有早、中、晚之分。不同时期应该根据相应特点进行胎教。

孕早期（1~12周）胎教要点

1 第一个月应多加轻抚。第一个月末，准妈妈的血液已在胎宝宝的血管中缓缓流动，这时应注意给予胎宝宝适当的物理刺激，如轻轻抚摸等，这将有助于胎宝宝大脑的发育。

2 第二个月多注意用药安全和营养。此时胎宝宝对致畸因素比较敏感，要多注意用药安全，避免接触有毒有害物质。此外孕吐可能引起营养不良，准妈妈在精神与饮食营养上应该保护胎宝宝。

3 第三个月应多注意保持愉快的心情。胚胎各器官分化到了关键期，准妈妈的情绪可以通过内分泌的改变影响胚胎的发育，愉快的心情可促进胎宝宝的发育。

孕中期（13~27周）的胎教要点

1 感知觉训练。胎动的出现标志着胎宝宝中枢神经系统已经分化完成，这时应给胎宝宝各感觉器官适时、适量的良性刺激。

2 听觉训练。由于听神经与听觉系统迅速发育，准爸爸准妈妈可以有意识地对胎宝宝进行听觉训练，以刺激胎宝宝的听觉发育。

3 触觉与动作协调训练。胎宝宝这时对触觉与力量很敏感，准爸爸准妈妈可对胎宝宝进行抚摸、触觉训练，对宝宝将来动作的灵活性与协调性有益。

4 准妈妈要多注意自己身体的浮肿、便秘等问题，学会监护胎宝宝、数胎动、听胎心等。

孕晚期（28~40周）胎教要点

1 光敏感训练。随着各器官发育成熟，当光源经腹壁照射时，胎宝宝的头部可转向光照方向，并出现胎心率的改变，因此定时、定量的光照刺激可作为这个时期的胎教内容之一。

2 坚持重复各种胎教训练。虽然准妈妈开始行动不便，但是为了巩固胎教效果和促进生产，准妈妈应适当坚持以往的一些胎教内容，并保证情绪良好。

3 准妈妈应掌握相应的分娩知识，多练习一些分娩技巧。准爸爸也要学习相关知识和助准妈妈顺利度过孕期与产期的技巧。

孕期三阶段的划分并不均等，因为这并不像我们认为的那样自然地按照3个月一段来划分的，而是根据孕期的生理和心理变化来划分的。

胎教时间安排

胎教时间并不是固定的，因人而异，一般按下面的原则来：

以胎宝宝为中心安排生活

胎教要以胎宝宝的成长规律为标准来安排准妈妈的生活、工作和饮食。例如以胎宝宝的健康为前提调整食谱，按日子定下午餐和晚餐的主菜，像鸡、鱼类、肉馅等，多吃新鲜蔬菜和水果，均衡营养；不去嘈杂的场所，少去人多拥挤的地方买东西，参加晚会直到很晚这一类的事情也取消。家务尽量安排在时间比较充裕的周末，必要时请亲友帮忙会让准妈妈节省不少时间和体力。

每天胎教时间安排

每天的中午12点、晚8~11点进行胎教最好。

中午12点：这时人的视力处于最佳状态，可以明朗清晰地看到美丽的风景，准妈妈可以在这段时间去欣赏优美的绘画作品。

晚8~11点：这个时间是准妈妈听神经最敏感的时间，也是最佳胎教时间。准妈妈已经吃完饭并稍作了休息，精神慢慢恢复，当然最好能和准爸爸一起进行胎教。

胎教提示

准妈妈和准爸爸一定要调整好自己的情绪，尤其是在胎教前，一定不要将白天工作的疲惫、压力等负面情绪传递给胎宝宝。

开始记胎教日记吧

胎教日记不但可以帮助纾解情绪，而且可以帮助准妈妈记住孕期的重要日子，了解孕期身体情况，有很多好处。

胎教日记不拘泥于形式

胎教日记可以记在纸做的本子上，也可以记在博客里、电脑里。至于行文方式也可以自由选择。

1 可以把适合做成表格的计划列成表格，适合描述的话写成图文日记，如果想流水账式地记录也可以。还可以学习蔡康永的《宝宝日记》形式，以“亲爱的宝宝”开头，用和宝宝谈天的对话体形式将一天的见闻、感受等向胎宝宝娓娓道来，这会让准妈妈感觉更温馨。

2 胎教注意事项、需要提示等关键内容以特殊字体或大字号着重强调。准妈妈可以将每天中的胎教部分用明显的字体或者表格形式表达出来，这样不但一目了然，还会避免漏掉一些项目和内容。

胎教日记写什么

胎教日记内容可以包括怀孕的所有事情：身体情况、心理状态、起居、饮食、天气变化以及休息、娱乐等。到第四个月时，准妈妈和胎宝宝的胎教互动增多，胎教日记也可以增加一些内容，如胎动开始日期、每天胎动次数、胎教内容、胎宝宝反应等；其他如准妈妈产前检查、健康状况、孕期用药状况、生活健康状况、家庭胎动自我监护情况等都可以记在日记上。

胎教日记是准爸爸和准妈妈与胎宝宝沟通的一种非常有益的方式。如果能够坚持，最好天天都有记录。将来可是给孩子的一份最好的见面礼。

让卵子更优质的营养胎教

保证卵子的质量是优生的一个大前提，如何保证？从日常食物中就可以摄取到有利于提高卵子质量的营养。

1 尽量选择未经工业加工食物。吃天然的食物为好。尽量避免经过基因改造的、有农药的或含激素的物质入口入身。

2 孕前准妈妈应该多吃一些黄色、带有自然甜味的食物。黄色食物可以健脾、增强胃肠功能、恢复精力、补充元气，进而缓解女性荷尔蒙分泌衰弱的症状（怀孕不可缺少荷尔蒙）。

3 饮食有规律。早餐吃好，夜宵不要吃。早上胰岛素可以最佳地发挥其作用，因此这时吃一份蛋白质、纤维质多的早餐，可有助于荷尔蒙正常分泌。不要吃夜宵，以免体重增加造成内分泌失调。要保证饮食有规律，一是时间上要有规律，二是量上要有规律，不要一顿少下顿“爆满”。

4 月经期间可以多食含铁的食物。经血会带走体内大量的为卵子提供充足养分的铁元素，因此月经期间可以多吃些动物肝脏、鸡蛋黄、血豆腐、黑木耳、菠菜等。

5 受孕前的1个月，可以多吃些富含蛋白质（如豆制品、瘦肉、鸡、鱼及蛋类）的食物，蔬菜和水果也应多吃，以给卵子充足的营养。

准妈妈备孕美食推荐：助孕美食

有没有既能有助于受孕还能有助于准妈妈提高营养的美食呢？有呀，豆芽中就富含多种维生素，能够消除身体内的致畸物质，并且能促进性激素的生成，有助于怀孕。这里我们向备孕的准妈妈推荐两款跟豆芽有关的美食。

豆芽海带鲫鱼汤

材料 活鲫鱼1条，黄豆芽200克，海带25克，姜末、葱末各适量，鲜汤少许，料酒1大匙，酱油、盐、醋、油各适量。

做法

1 将鲫鱼去鳃、鳞、内脏，洗净，在鱼身两侧斜切成十字花刀，控干水；黄豆芽洗净，拣出豆皮沥干水；海带用温水泡发，洗净，切成长约3厘米、宽约0.3厘米的丝。

2 锅置火上，加入适量清水，烧开后将鲫鱼放入焯一下捞起，放入清水中把鱼腹腔内黑膜洗净，沥去水分。

3 锅内放油烧热，放入姜末、葱末，炝出香味，加入鲜汤、酱油、料酒、醋，待汤开时放入鲫鱼、黄豆芽、海带丝，用小火炖15分钟后，加盐调味即可。

功效 豆芽补充多种营养元素，海带富含碘，鲫鱼更是营养丰富。此汤可补中益气，强健骨骼、美容洁肤。不仅适合备孕女性食用，也很适合孕期女性和产后女性食用。

贴心提示 用来煲汤的鲫鱼要去水产市场选购活鱼，现场宰杀。冷冻后用冰水保鲜的鲫鱼会影响口感。

韭菜炒豆芽

材料 黄豆芽400克，韭菜100克，葱、姜各5克，盐1小匙，油适量。

做法

1 韭菜择好洗净，切成3厘米左右的段备用；黄豆芽掐去两头洗净，捞出沥干水备用；葱、姜洗净切丝备用。

2 锅内加入油烧热，放入葱丝、姜丝爆香，随后倒入豆芽，大火翻炒1分钟左右。

3 加入韭菜，调入盐，翻炒几下即可。

功效 此菜中的韭菜温肾助阳、健脾益胃、行气理血；黄豆芽可清热利湿、利尿解毒，有抗病毒、抗肿瘤、促进生长发育的功效。

贴心提示 韭菜不易消化，所以一次不要吃太多。

胎教提示

无论何种避孕药——长效的也好，紧急避孕的也罢——都会打乱体内荷尔蒙水平，影响卵子质量。

让精子更强壮的营养胎教

精子从产生到成熟大约需要3个月的时间，在此期间准爸爸需坚持良好的生活习惯，多吃些对精子有益的食物，促进优质精子的形成。

下面这些营养素对准爸爸强精壮体非常有好处，在准备怀孕前3个月就可以适当补充了。

1 锌元素有生精的作用。动物内脏、谷类胚芽、瘦肉、牡蛎、牛奶、土豆、红糖、芝麻中含锌丰富。

2 丰富的氨基酸有利于精子量增加。鲍鱼、章鱼、文蛤、牡蛎、海参、墨鱼、扇贝等海产品均含有丰富的氨基酸。

3 叶酸会增加精液的浓度，增加精子的活力，让胎宝宝更加健康。

4 维生素E可促进精子的活力。蛋黄、豆类、芝麻、花生、植物油、麦片中富含维生素E。

5 富含优质蛋白质的食物，如深海鱼虾、牡蛎、大豆、瘦肉、鸡蛋等。

蛋白质是生成精子的重要原材料，合理补充有益于协调男性内分泌机能以及提高精子的数量和质量。但要注意肉类食物不可过量。

此外准爸爸应该注意饮食中多食绿色蔬菜、坚果和鱼类。绿色蔬菜中含有维生素C、维生素E、锌、硒等利于精子成长的成分。坚果、鱼类中富含Ω-3脂肪酸也应多吃，利于精细胞成长。

胎教提示

准爸爸要为提高精子创造良好的环境。如不在热水中洗澡，不穿紧身裤子，选择透气性好的棉线内裤；不把电脑、手机放在离腿根近的地方，不参加剧烈运动，戒掉不良嗜好，等等。

准爸爸备孕美食推荐：助育美食

上一节我们概括介绍了有助于提高精子质量的一些食物，本节具体推荐两款美味的助育美食，供准爸爸强身壮“精”之用。

火爆腰花

材料 猪腰子2个，净莴笋50克，葱、泡辣椒10克，姜25克，蒜、精盐、胡椒粉、酱油、水淀粉、料酒、鲜汤、油各适量。

做法

1 姜、蒜切成片。葱、泡辣椒切成“马耳朵”形。莴笋切成条。猪腰子去筋膜，剖开去腰臊洗干净，先斜划花纹，再横着花纹直划3刀1断呈“凤尾”形。

2 腰花装入碗内，加盐、料酒、水淀粉拌匀。另一碗内将酱油、胡椒粉、水淀粉、鲜汤调成浇汁。

3 炒锅置旺火上，放油烧至七成热，放入腰花快速炒散，再放泡辣椒、姜、蒜、葱、莴笋条炒出香味，淋入浇汁，颠翻几下，起锅装盘即成。

功效 猪腰子可和肾理气，有补肾气、通膀胱、消积滞、止消渴的功效，适合准爸爸食用。

香菇牡蛎豆腐汤

材料 牡蛎肉250克，南豆腐200克，香菇150克，姜丝、葱末适量，食盐2克，油适量。

做法

1 牡蛎肉洗净备用；南豆腐洗净切成块。香菇去蒂洗净切片。

2 锅中入油，烧至五成热，下姜丝炒香。

3 放入香菇翻炒，倒入适量清水煮沸。

4 放入牡蛎肉大火煮5分钟后，下豆腐块再煮5分钟。

5 放入盐、葱末，调匀即可。

功效 香菇营养丰富，有益胃助食的功效；牡蛎是强精食品之一，在中医看来它具有重镇安神、潜阳补阴、软坚散结的功效；豆腐可补充精子所需的高蛋白。这三者合一可以说非常适合准爸爸的需要。

贴心提示 牡蛎性寒，如果肠胃功能不太好，牡蛎可以事先煮熟后再放入锅中。体虚而有寒者则不宜食用。

胎教提示

准爸爸的情绪也会影响精子的质量。在备孕前一定要保持心情舒畅。

提高生育能力的营养胎教

计划怀孕的准爸爸和准妈妈可以多吃以下食物来提高生育能力：

动物内脏	这类食品中含有较多的胆固醇，其中约 10% 是肾上腺皮质激素和性激素，适当食用这类食物，对增强性功能有一定作用
含锌食物	各种植物性食物中含锌量比较高的有豆类、花生、小米、萝卜、大白菜等；各种动物性食物中以牡蛎含锌最为丰富，此外牛肉、鸡肝、蛋类、羊排、猪肉等含锌也较多。缺锌可导致男性少精、弱精或精液不液化、前列腺炎等病症；孕期女性缺锌可导致妊娠中嗜酸、呕吐加重、宫内胎儿发育迟缓，分娩合并症增多
富含精氨酸的食物	精氨酸是精子形成的必需成分，并且能够增强精子的活动能力，对男子生殖系统正常功能的维持有重要作用。富含精氨酸的食物有鳝鱼、海参、墨鱼、章鱼、木松鱼、芝麻、花生仁、核桃等

以上表格中的食材，准爸爸和准妈妈可以根据个人爱好灵活搭配，巧妙烹饪，制作出色香味俱全、营养齐全、功效全面的食物。

比如小米、花生、豆类食品可以搭配在一起，做成各种粥羹；蔬菜和肉类可以炒在一起做成荤素搭配的菜品；鱼类可以红烧、清蒸、水煮等做成各种美味；排骨等食品可以和菌类食品煲成味美的汤等等。

如果有兴趣准爸爸和准妈妈不妨商量一下自己喜欢及必须食用哪些食材，然后据此制订个“菜谱”，每天调配着吃。这样一来菜品丰富，可以避免因单调而腻味，而且还会更为全面地吸收营养。

胎教提示

提高受孕概率不仅需要从饮食方面进行调整，生活习惯、环境因素、生理因素等都会影响受孕，现代一些女性的不良的穿衣习惯（比如穿 T 形内裤等），容易导致阴部发炎、瘙痒，感染各种炎症而无法受孕，应当引起注意。

让未来宝宝更聪明的营养胎教

人的神经系统是智商的基础，神经系统在胚胎早期就开始发育了，因此在整个孕期，准妈妈可以多补充神经系统发育所需的营养（见下表），孕育一个聪明宝宝。

营养素	食物来源
叶酸	樱桃、桃、李、杏、山楂等新鲜水果
维生素 A	一是从动物肝脏中直接获取；二是通过吸收植物性食物中的胡萝卜素，在体内转变为维生素 A。植物性食物如胡萝卜、柿子、杧果等
维生素 E	广泛存在于各种油料种子及植物油中
β-胡萝卜素	存在于深颜色的蔬菜水果中，如胡萝卜、南瓜等
DHA	也叫长链多不饱和脂肪酸，在深海鱼的脂肪组织和肝脏组织中含量丰富
磷脂	主要在肝脏和蛋黄里面
碘	奶制品、海产、海藻类、蛋、面包都含有碘
铁	主要存在于动物肝脏、动物瘦肉、动物血中。蛋黄、大豆、黑木耳、红糖等食物中也富含铁质
钙	乳及乳类制品、豆及豆类制品、水产品、干果等食物中都富含钙

胎教提示

人脑的发育主要需要脂类、蛋白类、碳水化合物类、B族维生素、维生素C、维生素E和钙等营养成分，准妈妈每天最好从多种食物中摄取。

育龄夫妻受孕宜忌

在怎样的情况下受孕，也对胎宝宝的质量有关键的影响，下面介绍一些受孕宜忌事项，供准爸爸和准妈妈们参考。

尽量选择较佳的年龄受孕

男性55岁以上或女性35岁以上生育的子女，畸形及低能儿的发生率将显著提高。因此尽量选择最佳的受孕年龄受孕。

男上女下是受孕的最佳体位

采取这种体位时，位于上方的男性一次次冲刺都能更深更近地触到女方宫颈，等于无形中帮助精子更快更容易地“找到”卵子结合。

采取这个体位性交时，为了达到更好的效果，女方可以两条腿伸直仰向肩部。还可以用枕头把臀部垫高，使子宫颈可以最大限度地接触精子。

精力充沛、心情舒畅时同房最好

夫妻双方性生活时，一定要保持精力充沛、心情舒畅。患病或病后初愈，都不宜受孕。不要在身体疲惫时受孕，此时即使受孕，质量也不好。如果时间允许，可以在晨起时同房，这样夫妻二人经过一夜的休息，精力充沛，可以提高精子和卵子的质量。

夫妻同房时要保持心情舒畅

受孕时间最好避开初冬至初春。这段时间是病毒感染的多发季节，而孕期最怕病毒性感染，一旦孕期女性被感染会增加畸胎率。

不要在醉酒的情况下怀孕

准妈妈最好不要在醉酒的情况下怀孕。有人认为酒精在体内代谢很快，2~3天后就可排出，不会发生胎儿畸形。其实酒精对生殖细胞有毒害作用，不会随酒精代谢物的排出而消失，只有受损的生殖细胞被吸收或排出。而卵子从初级卵细胞到成熟卵子约需14天。所以准妈妈醉酒后最好等20天后再考虑受孕。

而准爸爸也最好不要酗酒后跟妻子同房怀孕。调查发现男性酗酒后同房妻子怀孕，生育出低能儿、畸形儿的概率增加。

第3周：正在悄悄地进行的变化

受孕后的变化

受孕后，受精卵这颗小种子会在准妈妈体内发生什么样奇妙的变化呢？它是怎样长成一个可爱的胎宝宝的呢？这里我们简要地介绍一下。

精子与卵子的奇迹相会

同房受孕成功之后，一般情况下，准爸爸的上亿个精子中将有一个幸运儿会与准妈妈排出的卵子结合，将各有的23条染色体合并为46条，形成一个新的细胞——受精卵，受精卵承载着你们的遗传密码，这时你们独一无二的胎宝宝就正式存在了。

如果输卵管中有2个或2个以上的卵细胞，那么就可能出现这样的情况：2个或2个以上的精子同时进入不同的卵细胞中，这样就形成了双胞胎或者多胞胎。

受精卵一边迅速分裂繁殖，一边向子宫腔移动。从现在开始，在准妈妈的腹部，一个实实在在的生命已经开始它神奇的旅程了。

胎宝宝生长发育的三个阶段

1 胚卵期：受精后2周内（末次月经后4周内），此时受精卵迅速分裂，形成具有内、外胚层的胚泡。

2 胚胎期：胎龄4~8周内称为胚胎，具有内、中、外三个胚层，即将发育成胚胎的各组织器官。8周末已初具人形。

3 胎儿期：胎龄8~40周，此期间胎儿逐渐生长发育成熟。

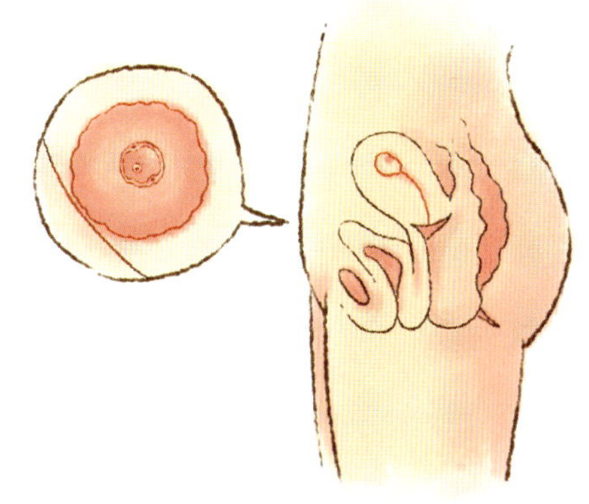

胎教提示

如果准妈妈有多胎妊娠家族史或此前服用过促排卵的药物，则出现双胎妊娠或多胎妊娠的概率就会增加，但促排卵的药物对准妈妈的身体和胎宝宝均十分不利，千万不要轻易尝试。

远离致畸因素

从受精卵形成后的6周内，胎儿都处于一种高度敏感和脆弱的时期，外界的不良刺激容易导致胎儿畸变，妊娠3~8周称为致畸敏感期，孕早期的准妈妈一定要注意远离以下致畸因素：

1 高温。包括发热导致的体温上升，桑拿、热水盆浴等导致的体温上升。热度越高，持续越久，致畸性越强。

孕早期的准妈妈一定要注意冷暖，调离高温作业环境，不要洗桑拿和热水盆浴，并避免接触发热患者，少去空气不洁、人员拥挤的公共场所等，尽量避免患发热性疾病。一旦发热应马上去医院及早降温治疗。

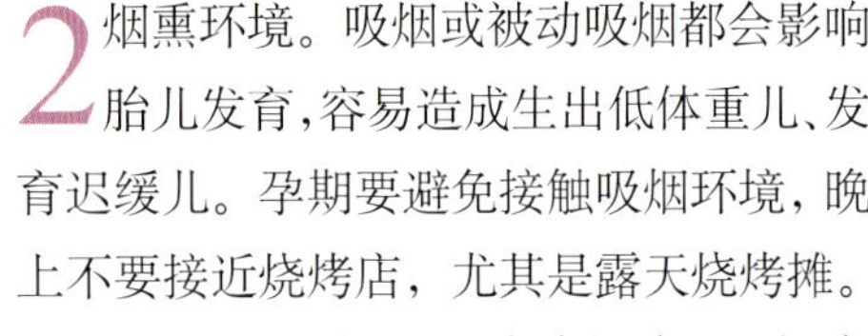

2 烟熏环境。吸烟或被动吸烟都会影响胎儿发育，容易造成生出低体重儿、发育迟缓儿。孕期要避免接触吸烟环境，晚上不要接近烧烤店，尤其是露天烧烤摊。

3 酒精。孕期饮酒导致胎儿畸形的概率极高。孕早期的准妈妈应绝对禁酒。

4 药物。用药不当是胎儿致畸的一大因素。一旦生病之后准妈妈应及时去医院治疗，并向主治医生说明自己已经怀孕，在医生指导下进行康复治疗，千万不要擅自用药。

5 有毒、有害的物质如放射线、农药、铅、汞、镉等。若在工作和生活中接触的物质性质不明时，准妈妈可向医生咨询，以便控制接触时间、剂量等条件，做好防范工作，避免可能给胎儿造成的伤害。

6 精神刺激。保持愉快、轻松的心情，避免引起惊悚、高度紧张情绪的恐怖电影之类。

7 营养缺乏。如果准妈妈的早孕反应比较严重，应该避免偏食导致在进食量减少的情况下增加进餐次数，尽量保证平衡膳食，保证起码的营养。必要时去医院检查，如尿酮体、血色素等。发现异常情况应及时处理，减少疾病发生机会，否则容易影响胎儿发育。

胎教提示

妊娠早期最容易受内外环境的影响，而此时也正是胚胎发育、器官分化形成的关键时期，因此孕期产检最好从确定早孕时即开始，以便确保胎儿健康无恙。

营养胎教：美食的调理意义

准妈妈营养吸收得好，不仅有利于自身气血通畅，也有利于胎儿的生长发育。因此准妈妈要注意进行饮食调理，多看、多食美食。

我国饮食素来讲究色、香、味、形、质，在给准妈妈的饮食中，要注意具备这些因素，既可以因美感而满足感官的需要、愉悦心情，又能引起准妈妈的食欲，从而大快朵颐，充分吸收营养。

色：在食材色彩的对比与调和中显示视觉的美感，尽量利用和保持食材的本色美。

香：尝在口中香气适宜，不过于浓烈，引起良好的情绪反应，甚至流了口水，越吃越好吃，则有利于营养的吸收。

味：适合准妈妈的美食最好以鲜美、清淡为主，做到不过于刺激。

形：食物形态造型要具有美感，不一定要多么精致，但可以做到整齐、对称，富有节奏感，具有和谐美。

质：食材要注意卫生安全，做出的食物要具有酥、烂、软、嫩、脆、爽、糯、润等质感美，避免老、涩、苦、麻、煳等不良质感。

胎教提示

准妈妈也可以买一些美食的图片书，一边看图片，一边审美。如果看到喜欢的，简单易操作的，不妨自己也试一试，动手做一做。

运动胎教：说说孕期女性操

孕期女性在专业人士指导下，通过进行一些有针对性的活动，可以提高体质，使自己度过一个有益的孕期。我们先向准妈妈们介绍一下适合孕期女性的体操。

孕期女性操的好处

孕期女性操是专门结合准妈妈身体特点设计的较为系统的健身操，可以提高准妈妈的体能，为顺利生产做好准备。比如一些有氧体操可以帮助准妈妈增强体质、增加肺活量，有利于分娩时憋气用力；产前健身体操或徒手操，一方面能帮助准妈妈锻炼参与分娩时的腰部、腹部、盆底、大腿等部位肌肉力量，为自然分娩做好准备，还能减轻准妈妈在怀孕过程中带来的不适感。从胎宝宝的角度来看，准妈妈体操可促进充足的氧气进入胎宝宝的血液中，促进胎宝宝的新陈代谢，加速其组织功能的形成。

并非所有准妈妈都适合做孕期女性操

患有心脏病或有肾脏泌尿系统疾病、妊娠高血压，或曾经有过多次流产史的准妈妈，都不适于做孕期女性操。

此外准妈妈在做操时要注意自己的动作幅度不宜过大，以免伤害到胎宝宝。练习时要根据自己的情况，不要产生疲劳、倦怠，做到适可而止。

胎教提示

学做孕期女性操一定要在正规的、科学的指导下进行。注意别被不良的"胎教"机构"忽悠"而上当受骗。一定要了解有关人员的相关专业资质后再决定是否选择。

音乐胎教：聆听优美的旋律 

胎教音乐是进行胎教最重要和最见效的手段。通过优美动听的音响效果，可以让准妈妈陶冶情操、愉悦心情，以及和胎宝宝之间形成良好的互动交流。

胎教音乐从准妈妈和胎儿的生理心理出发，能给准妈妈和胎儿的身心以良好的刺激，美化胎内外环境，并具有优美、和谐、愉悦、轻松等特点。

音乐胎教根据胎宝宝的成长特点分为两个阶段。

1 在妊娠6个月前，胎儿内耳尚未发育成熟，这时的音乐显然只能作用于母亲，而通过母亲感染胎儿。

2 妊娠6个月后，胎儿能直接感觉声音了，这时准爸爸、准妈妈可以和胎宝宝一起听音乐并进行交流。这时就对胎儿有直接影响了。

在孕早期由于妊娠反应，准妈妈难免有心情不舒畅的时候，这时候不妨听听节奏鲜明、旋律优美的音乐，有助于摆脱烦躁情绪，使心情渐渐好转，从而有利于胎宝宝的发育。

胎教提示

胎教音乐选择要选取旋律优美、意境美好的，不要听一些有狂躁、抑郁、精神低迷等不良情绪的音乐。

语言胎教：享受语言的美丽 

简单地说，语言胎教就是胎宝宝的亲人有目的地对胎宝宝讲一些文明且富有感情的语言，以影响胎宝宝情智的胎教活动。进行语言胎教可以通过以下办法进行。

1 不妨设计一下语言胎教的顺序。如先整体诵读一遍相关内容，接下来再讲给胎宝宝听。在朗诵时要有节奏感、音韵和谐，达到声情并茂的效果。

2 将内容与视觉相结合。在讲解故事时不能干巴巴地进行，最好将图片与内容结合起来进行。比如看《小猫钓鱼》的故事。最好结合图上的画面，仔细地讲给胎宝宝听，也可以在脑子中像播放电视动画片一样，一边“播放”动画，一边给胎宝宝讲述出来，这样可以把讲的内容更加形象化。

3 情景交融。创造一幅情景交融的意境给宝宝。比如想给胎宝宝讲述自己今天发生的故事。可以一边做事一边讲给胎宝宝听，告诉他你看到了什么，这个东西是什么样子，有多么可爱。

在和胎宝宝对话时将形象、声音、情感三者结合在一起，在鲜活的形象中准妈妈和胎宝宝一起感受到语言的趣味，给胎宝宝的听觉和心灵带来美好的影响。

胎教提示

准爸爸也是实行语言胎教的得力“教官”哦。准爸爸不妨担当起朗诵、解说以及和准妈妈、胎宝宝一起分享有关故事的任务。

艺术胎教：怎样欣赏名画

准妈妈通过欣赏经典名画获得审美的熏陶，并将这种熏陶间接传递给胎宝宝，从而达到改善胎内外环境，促进胎宝宝发育。那么如何欣赏一幅名画呢？

1 了解画作的主题，比如画中画了些什么，背景是什么，画家是谁，画家的特点等，这些有助于加深对画作的了解，从中受到教育、启迪。

2 从正面及多角度欣赏画作，一般名画都具有精巧奇妙的构图，也许一眼看不出来，多看几次就会发现有惊喜。

3 欣赏画作的色彩变化，色彩美是绘画美的直接因素，是感情的语言。色彩的冷暖、远近、轻重差别，会带来不同的情感意味。

4 欣赏画作的光暗变化，光暗与色彩搭配、巧妙调色，会产生感染力，给人带来美感。

胎教提示

胎宝宝对图形及颜色往往会表现出浓厚的兴趣，准妈妈不妨多看一些情感美好的世界名画，这些名画将引领宝宝感悟艺术的魅力，插上想象的翅膀。

第4周：受精卵在子宫里安家了

准妈妈体内有个“小种子”

这一周胎宝宝（暂时还是受精卵）会在子宫内“安家”，这称为着床。卵子受精后会一边不停地分裂，一边沿着输卵管向子宫方向移动，并经过4~5天到达子宫腔。此时受精卵已经经历了43次分裂，形成一个胚泡。

着床的“小种子”

到达子宫腔的胚泡会黏附在子宫的表面，在此得到保护并从血管里汲取氧气和营养,着床开始。在接下来的约5天里胚泡细胞继续分裂，并产生蛋白分解酶以溶解子宫内膜，让胚泡钻入并埋于子宫内膜里，完成着床。

着床后的胚泡会接着分裂成胚盘，成为胚胎。

这时受精卵不断地分裂，一部分形成大脑，另一部分则形成神经组织。准妈妈要特别注意加强营养，丰富的营养会给脑细胞和神经系统一个良好的成长环境。

你的感觉

一般情况下准妈妈不会有什么特别的感觉。但也有敏感的准妈妈会察觉自己身体发生的微妙变化：基础体温骤降骤升、小腹胀痛、乳房胀痛等；有的准妈妈会出现轻微出血（孕卵植入性出血），这对准妈妈的健康及胎宝宝发育无不良影响，不必过于担心。

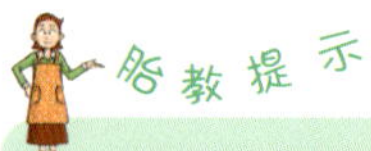

如果下腹出现剧烈疼痛，并伴有不规则的阴道出血时应该引起重视，及时就医，因为这很可能是受精卵着错床引发的宫外孕。

情绪胎教：准爸爸助准妈妈笑口常开

准妈妈愉悦的情绪可促使大脑皮层兴奋，使准妈妈血压、脉搏、呼吸、消化液的分泌均处于相互平稳、相互协调状态，有利于准妈妈身心健康，改善胎盘供血量，促进腹中胎儿健康发育。因此微笑也是准妈妈给予胎宝宝的一种胎教。

有些准妈妈因怀孕导致的身体、生活、工作的一系列变化而心情起伏不定，这时准爸爸要：

1 理解准妈妈的心情并切实地对准妈妈进行照顾，以减轻准妈妈的心理不适。如送准妈妈一些减轻焦虑情绪的点心、瓜果，帮助准妈妈做些家务等。

2 准爸爸要经常微笑，感染并鼓励准妈妈。准妈妈的心情变得快乐起来，自然会传递给胎宝宝，让他也快乐起来，从而有助于其身心健康发展。

3 鼓励准妈妈从事自己喜爱的活动，和准妈妈一起进行放松心情或宣泄情绪的活动。如陪准妈妈散步，给准妈妈读读小笑话，和准妈妈一起听音乐，或者适时地写下一张张写满温情的纸条、漫画等，贴在准妈妈活动的地方。

营养胎教：益脑食谱

这个时期均衡而丰富的营养会促进胎宝宝的脑细胞和神经系统发育，因此准妈妈一定要摄取充足的营养，以助胎宝宝的发育。

营养的“金字塔”

营养学家为此设计了一个“饮食金字塔”：

第一层：主食为400~500克，包括米饭、面包、面条。

第二层：蔬菜、蘑菇、薯类、海藻类，共计为500克。

第三层：鱼、肉、蛋、大豆及豆制品共400克，其中肉100~150克。

第四层：牛奶2杯，水果500克以内。

叶酸不可缺少

在整个孕早期，叶酸对于预防胎宝宝神经管畸形起着很重要的作用。在坚持补充叶酸剂的同时，准妈妈还可以多摄取富含叶酸的食物。

1．新鲜蔬菜。如莴苣、菠菜、西红柿、胡萝卜等。

2．新鲜水果。如橘子、草莓、樱桃、桃、杨梅、海棠、石榴、葡萄、猕猴桃等。

3．动物的肉或肝脏。

4．豆类、坚果类食品。

5．各种谷物。如大麦、米糠、小麦胚芽、糙米等。

语言胎教：诗歌《你是人间的四月天》

这是民国时期的著名才女林徽因为儿子的出生而做的诗歌，诗歌中洋溢着儿子出生带来的喜悦以及母亲对儿子的希望，诗人要写下心中的爱，写下一季的心情，于是将四月的春景比作她心里的那个小天使，字里行间都诠释着爱与希望。

你是人间的四月天

——一句爱的赞颂

林徽因

我说你是人间的四月天；
笑响点亮了四面风；
轻灵在春的光艳中交舞着变。

你是四月早天里的云烟，
黄昏吹着风的软，
星子在无意中闪，
细雨点洒在花前。

那轻，那娉婷，你是；
鲜妍百花的冠冕你戴着，
你是天真，庄严，
你是夜夜的月圆。
雪化后那篇鹅黄，你像；

新鲜初放芽的绿，你是；
柔嫩喜悦
水光浮动着你梦期待中白莲。

你是一树一树的花开，
是燕在梁间呢喃，
——你是爱，是暖，是希望，
你是人间的四月天！

胎教提示

当你饱含着对胎宝宝的爱来读这首同样爱子情深的诗歌时，你一定会很享受，心中满满的都是感动。

音乐胎教：《欢乐颂》

《欢乐颂》取材于德国大诗人席勒的同名诗歌，它是大音乐家贝多芬经过7年时间创作的《第九交响曲》。

乐曲共分四个乐章。第一乐章是奏鸣曲式。表现出严峻阴郁、艰苦斗争、悲壮的气氛，极具感染力。

第二乐章是谐谑曲。该乐章以著名的八度跳跃开头，谐谑曲部分更是完整的奏鸣曲式。为了更好地体现出英雄主义的创作思想，作者进行了大胆开创：打破第二乐章为慢板的程式，代之以急速的快乐章。

第三乐章为慢乐章，表现出作者进一步探索人生道路的主题。该乐章向来以平缓华贵、美丽动人著称，但其中也有强烈的齐奏。因此这一乐章因其优美而常被选为胎教音乐。

第四乐章快板，变奏曲式。具有巨大能量的力量如火山爆发，喷涌而出，表现出冲破一切枷锁，奋勇向前的力量！

贝多芬在《欢乐颂》中告诉人们：欢乐不是上帝的赠品，而是靠人们去奋斗，欢乐属于解放了的人们自己。

贝多芬创作的这曲《欢乐颂》，被欧盟选为盟歌。此曲首演便取得了令人震惊的成功，谢幕五次仍掌声如雷。而当时皇帝到场只准三次鼓掌欢呼。

艺术胎教：手工布书DIY

做手工是一件很有创意的事情，准妈妈的巧手一定会给胎宝宝带来一番愉悦之情的。今天就来做一个布书给胎宝宝吧。

材料

布料：棉质材料（旧衣服即可）。

贴画：剪下旧衣服上可爱的图片，自己缝制或者去店里购买都可以获得。

其他：剪刀、胶水、针和各种彩线、签字笔、A4纸、铅笔、尺子。

步骤

1. 制定书的主题。你想做成故事书、图画书或者对宝宝说的话。这些都可以作为你的图书的主题。

2. 将纸张裁剪成要做的书本大小，在纸上用铅笔勾勒出布书的草图（15厘米×15厘米即可）。可以在每一页上先画出来，小树、小花、小草、小动物等。

3. 将棉布裁剪成草图大小，数量与草图一致，再把草图放在棉布上，对齐后沿着四周与棉布缝在一起。

4. 按照草图找到所需要的素材，将素材沿着草图所画，缝或粘贴在草图与棉布上。

5. 将草图从棉布上小心地撕下来，在空白的地方，你还可以用签字笔写上你想说的话。

6. 用厚一点的布料裁出封面和封底（可以连在一起裁也可分开裁），然后把棉布按照顺序叠放在封面和封底中间，沿着书脊将书缝在一起。这样一本充满了爱的布书就做好了。

胎教提示

如果中途觉得累可以适当休息。准妈妈还可以发挥奇思妙想，在布书的一页打个洞，在另一页上缝一个扣子等，这些布书也会是早教的好帮手。

孕2月

好“孕”来啦

这个月准妈妈的身体出现明显的变化，好“孕”来啦！不过在开心的孕育之际，准妈妈也要加倍小心，因为这个月是胚胎发育最关键的时刻，千万不可掉以轻心哟。一方面不要随便惊动腹中那个小胚胎；另一方面从用药、饮食、情绪上都要注意，以免对胎宝宝产生不良影响。要记住给自己的身心以健康的呵护，就是给胎宝宝呵护哦。

本月胎教要点

在怀孕第二个月，准妈妈一定要确立母子同安的思想观念。无论是在思想上还是在行动中，准妈妈都要注意“安全”。本月的胎教重点是：

注重营养的补充

妊娠反应不仅考验准妈妈的耐受力，也对准妈妈和胎宝宝的营养有影响，准妈妈常常因饮食量过少而导致营养缺乏，营养不良则容易引发流产，所以准妈妈一定要注意营养上的补充。

保持良好的情绪与心境

从这个月的月末开始，准妈妈可以听一些优美、柔和的乐曲，每天放 1~2 次，每次放 5~10 分钟，这不仅可以激发准妈妈愉快的情绪，也可以对胎宝宝的听觉起到适应性的刺激作用，为进一步实施的音乐胎教和听觉胎教开个好头。

另外准妈妈也可以做做手工、看看书等，这都是保持良好心境不错的方法，同时还能提高准妈妈的动手和思考能力。

适当运动

本月的运动方式主要是继续散步和做孕期女性体操，不过在运动的时候准妈妈一定要量力而行，不可做强度大的运动也不可运动时间过长，以免引起不必要的伤害。

第5周：变身的小胚胎

小胚胎在成长

从本周开始，胚泡在子宫内着床后就会向四周扩展，胚胎细胞迅速分裂。胚胎一端的细胞团分化出扁平细胞来，成为胚胎原始内胚层；其余较大的细胞就变成柱状细胞，形成胚胎的原始外胚层；原始内、外两胚层此时称为胚盘，在胚盘内、外两胚层之间会分化出中胚层。

在三胚层中，每一个胚层都分化为不同的组织：

外胚层分化成神经系统、眼睛的晶体、内耳的膜迷路、皮肤表层、毛发和指甲等。

中胚层分化成肌肉骨骼、结缔组织，循环、泌尿系统。

内胚层则分化为消化系统、呼吸系统的上皮组织及有关的腺体，膀胱、阴道下段及前庭等。

三胚层形成后，胎宝宝的精气在准妈妈的子宫内就生成了，这时应避免惊动腹中的胎宝宝。

胎教提示

到了受精的第28天神经管形成，今后发育成胎宝宝的脊髓，这就标志着胎宝宝的神经系统开始形成。心血管系统也开始发育，心脏开始有了搏动，每分钟可达69次左右。本周面部器官开始形成，鼻孔可清楚地看到，眼睛的视网膜也开始形成了。

早孕反应中的准妈妈

一些计划怀孕的准妈妈可能已经发觉身体的异常，现在准妈妈可以去医院做早孕检查，确定一下自己是否怀孕了。如果已经怀孕，准妈妈的子宫内现在正发生着巨大的变化，因为一个小生命已经入住了。

体内的变化

准妈妈的子宫颈黏液会变得更加黏稠，与血液结合形成的黏液栓可以使子宫更封闭，给胎宝宝一个安全的环境。准妈妈的身体开始分泌黄体激素，这种激素能使子宫肌肉变得柔软，方便胚胎着床和防止流产，并且会给身体和下脑丘发出信号，不需要再次排卵了，同时也阻止了月经的再次来潮。当这种激素随着胚胎的发育分泌得越来越多时，准妈妈会感觉不适，容易疲倦、嗜睡，这些都是胎宝宝向你发出的信息。

约一半的准妈妈都会有早孕反应，一般表现为早晨起床后感到恶心、呕吐，部分准妈妈的早孕反应可能会持续一整天，这是由于怀孕后激素导致胃肠蠕动减少、胃酸分泌减少引起消化不良造成的，有时也会受不良情绪的影响而发生，这都是怀孕的正常表现不必担心，它们多会在怀孕第 12 周前后自然消失。

妊娠剧吐怎么办

有一部分准妈妈妊娠反应会很严重，出现恶心、呕吐频繁，不能进食，这称为妊娠剧吐。这时一定要及时就医，并在医生指导下积极治疗。此外防治妊娠剧吐还需要注意的是：

1 发生妊娠剧吐后，在积极治疗的同时进行一些必要检查，排除葡萄胎、急性病毒性肝炎、胃肠炎、胰腺炎或胆道疾患的可能。

2 解除思想顾虑，保持情绪平稳、愉快，并注意休息，必要时需住院治疗。

3 适当改变饮食时间，少量多餐，多换花样。

胎教提示

在整个孕早期准妈妈都要仔细地观察身体的变化，不要做剧烈运动，时刻保护身体的健康，避免感冒、受凉，多吃有营养的食物，并及时去医院做早孕检查。在确认自己怀孕后，准妈妈就要考虑建档的医院了。建档即建卡，可以记录每次产前检查和各项检查项目的详细情况，以便医生对准妈妈的孕期有一个全面的了解。

情绪胎教：准爸爸当当垃圾桶

在紧张与兴奋的情绪中，准妈妈迎来了人生中最重要的一次“升级”——成为一个准妈妈。但是因为有早孕反应，也许准妈妈的心情并不平静。这时准爸爸不妨当当垃圾桶，把准妈妈的不良情绪盛装起来。

1 准爸爸要保持好情绪，有好的担当能力。不要被准妈妈情绪影响而变得烦躁。

2 准爸爸要知道怎样开导准妈妈，如果还没想出开导的办法，就单纯地做个倾听者，倾听准妈妈的情绪发泄。千万不要对她表示批评和反感，要体谅她。

3 最好每天抽出15分钟时间彼此倾诉。先是一人倾诉，一人倾听。倾听者可以复述，但不可以反驳。然后交换方式。最后把时间用在交流感觉上来。但要注意语气和缓、态度温和、充满爱意。

在这15分钟里，你们可以加深理解，找到对方不合理的行为、情绪的背后原因。其实静下心来一想，有些事情大可不必，而你们也完全可以探索出一条彼此满足的路。

准妈妈或许会发现自己现在像在月经期里那样抑郁、易怒、伤感，大多数时候它们只是身体内荷尔蒙水平变化引起的自然反应，只要准妈妈多做些令自己快乐的事，这些是完全可以克服掉的。

营养胎教：准爸爸献上开胃小菜

准妈妈会发现自己的胃口变得"刁"起来了：一整天都没有什么胃口，好不容易有胃口了，可是吃完不久又"如数奉还"。准爸爸不能眼睁睁地看着自己的爱妻受折磨呀，不妨来点切实的行动——为准妈妈献上一些开胃小菜吧。这可体现了准爸爸对准妈妈和胎宝宝的浓浓爱意哟。

腌黄瓜

黄瓜洗净后切成细条，用盐腌 15 分钟，去除多余水分，加少许醋、白糖搅拌均匀，用保鲜膜封住碗口放入冰箱内，30 分钟后即可食用，如果觉得冰，可以凉一会儿。

糖醋卷心菜

卷心菜择洗干净切成小块，炒锅放油烧热下花椒炸出香味，倒入卷心菜，煸炒至半熟，加酱油、白糖、醋、盐，急炒几下，盛入盘内即可。

白醋豆角

腌渍的酸豆角虽然生津又开胃，不过还是要尽量少食用。不妨把新鲜的豆角拿开水焯熟后，放入白醋中浸泡半小时左右，放上盐、香油后拌着吃。这样也能达到酸豆角的口味，还能吃得更健康。

柠檬鱼片

柠檬味道极酸，具有安胎止呕的作用。如果准妈妈在怀孕早期孕吐严重，柠檬是不可多得的止吐食物。

材料 柠檬 1 个，鱼肉 150 克（去皮、骨），姜 2 片。盐、料酒各少许。

做法

1. 将鱼肉洗净切成片，用盐涂抹均匀，加入料酒、姜片腌渍 10 分钟左右；柠檬洗净切成两半，一半切片，另一半放到榨汁机中榨汁备用。
2. 将鱼肉片放到烤箱里烤 10 分钟左右（没有烤箱的也可以用蒸锅蒸）。
3. 在烤好（蒸好）的鱼片上淋上柠檬汁，摆上柠檬片即可。

运动胎教：孕2月准妈妈的体操

这里介绍适合孕2月准妈妈做的体操。

1 坐的练习：在孕期尽量坐在有靠背的椅子上，这样可以减轻上半身对盆腔的压力。坐之前把两脚并拢，把左脚向后挪一点，然后轻轻地坐在椅垫的中部。坐稳后再向后挪动臀部，把后背靠在椅子上，深呼吸使脊背伸展放松。这虽然不能算作一节操，但在孕早期应练习学会“坐”。

2 脚部运动：主要是活动脚腕。准妈妈保持仰卧，然后左右摇摆、转动脚腕10次，再前后活动脚腕，充分伸展、收缩跟腱10次。在日常生活中，准妈妈站立、坐在椅子上时也可以随时随地锻炼脚腕，使脚腕关节变得柔韧有力。由于胎宝宝的发育，准妈妈的体重会日益增加，所以脚部的负担会增加，因此准妈妈应每日做脚部运动，为以后做好充足的准备。

做这些练习时，准妈妈要注意量力而行。

胎教提示

适当参加一些轻缓的活动，如室外散步、做准妈妈保健操等，都可改善心情、减轻压力、缓解早孕反应。相反如果活动太少，恶心、食欲不佳、倦怠等症状就会更为严重，长此以往便形成恶性循环。

音乐胎教：古曲《春江花月夜》

春夜江水缓缓而流，水雾浩渺，月色与水光交织，时隐时现，云影花树随江水缓缓前移，暗香浮动，由近及远。人世兴替，江水滔滔，月影如旧。“江畔何人初见月，江月何年初照人？”

我国古人的情怀讲究“天人合一”，江水、月亮、花木都是古人表达情怀的假借物。一曲《春江花月夜》在琵琶、古筝等民族乐器的演绎下，为我们营造了一个典雅、轻快、细腻、流畅的听觉佳宴。淡雅离俗，婉转清幽，如食美味，清润而不厚腻，怡人而不致沉溺。愈听愈回味无穷，愈品愈美妙难言。

《春江花月夜》原是一首著名的琵琶独奏曲，原名叫《夕阳箫鼓》。如果仔细倾听你会听到江水的沉吟、涨满江岸汩汩向前的流动声，你还能望见头上有一轮圆月在水雾的遮拢下跳着轻幽的舞蹈……这些都是古筝演奏者用托、擘、抹、挑、滚、拂、拨、摇等技法演绎出来的。

语言胎教：诗朗诵《春江花月夜》

古诗《春江花月夜》是中国唐代诗人张若虚的作品。有关张若虚生平的资料很少，但他的这首诗却成为“以孤篇压倒全唐”的千古绝唱。此诗共三十六句，每四句一换韵，诗人从涨满的春江之水与海上明月写起，以清丽的笔调再现了春夜江海、花树、沙汀、月色织成的江南春夜图景。

万里长江的画卷在诗人笔下悠悠然地旖旎舒展而来，其间夹杂着扁舟与画楼，游子与思妇的相思，也夹杂着怀古伤今的诗人对人世代谢哲理之思。既有全景式的展现，也有细致的特写。此诗语言清新婉丽，韵律婉转悠扬，诗意空明澄澈、清丽自然。被闻一多先生称为“诗中的诗，顶峰上的顶峰”。

春江花月夜

张若虚

春江潮水连海平，海上明月共潮生。
滟滟随波千万里，何处春江无月明！
江流宛转绕芳甸，月照花林皆似霰。
空里流霜不觉飞，汀上白沙看不见。
江天一色无纤尘，皎皎空中孤月轮。
江畔何人初见月？江月何年初照人？
人生代代无穷已，江月年年只相似。
不知江月待何人，但见长江送流水。
白云一片去悠悠，青枫浦上不胜愁。
谁家今夜扁舟子？何处相思明月楼？
可怜楼上月徘徊，应照离人妆镜台。
玉户帘中卷不去，捣衣砧上拂还来。
此时相望不相闻，愿逐月华流照君。
鸿雁长飞光不度，鱼龙潜跃水成文。
昨夜闲潭梦落花，可怜春半不还家。
江水流春去欲尽，江潭落月复西斜。
斜月沉沉藏海雾，碣石潇湘无限路。
不知乘月几人归，落月摇情满江树。

张若虚（约660~720），唐代诗人。扬州（今属江苏）人，曾任兖州兵曹，与贺知章、张旭、包融并称“吴中四士”。张若虚的诗仅存二首于《全唐诗》中。其中《春江花月夜》因其魅力无穷而流传千古。

胎教提示

准妈妈可以先听一听配乐朗诵的《春江花月夜》，然后自己可以试着朗诵。在朗诵舒缓节奏中，自然就会获得一份淡定、清新的心情。

艺术胎教：插花——陶冶情怀的艺术

动手来试一试插花这种有助于镇静心绪、培养情操趣味艺术的活动吧！

蔬果插花

材料

柿子椒一个（或苹果、西红柿等），花泥一块，牙签数支，樱桃数个，满天星数枝，小雏菊数朵（或其他鲜花）。

步骤

1 将柿子椒横刀切成两半，泡一小块花泥。

2 将泡好的花泥切成略小于柿子椒横切面的大小，用牙签固定在两瓣柿子椒的中间。

3 将修剪好的满天星转圈围插到柿子椒四周的花泥中，再将樱桃插入花泥，最后插入小雏菊，注意插花时要用花朵将花泥遮挡起来。

纸筒插花

材料

废弃纸筒一个（茶叶筒、饼干筒等），试管数支（可用玻璃杯代替），小菊花数枝，龟背叶两片（可用栀子花叶代替）。

步骤

1 将装好水的试管一一放进纸筒里，装满纸筒为止。

2 将修剪好的小菊花一一插入试管中，摆出自己喜欢的造型。

3 将龟背叶插放到小菊花枝叶间，遮住纸筒口，调整到看不到试管。

胎教提示

插花用的花泥泡水时不要用手压，让它自然吸水下沉即可。插花是一门与插花人的喜好和欣赏风格很有关系的艺术，因此准妈妈完全可以根据自己的风格插出自己的作品来。

第6周：初具形状的小幼芽

小心脏开始跳动喽

这一周胚胎的长度依旧约为0.6厘米，他漂浮在充满液体的羊膜囊中，“身体”蜷缩，看上去像个蚕豆，在准妈妈的子宫里胚胎正在迅速地成长。

主要器官包括初级的肾和心脏的雏形都已发育，神经管开始连接大脑和脊髓，原肠也开始发育；胚胎的面部有小黑点，将来会发育成胎宝宝的眼睛；小的空洞是鼻孔，深凹下去的小浅窝，将来会发育成胎宝宝的耳朵；胚胎的上面和下面开始长出小突芽，这是将来胎宝宝的手臂和腿；将形成嘴巴的地方的下部，有一些小皱痕，它最终会发育成脖子和下颌。在这一周脑下垂体和肌肉纤维也开始发育。

最重要的是小胚胎的心脏这时候已经可以跳到150次/分钟，相当于大人心跳的两倍，不过准妈妈在这时候还听不到胎宝宝的心跳，目前胚胎只有一个心室，不过现在已经开始划分心室，并进行有规律的跳动及开始供血。

胎教提示

虽然胚胎在接下来的日子里能够轻微地转动了，但是准妈妈还无法感受到这一奇妙微小的变化，不过他的转动也许就是因为受到准妈妈快乐情绪的感染，所以准妈妈一定要保持愉快的情绪，这样胎宝宝也会成长发育得更好、更健康。

孕吐与解决办法

孕吐是早孕反应的一种。大多数的准妈妈是从孕5~6周开始发生孕吐，也有更早发生的。

缓解孕吐的方法

孕吐的准妈妈可以在饮食结构和生活习惯上做一点小小的调整，在一定程度上能减轻孕吐。

1 每天记下自己孕吐的时间，在这个时间快到来时吃苏打饼干，可以选择比较清淡的口味。对于早上反应大的准妈妈也适用，吃几片再起床，然后喝一杯蜂蜜水还可缓解便秘。另外早饭一定要吃，早上空腹更容易引起恶心呕吐的症状。

2 尽量避免可能会让准妈妈觉得恶心的食物或气味，选择能提起准妈妈胃口的食物，哪怕这些食物不能让准妈妈达到营养均衡也没关系。因为对于多数人来说，孕吐都是暂时的，多少吃进去一点总比吃一大顿但全都吐出去了要强很多。

3 饮食清淡。避免吃高脂肪的食物，因为它们需要更长的时间才能消化，这些食物会刺激准妈妈已经变得脆弱的消化系统。另外这一时期，准妈妈不要吃辛辣等刺激性的食物。

4 不要错过任何就餐时刻，避免空腹，因为空腹是最容易引起恶心的。

5 在餐前半小时或餐后半小时喝饮料。不要在进餐的同时喝饮料。

6 进食后万一呕吐，可做做深呼吸动作或听听音乐、散散步，再继续进食。

对缓解孕吐有帮助的食物

1 生姜。生姜可以帮助缓解孕吐症状，准妈妈可以切两片硬币大小的生姜，然后用开水浸泡5~10分钟，取出生姜，加入红糖或蜂蜜调味饮用。

2 苹果。早起吃一个苹果，对缓解恶心和呕吐很有帮助。

3 黄瓜。黄瓜的清香会让准妈妈不舒服的感觉一扫而空。

如果准妈妈早上起床后，恶心、呕吐得厉害的话，不妨吃点干的食物，例如咸饼干、烤馒头片、面包等，不喝粥或者汤，能够缓解呕吐。

胎教提示

在手帕上滴几滴自己喜欢的味道如橙汁，当闻到让自己感觉不舒服的味道时赶紧将手帕拿出来闻一闻，可以减轻恶心的感觉。

情绪胎教：准爸爸献上“开心果”

准妈妈由于妊娠后体内激素分泌变化大，容易产生种种令人不适的妊娠反应，难免情绪不稳定，这时准爸爸不妨献上“开心果”——讲一些笑话给准妈妈听。尤其是选择一些与孩子相关的生活趣味故事。这些风趣幽默的故事贴近生活，可以让准妈妈在开心的同时，畅想自己未来宝宝的“天才”之处。没准将来自己的宝宝也会制造出很多“开心果”哦。

这里举两个小笑话，供准爸爸参考。

黄鱼和笋

母亲对女儿说：“今天我教你怎样弄黄鱼和笋。黄鱼要用稻草扎了头烧。笋要切块，每切一刀，转一下。”女儿答应而去。

一刻钟后，母亲到厨房去看，结果大吃一惊。只见女儿的脑袋上，用稻草扎着。身体在地上只管旋转着。转一下，就把笋切一刀。她一见母亲，叫道：“不得了！晕死我了！”

一条爸爸

妈妈问宝宝：宝宝，家里都有谁呀？

宝宝：有一个宝宝、一个爷爷、一个奶奶、一个妈妈，还有一条爸爸。

妈妈：啊？为什么说一条爸爸呢？

宝宝：妈妈不是说“爸爸是家里的一条好汉”吗？

胎教提示

情绪胎教要与实际生活相结合，准爸爸不能光动嘴皮子。除了讲一些有趣的笑话让准妈妈开心之外，还要在日常生活中照顾准妈妈，为准妈妈提供切实的帮助。

营养胎教：增食欲的橙子

维生素C可增强人体的抵抗力，将体内一些脂溶性有害物质排出体外。而橙子就富含维生素C。此外橙子还具有生津止渴、开胃下气、促进消化、增强食欲的作用。孕早期有呕吐反应的准妈妈适当地吃一些橙子，还能缓解呕吐症状。这里介绍两款橙子美食供准妈妈和胎宝宝补充营养之用。

橙汁蜂蜜饮

材料 橙子2个，蜂蜜适量。

做法

1 将橙子剖开，对切成四瓣，去皮。

2 将橙肉放入榨汁机中榨成汁。

3 调入蜂蜜，搅拌均匀即可。

功效 蜂蜜富含人体直接吸收的单糖，还含有维生素、铁、钙、铜、锰、钾、磷等多种营养元素，具有滋养、润燥、解毒、润肠通便的功效，是老、少、妇非常适宜的滋补品。橙子加蜂蜜一个增强食欲，一个润燥解烦，是准妈妈不错的选择。

橙汁木耳红枣粥

材料 粳米100克，黑木耳50克，大枣100克，枸杞子10克，白糖、橙汁各适量。

做法

1 粳米淘洗干净，浸泡30分钟；大枣洗净。

2 黑木耳放入温水中泡发，择去蒂，除去杂质，撕成瓣状。

3 将所有原材料放入锅内，加适量清水用大火烧开，转小火炖至黑木耳软烂，粳米成粥后，按个人口味加适量白糖和橙汁即可。

功效 粳米有健脾胃、补中气、养阴生津等作用，对于体虚者非常适合。黑木耳润肺、补气血，而大枣也具有益气补血的功效。加上美味的橙汁，此粥味道鲜香、营养丰富，非常适合准妈妈食用。

胎教提示

橙子虽好也不能多吃，一天吃一两个为宜。此外饭前或空腹时不宜食用，否则橙子所含的有机酸会刺激胃黏膜，对胃不利；吃橙子前后1小时内不要喝牛奶，以免影响消化吸收。

运动胎教：床上运动体操

床上运动不花费太多的时间，可以锻炼四肢和腰部，清晨和晚上都可进行，是一套比较适合孕早期进行的体操。

1 自然地坐在床上，两腿前伸呈V字形，双手放在膝盖上，上身右转，保持两腿伸直，足趾向上，腰部要直，目视右脚，慢慢从1数至10。然后再转至左边，同样从1数至10，恢复原来的正面姿势。

2 仰卧在床上，膝部放松，双足平放于床面，两手放在身旁，将右膝抱起使之向胸部靠拢，然后换左腿。

3 仰卧在床上，双膝屈起，手臂放在身旁，侧身滚向左边，用左臀着床，头向右看，恢复原来姿势。然后滚向右边，以右臀着床，头向左看，反复做几次，以活动颈部和腰部。

4 跪于床上，双手双膝平均承担体重，背部挺直，使头与脊柱呈直线，慢慢将右膝抬起靠近胸部，然后抬头，右腿向后伸直，然后换左腿进行。

在整个孕期，准妈妈最好持之以恒，坚持每天做孕期体操，这样可以达到最好的效果，不过要根据自己的身体状况来决定锻炼量，动作要轻柔，以不感到疲劳为宜。

语言胎教：故事《百鸟朝凤》

凤凰是我们中华民族的“祥鸟”，不过据传它并不像现在这样，是一只美丽的鸟，它变美的过程有个生动的故事呢。讲给胎宝宝听听吧！

百鸟朝凤

很久很久以前，凤凰只是一只很不起眼的小鸟，羽毛也很平常，丝毫不像传说中的那般光彩夺目。但它有一个优点：它很勤劳，不像别的鸟那样吃饱了就知道玩，而是从早到晚忙个不停，将别的鸟扔掉的果实都一颗一颗捡起来，收藏在洞里。

这有什么意思呀？这不是财迷精、大傻瓜吗？可别小看了这种储藏食物的行为，到了一定的时候，它可发挥大用处了！

果然有一年，森林大旱。鸟儿们觅不到食物，都饿得头昏眼花，快支撑不下去了。这时凤凰急忙打开山洞，把自己多年积存下来的干果和草籽拿出来分给大家，和大家共渡难关。

旱灾过后，为了感谢凤凰的救命之恩，鸟儿们都从自己身上选了一根最漂亮的羽毛拔下来，制成了一件光彩耀眼的百鸟衣献给凤凰，并一致推举它为鸟王。

以后每逢凤凰生日之时，四面八方的鸟儿都会飞来向凤凰表示祝贺，这就是百鸟朝凤。

胎教提示

也许在食物丰富得“吃不胜吃”的今天，我们再也难以像父辈和祖辈们那样有缺少食物的“恐慌”了，但这并不意味着我们可以随便浪费食物。这样的美德，准爸爸和准妈妈应该树立给胎宝宝看。

音乐胎教：《蓝色多瑙河》

圆舞曲《蓝色多瑙河》是奥地利著名作曲家、指挥家、小提琴家施特劳斯的代表作。据传当时在多瑙河畔的施特劳斯被眼前美景打动，不由得音乐灵感大发，手头却无纸可用，便将曲谱写在了衬衫上。后来此衬衫被洗衣妇拿去了，施特劳斯夫人发现衬衫不见了，到处寻找，终于在它被洗衣妇即将扔入水中清洗前，找到了这件谱有世界名曲《蓝色多瑙河》的“曲谱”。《蓝色多瑙河》，音乐主题优美动听，节奏明快而富于弹性，体现出华丽、高雅的格调。

此曲按照典型的维也纳圆舞曲的结构写成，以典型的三拍子圆舞曲贯穿节奏，由序奏、五个小圆舞曲和尾声组成。徐缓的序曲如一袭薄幕轻轻拉开，多瑙河的水波在晨光中轻柔地荡漾。接下来的五个小圆舞曲，表现出人们在多瑙河畔，在令人陶醉的大自然中欢快地舞蹈。它节奏明快，充满鲜活的欢乐气氛。乐曲结束后这种欢快的气氛仍然意犹未尽，令人浮想联翩：在春风的吹拂下，在美丽欢快的多瑙河的感染下，人们那么自在随意地欢乐着，多么动人啊！

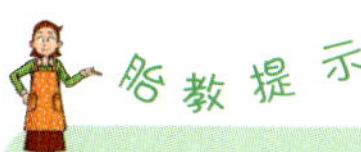

准妈妈情绪低沉时，不妨适当休息，边休息边听听这首欢快的《蓝色多瑙河》。它能让你不由自主地在明快的圆舞曲节奏中想要快乐地舞蹈。

艺术胎教：电影《初试啼声》

电影基本信息

名字：初试啼声（The first cry）

导演：Gilles de Maistre

编剧：Marie-Claire Javoy / Gilles de Maistre

类型：纪录片

语言：法语

《初试啼声》直译为“第一声啼哭”。人自母体中产出，第一声啼哭的到来，便是向全世界宣告：我来啦！

一个新生命的诞生，充满了奇迹。人们迎接一个小生命的第一次啼声也是各有不同。因此导演Gilles de Maistre独具慧眼，采用了纪录片的形式，带我们走近不同国家、不同生活状态下的女人们，看一看她们是怎样生孩子的。

除了我们惯常的在医院生产之外，在非洲的部落里，一位妈妈可能在野外抓着木棍生产，还有在家生的、在海里生的、在游泳池生的，也有在浴缸里生的。

这些生产方式好多闻所未闻，也许听起来有些心惊，但事实上拍摄者们怀着对生命和孕育生命的母亲的敬畏之心，把每个新生命的到来都表现得充满神圣感。相信准妈妈在观看时会有自己内心一份独特的体验。

胎教提示

《初试啼声》这部片子告诉我们，无论是否处于发达社会，还是相对现代文明而言，较为原始的社会状态，我们都应该对生命产生尊重和爱。看到本片的准妈妈不要过于担心自己的生产，相信在专业医生的指导和帮助下，自己的宝宝可以平安地来到这个世界，用响亮的啼声驱散母亲生产的辛苦！

第7周：在妈妈肚里飞长的“小生命”

在分化中成长

这一周那个还是胚胎状的胎宝宝头部明显增大，与身子相比显得不成比例。这个小生命就像数字“9”一样漂浮在羊膜囊中。

这周已经可以在仪器的帮助下，明显地看到胚胎的面部器官啦。他的小眼睛就像一个明显的黑点，静静地闭着，小鼻孔却大开着，耳朵有些凹陷。胚胎上伸出的幼芽将长成胳膊和腿，现在看上去已经很明显，小手和小脚看起来像小短桨一样，同时还可以清楚地看到上、下肢的末端有裂，以后这些将发育成手指和脚趾。

胚胎的心脏已经划分成左心房和右心室，此时期胚胎的神经系统的轮廓发育已接近完成，而且已经有了两肺、肠、肝、两肾以及内生殖器官，不过均未完全形成。

在本周中胚胎开始有第一个动作啦，不过因为他太小准妈妈还感觉不到，大约需要等到3个月后才能感受到。在接下来的日子里，小胚胎将能够轻微地转动啦。

胎教提示

现在准妈妈的情绪波动很大，有时会很烦躁，但应该注意的是6~10周是胚胎腭部发育的关键时期，情绪过分不安会影响胚胎的发育并导致腭裂或唇裂，准妈妈一定要好好调整情绪，不可因小失大。

做好安全防护

虽然我们感知不到，但是胎宝宝的肌肉、骨骼开始快速地发育了。准妈妈的早孕反应也许还在进行中，不过不要担心，这表示胎宝宝正在努力让自己更安全，同时也是在提醒准妈妈，要注意保护他的安全哦。

孕早期安全防护要事

1 少用含氯的洗涤剂。含氯的洗涤剂有很强的刺鼻气味，会让准妈妈更恶心，必须使用时，首先要保持房间的换气通风，然后戴上口罩和手套，做好防护措施。

2 避免感冒。准妈妈不能随便用药，因此注意不生病很重要。

3 不让腹部着凉。由于激素作用，准妈妈的体温会一直较高，很容易感觉热，因此准妈妈要特别注意不让腹部着凉，随手带一件外衣。

4 控制性生活。孕早期是胎宝宝特别不安定的时期，应该避免对腹部造成压力，而且准妈妈对病菌的抵抗力变弱，性生活容易使胎宝宝感染，为了胎宝宝的安全孕早期应节制房事。

5 避免长途出行。孕早期的准妈妈特别需要静养，而且乘坐交通工具会加剧孕吐反应，所以应尽量避免长途出行。

6 避免剧烈运动。那些需要瞬间爆发力的运动如打球、跑跳等运动以及会对腹部产生压力的如滑雪、滑板等是完全禁止的，最好的运动方式是散步。

7 不宜做 B 超和 X 射线检查。在胚胎发育早期胚胎的器官正处于高度分化和形成中，若此时做 B 超或不慎接受 X 射线检查，很容易造成胚胎畸变。

让靠垫成为准妈妈的好伙伴

怀孕后准妈妈的保暖和安全变得很重要。在家里的沙发上和床上，准妈妈都可以放一个靠垫，既可以保暖又可以舒服地靠在上面，还可以把它们当成暖宝宝抱在胸前，体验一下怀抱一个小宝宝的感觉。

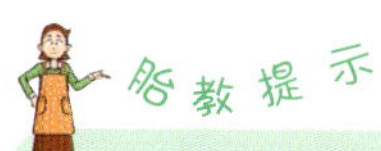

准妈妈的睡眠要保证时间充足且有质量。不妨在自己喜欢的恬静的乐曲声中，和胎宝宝一起进入梦乡。如果中午能把双脚垫高些，放松地睡个觉将是很不错的补充睡眠的方式。

营养胎教：营养大脑的豆腐脑

准妈妈可能随时都会有饥饿的感觉，而且常常饥不择食地吞咽各种食物。不要担心“大吃大喝”会改变体态，这几周可是胎儿发育的关键时期，为了满足胎儿的器官生长需要，准妈妈就在充分补充营养的前提下尽情地吃吧！

豆类食品富含优质的植物蛋白，可为胎宝宝提供丰富的营养，而且还避免准妈妈发胖。不妨多做一些豆类的美味来补充营养。这里我们就选豆类食品里最常见的豆腐来教准妈妈做一道简单的豆腐脑吧。

简易豆腐脑的做法

材料 盒装嫩豆腐1盒，青豆、胡萝卜丁、肉丝、水淀粉、葱末、姜末、盐、油各适量。

做法 锅中放油，放入葱末、姜末爆香，加入肉丝煎熟，再加入胡萝卜丁、青豆炒熟，然后放盐，最后加水淀粉勾芡，即是简易豆腐脑的调味酱。

在做调味酱的同时，将嫩豆腐放在碗中，入蒸锅蒸透。

把调味酱倒入蒸好的嫩豆腐上，一碗既漂亮又营养的豆腐脑即大功告成。

胎教提示

生活中处处有美食，普通的豆腐经过这么一做也能成为诱人而营养丰富的魅力大餐！豆腐皮、豆腐这类豆制食品可以有各种制作方式，可以和多种食材配合起来，进行“营养互动”。

情绪胎教：在日记里倾诉你的悄悄话

早孕6~10周是胚胎腭部发育的关键时期，如果准妈妈的情绪过分不安，会影响胚胎的发育并导致腭裂或唇裂。因此一定要保持心情愉快。这里介绍一种可以让心情放松的有意义的办法——写日记。

准妈妈在家人的关爱下，在辛苦且自豪地孕育一个小生命，你多么渴望知道他的一举一动、一颦一笑呀，他的呼吸怎样？他的心跳怎样？他的心情怎样？

作为母亲你想对他倾诉一些什么悄悄话？

把这些都写下来吧。

随着胎宝宝的成长，每天你都写上一段，记录一下你和一个新生命交流的心得。将来这200多条记录，是你献给宝宝最具意义的礼物。

运动胎教：呼吸法

胎宝宝在向你发出“呼吁”：妈妈，你胎教的用心程度可对我的接受能力有很大的影响哟。准妈妈不妨先学习一下呼吸法，来实现怎样稳定情绪、集中注意力吧。

呼吸前自由放松

1 选择一个安静的场所，沙发上、床上、地板上都可以，光线不要太强烈，稍暗一些。穿上宽松的衣服。

2 放松的准备：摘下身上所有的挂饰，尽量使腰背舒展，或坐下或横卧，保持全身放松，微闭双目，手随意放在身旁或腹部，只要没有不适感即可。保持半分钟左右。

3 排除杂念把注意力集中到自己的吸气和呼气上来。

平静地做深呼吸

身体放松后，先用鼻子慢慢地吸气，一边默数“1、2、3、4、5”（在吸气时以感觉不能再吸时就可以，不一定非要5秒钟），一边吸气，吸气时要让自己感到气体被储存在腹中。

然后慢慢地将气缓慢、平静地呼出来，时间可以达到吸气时间的两倍。

就这样反复呼吸几下，很快就能感到心情平静，头脑清醒。

呼吸法可以集中注意力，这对提升胎教效果有很大的帮助。比如在进行需要凝神的胎教时不妨先进行这样的呼吸，以放松心情、集中注意力，从而使你能准确地按照程序进行胎教。

语言胎教：故事《二月二龙抬头》

龙是我们中华民族的象征，我们自称为“龙的传人”。因此有必要让下一代也对龙有所了解。今天就从《二月二龙抬头》来了解一下龙吧。

二月二龙抬头

民间传说，每逢农历二月初二，是天上主管云雨的龙王抬头的日子；从此以后雨水会逐渐增多起来。因此这天就叫“春龙节”。我国北方广泛流传着“二月二，龙抬头；大仓满，小仓流”的民谚。

每当春龙节到来，我国北方大部分地区在这天早晨，家家户户打着灯笼到井边或河边挑水，回到家里便点灯、烧香、上供。旧时人们把这种仪式叫作“引田龙”。这一天，家家户户还要吃面条、炸油糕、爆玉米花，比作为“挑龙头”“吃龙胆”“金豆开花，龙王升天，兴云布雨，五谷丰登”，以示吉庆。

春龙节的来源，在我国北方民间流传着这样一个神话故事。传说武则天当上皇帝，惹恼了玉皇大帝，传谕四海龙王，三年内不得向人间降雨。不久司管天河的龙王听到民间人家的哭声，看着饿死人的惨景，担心人间生路断绝，便违抗玉帝的旨意，为人间降了一次雨。

玉帝得知，把龙王打下凡间，压在一座大山下受罪，山上立碑：“龙王降雨犯天规，当受人间千秋罪；要想重登灵霄阁，除非金豆开花时。”

人们为了拯救龙王，到处找开花的金豆。到了第二年二月初二，人们正在翻晒玉米种子时，想到这玉米就像金豆，炒一炒开了花，不就是金豆开花吗？就家家户户爆玉米花，并在院子里设案焚香，供上开了花的“金豆”。

龙王抬头一看，知道百姓救他，便大声向玉帝喊道：“金豆开花了，快放我出去！”玉帝一看人间家家户户院里金豆花开放，只好传谕诏龙王回到天庭，继续给人间兴云布雨。

从此民间形成了习惯，每到二月初二这一天，人们就爆玉米花吃。

音乐胎教：德彪西《月光》

月光一直是自古以来中外艺术家倾心的对象。或用诗歌或用音乐赞美可爱的、美丽的、神秘的、温柔的月亮，并且赋予它以人类自己的情感寄托。西方许多著名的音乐家如贝多芬、肖邦等都谱写过关于月光的名曲。而法国著名作曲家德彪西（1862~1918）用钢琴演绎的这首《月光》是一首流传最广，最令音乐欣赏者们迷恋的钢琴小品。

在德彪西的这首《月光》曲中，随着钢琴弹奏出的美妙音符，我们仿佛看见月亮如一位神秘的仙子，蒙着一袭面纱在云间轻轻浮过，追云而动，闪烁着皎洁的眸子，将身影映在平静的水面上，时而轻舞，时而翩跹，典雅中透着飘逸，轻盈中透着灵妙。

用我们中国人传统的审美方式解读，德彪西用钢琴诠释的月光让我们回味无穷。那静谧的而引人遐思的月夜景色，让你的情感随之织就一张美妙的图画，不由得受其感染，畅想无边。

千百年来我国的大诗人们因不同际遇写下了不同状态的月光。

王昌龄曾写下“秦时明月汉时关，万里长征人未还”的极具历史穿透感的苍凉月色；张九龄曾写下“海上生明月，天涯共此时”的虽天各一方，但心曲相通的相思之月；欧阳修曾借“月上柳梢头，人约黄昏后”追忆往昔的恋曲；李白曾借“举杯邀明月，对影成三人”表达孤独的心曲……

多么富于感情色彩的月光啊！你心中的月光寄托着怎样的感情呢？

准妈妈和准爸爸不妨选择一个柔美的月夜，一起聆听这首名曲。闭上眼睛静静聆听，想象着天空中那美丽的月亮随着音符的流动，带给你们的美妙感受吧！

艺术胎教：名画《松林的早晨》

清晨阳光穿透万物之际，美丽的大森林醒来了。清新湿润的空气，青苔的芳香，渐渐淡去的朝雾，树缝隙间穿插的阳光。在这凉爽、清静的大森林中，熊妈妈带着她的几个熊宝宝在一起玩耍。熊宝宝们嬉戏的样子憨态可掬，它们在一根折断的树干上攀缘，一边互相逗着趣，一边练习着本领。多美妙的大自然啊！多美妙的生命活动场景啊！

这就是19世纪俄国巡回展览画派最具代表性的风景画家伊凡·伊凡诺维奇·希施金（1832~1898），在《松林的早晨》中为我们展示的美景。

这静静的松林中，有这么“一家熊”在开心地享受大自然的美好，它们其乐融融的样子让我们人类都神往啊。

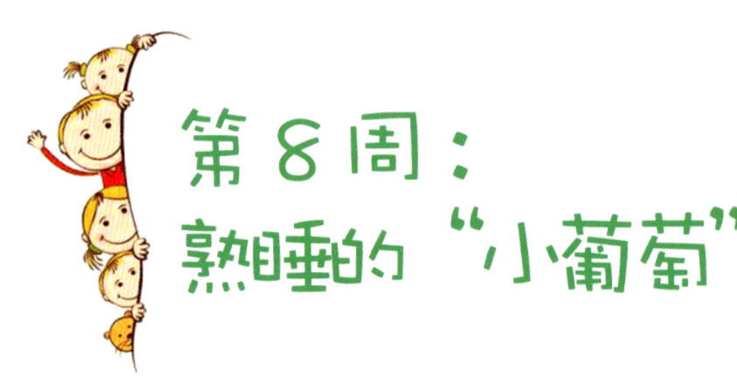

第8周：熟睡的“小葡萄”

快速成长，初具规模

从现在到20周左右，胎宝宝几乎每天身长都可以增加0.1厘米。到本周末胚胎的长度约有2厘米，看上去像葡萄。

头面的情况

通过B超可见眼睑出现褶痕。能辨认出鼻尖，两个鼻孔已形成，两侧颌骨联合起来形成了口腔，已经有了舌头，牙和腭也开始发育。负责平衡和听力的内耳正在形成，此时不能用噪声干扰他。脑干可以辨认出来了——人体所有的大血管和神经都必须通过脑干才能与躯体连接起来。

四肢

胳膊在肘部出现弯曲，肩膀清晰显现，髋以及膝关节也已能看出，手脚在羊水中会轻柔地动，像游泳一样。

手指和脚趾中间尽管还有蹼状物连接，但正在变得清楚。胎宝宝的皮肤是薄薄的、透明的，可清晰地看到其中的血管。

脏器的变化

身体内脏的大部分器官也在持续发育中，并且大多初具规模。如果用超声波检查能清楚地听到心脏跳动的声音。各种复杂的器官都开始成长，其中肠道很长，因为没有足够的空间容纳，所以在腹腔外生长，与脐带相连。

骨髓还没有成形，因此现在由肝脏来生产大量的红细胞。

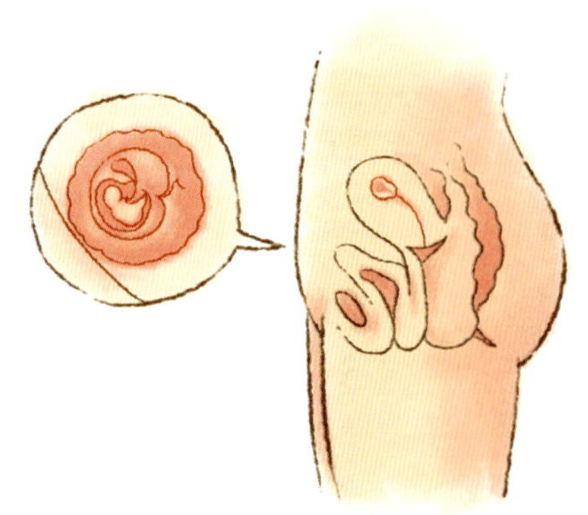

胎教提示

此时期，准妈妈一定要注意改掉以前不注重营养的饮食习惯，如爱吃油条等不健康食品。

情绪胎教：快乐心情，宝宝开朗

孕早期时准妈妈多会有一些妊娠反应，恶心、呕吐、厌食、胸闷和腹胀、腰痛等不适感觉。这些反应往往会弄得准妈妈心情不好。

不过这些都是暂时的，快乐的心情也并不奢侈。保持快乐心情的准妈妈，胎宝宝的情绪也会受到感染，从而有助于形成开朗的性格。

准妈妈保持快乐心情的法宝

1 视妊娠反应为正常现象，减轻心理紧张以平常心面对。

2 平稳情绪，多和有经验的好姐妹交流以冲淡不良情绪。

3 如果情绪不爽就向准爸爸或朋友们“吐”出来。

4 多看轻松、快乐的书籍、电影。比如搞笑的漫画书、喜剧片、动画片等等。

5 准爸爸多陪准妈妈到环境清幽、空气清新的地方散散步，多陪准妈妈聊天、讲笑话，多抚触准妈妈给她心理上的安慰。

相信通过各种放松心情的方法，准妈妈可以有一个快乐的心情，从而保证体内循环畅通，既减轻妊娠的不良反应也给胎宝宝创造一个有益的胎内成长环境。

胎教提示

胎宝宝长得很快，子宫迅速扩张，准妈妈现在可能会出现腹痛、小便频繁的现象，还可能因为恶心、呕吐而不愿吃东西，这些都是正常的，准妈妈不要过于忧心。

营养胎教：准爸爸奉上亮丽的橙汁

想喝果汁，可是喝工厂生产出来的果汁毕竟不是优选，因为里面有食品添加剂。不妨拜托准爸爸动手做新鲜的吧！这里送上一款橙汁，让准妈妈好口味的同时也有一份亮丽的心情。

胡萝卜橙汁

材料 橙子2个，胡萝卜1根。

做法

1 橙子去皮去籽切成小块；胡萝卜洗净，去皮，切成小块。

2 将橙子肉和胡萝卜块一起放入榨汁机，榨出胡萝卜橙汁。

如果准妈妈口感比较清淡，则可以放半杯开水一起榨汁，而如果喜欢甜一点，不妨放点蜂蜜，但最好不要放糖，以免消耗过多的维生素。

这道胡萝卜橙汁不仅营养丰富，具有多方面的保健功能，而且橙黄亮丽的汁液还能带给准妈妈无尽的温暖感，当看着自己榨出来的这杯果汁时，准妈妈一定会很高兴的。

这里提示一下果汁最好在20分钟内喝完。这样才可以使维生素不因时间过长而损失。此外一次不要喝得太多，以不超过500毫升为宜。

榨汁时准妈妈尽量离得远一些。以免噪声干扰了胎宝宝的安宁。

胎教提示

这段日子里准妈妈不妨记录下自己对食物喜好的变化，这样以后你就能很清楚在怀孕后你想吃的食物有哪些，跟自己平时的喜好比较一下，这会很有趣。

运动胎教：孕早期出行提示

记得哦："你不是一个人去出行。"因此在出行时要注意以下事项。

乘坐公共交通工具的安全提示

1 避开上下班高峰期出行，当公车即将发动时，不要不顾一切地追赶，也不要与别人争抢车门、座位，以免造成危险。

2 不要站在门口位置。这个位置一般上下车人多容易被挤到。如果你怕站得太往里难以下车，不妨站在离售票员不远的地方，以便及时跟他打招呼，让他帮助你分开人流。

3 站立时尽量不要拉吊环，以免吊环不稳引起身体动荡。最好扶车椅或竖杆。站累了或是车上太过拥挤时，可以请别人给你让个座位，也可以请售票员帮助找个座位。

4 选择汽车靠前、靠窗通风的位置，这样能减少颠簸，恶心时也可以呼吸一下窗外新鲜的空气，以免发生意外。

5 乘坐地铁时需要进行安检，这时准妈妈可以绕过安检仪器，将手提包交给安检人员代为安检，以避免射线的辐射。

自驾车时的安全提示

首先，不提倡孕早期的准妈妈自驾车，因为这时期的准妈妈容易疲劳，心

理状态不稳定，注意力易不集中。因此建议最好由准爸爸驾车护送准妈妈上下班。如果准妈妈自己驾车，此时期要注意哪些事项呢？

1 避免在凹凸不平或弯曲的路面上行驶，更不要快速行驶，以防紧急刹车碰撞腹部。

2 姿势不要前倾。自己开车的准妈妈最好不要采用前倾姿势，这样子宫易受压迫，产生腹部压力，易导致流产或早产。

3 不要长时间开车或坐车，坐的时间过久，长期处于单一姿势，会使准妈妈腰部受力最大，致使腹压过大，从而可能引发流产。而且长时间处于震动和摇晃之中很容易疲劳，颠簸状态还可能会引起不正常的腹痛。

4 一定要系上安全带，安全带的肩带置于肩胛骨的地方，不要紧贴脖子，肩带部分应该以穿过胸部中央为宜，腰带应置于腹部下方，不要压迫到肚子。

胎教提示

准妈妈这时会有孕吐反应，记得随身带几个塑料袋，以免孕吐无法控制。

音乐胎教：《晨光》

《晨光》是由班得瑞乐团所作。班得瑞乐团是由一群爱好生命的年轻作曲家、演奏家及音源采样工程师组成的团队。为了采集到大自然的原声，他们在瑞士的罗春湖畔、玫瑰山麓、阿尔卑斯山留下脚印。班得瑞乐团把自己对大自然的热爱，对生活的热爱制作成乐曲，传递给世界上每个喜欢他们的人。而且他们耐得住寂寞，从不会因自己制作的音乐被人欣赏而在媒体曝光。他们心灵纯粹，视音乐制作为一种追求精神纯粹的境界。一旦开始执行音乐制作，便深居在阿尔卑斯山林中，直到母带成品完成。

置身自然山野中的生活，让班得瑞乐团拥有源源不绝的创作灵感，也拥有最自然脱俗的音乐风格，这首《晨光》排笛与横笛交错吹奏，将日与夜的交替表现得恰到好处，静静聆听下更添空灵之感。

聆听这首曲子会感染于它优美的自然音乐，乐曲中表现的晨光柔和而又充满活力。旭日东升之时，曲中新鲜的朝气将你从梦境中唤醒，加入清新的早晨，你会看到一个格外美好的世界，仿佛眼前有一片享受着晨光的绿油油的麦田，人们正在起床，孩子们正在上学的路上欢唱……

胎教提示

怀孕早期进行音乐胎教实际上并不是让胎宝宝听，因为他此时还只是胚胎，听觉器官要到4个月以后才发育，现在聆听音乐是让准妈妈舒缓心情，优美的旋律一般都会使人心情舒畅，所以选择那些自己真正欣赏与喜欢的音乐效果才更好。

语言胎教：唐诗《夜宿山寺》

“诗仙”李白为我们创造了一个神奇的意境。他要么伸手摘星，望空而吟；要么俯首邀月，醉满江河；要么登高山，望奇景，狂歌不止。何等的洒脱！何等的恣意！何等的想象力！这里我们奉上一首著名的《夜宿山寺》供准妈妈、准爸爸与胎宝宝一起欣赏一下我国浪漫主义大诗人的伟大的想象力吧！

夜宿山寺

李白

危楼高百尺，手可摘星辰。
不敢高声语，恐惊天上人。

想象一下，登上山寺的百尺高楼上，仰望满天繁星，俯瞰渺茫人世，会是什么感觉？即使你不想伸手摘星，似乎也伸出手向茫茫太空探求一下那闪闪的小东西，只是为了满足自己的好奇之感。

我们知道天上的神仙是不存在的，但在李太白的想象中，天上是存在“人”的，跟他这个地面上的人是有可能“交流”的，不然他也不至于“不敢高声语，恐惊天上人”了。

如此神奇与夸张的手法，是基于丰富的想象力的。除了“诗仙”李白能如此大胆，还有哪个人呢？

更高妙的是全诗的文字极其普通，却将这位“夜游神”在夜色美景吸引下，一时冲动大着胆子想要摘星辰的愿望，与“恐惊天上人”的谨慎、微妙的心理刻画得极为传神。

胎教提示

大诗人李白的想象力真是堪称一绝。如果你喜欢古诗且想要在想象力方面进行开发，不妨读一读他的诗歌吧。那是一种很奇特的享受。

艺术胎教：电影《阳光小美女》

在这部诙谐喜剧里，你将和“阳光小美女”奥利芙一家人一起度过快乐的101分钟时光。先看看有关信息吧！

电影基本信息

中文名：《阳光小美女》，又名《阳光俏佳人》《小太阳的愿望》

英文名：Little Miss Sunshine

影片类型：家庭/剧情/喜剧

时长：101分钟

再来看看她的自我介绍吧！

小美女的自我介绍：

我生活在一个“问题家庭”中，家中的每个大人都有不正常的一面。然而这并不怎么影响我这个戴一副大眼镜，有一个小肚子的女孩去参加“阳光小美女”的比赛。就这样一家人陪我上路了，其中有那个爱说脏话爱看黄色电影的爷爷；爱夸夸其谈却濒临破产的父亲；爱抽烟且显得麻木不仁的妈妈；爱尼采、爱空军却一语不发的哥哥；还有我那爱同性恋却因失恋而自杀未遂的舅舅！

一起为梦想努力！

小美女的家人经过激烈争执还是一起陪她踏上寻梦之旅。一路上因为种种际遇，每个人的心理都经历了努力与希望破灭的考验。但一家人终于取得理解、包容、鼓励与相互支持。原来亲情的温暖与生活的美好才是更本质的内容。

胎教提示

想象一下如果你的宝宝将来也有这样的梦想，你是否支持他呢？有梦想就要去实现！现实的不理想并不等于不值得去实现自己的梦想。努力吧！

孕3月

肚里藏着一个“小小的人儿”

在本月有个“小小的人儿”藏在了你的肚子里，你一定很开心吧！这个小小的生命将在你的肚腹中吸收营养，渐渐成长，你将和他一起度过一段充满期望、等待的时光。其间你的身体会发生一系列变化，在先进的医学条件下，你和胎宝宝的各种变化都会得到及时监控，并给予治疗。在充分的医学保障下，开心地度过你的孕期吧！

本月胎教要点

胎宝宝在3个月以内对致畸因素十分敏感，这时期的准妈妈一定要在精神、饮食、工作、生活等各个方面都特别谨慎，尽量避免受到不良因素影响的同时，也通过有益的胎教给胎宝宝良好的刺激，使他能受到美好的影响。

在怀孕第三个月，准妈妈的胎教重点是：

情绪胎教还要唱主角

准妈妈心情舒畅、心境平和、情绪稳定仍然是此阶段胎教的主要内容。为此本书介绍一些如何保持良好情绪的胎教办法给准妈妈。希望胎宝宝身体和心理的健康成长，培养有益于宝宝成长的健康情商。

注意营养摄入和饮食偏好

给胎宝宝补充他成长所需的物质营养，是进行其他胎教的前提。准妈妈一定要注意饮食的高质量，而不是多数量。

此外宝宝的饮食偏好也因为味蕾的发育而渐渐成长起来。这时候准妈妈要注意自己的饮食均衡，以免你的饮食过偏，而影响胎宝宝生出来后偏食。

开始进行艺术情操培养吧

我们人类的伟大之一就是我们可以调动各种感官的能力来感受艺术的魅力。我们的视觉和听觉经常被艺术的美打动。准妈妈和准爸爸不妨多听听音乐、欣赏名画等艺术品，自己也可以动手做一些手工艺品，来培养胎宝宝正在发育的艺术细胞。

促进感官良性发育的抚摸和运动胎教

虽然此时准妈妈的小腹还没有明显的隆起，但里面的胎宝宝已经可以感到外界的压、蠕等动作了。准妈妈和准爸爸可以对胎宝宝进行适当超前的良性刺激，比如轻柔地抚摸准妈妈的下腹部或是坐在摇椅中轻轻摇动，这样可以促进胎宝宝神经系统和感觉器官的发育，还可以使你们一家三口的氛围充满温馨。准妈妈的情绪也因此受到良性感染。

语言、音乐胎教进行时

胎宝宝的听力虽然还很娇弱，但是已经发育。上个月听力方面的胎教更多的是给准妈妈调节心情用的，这个月就可以适当地对胎宝宝进行听觉的良性刺激了。准妈妈和准爸爸聊天时多提及胎宝宝，播放一些适宜的、喜欢的音乐听。当然一定要注意音量不要过大，否则会吓到胎宝宝。

第9周：小尾巴没啦

初具人形的胎宝宝到来了

从本周开始胚胎已经升级为胎儿了。小宝宝褪去了小尾巴初具人形啦。这时他的长度是22~30毫米（头到臀），身体的基本结构已经形成。四肢渐渐清晰，背部稍微弯曲，可以看见小肩膀了，手臂更加长了，臂弯处肘部已经形成，手指和脚趾基本发育完毕，手部在手腕处有弯曲，两脚开始摆脱蹼状的外表，可以看到脚踝。五官也发育得比较完善，眼帘开始覆盖住眼睛，腭和鼻子都已经成形。

小宝宝已经“人模人样”了。

味蕾正在发育

胎宝宝的所有器官、肌肉、神经都已经开始工作，所有牙齿的幼芽都各就各位。味蕾正在发育。不久的将来他就能品尝到羊水的味道了。胎宝宝的皮肤是半透明的，可以从外部看到皮下血管和内脏。汗腺开始发育，有少量的绒毛长出。

大脑发育关键期

本周是胎宝宝大脑发育的关键期。到本周末胎宝宝的中枢神经管从胚胎的底部伸展到顶部，它将形成脊髓和大脑。大脑的发育需要大量的叶酸，因此准妈妈应该继续补充叶酸，不能间断。

胎教提示

准妈妈的妊娠反应可能还在继续，而且疲惫感强烈。坚持一下，这种难受的感觉马上就要过去了。现在准妈妈可以喝一些含微量氟的水，这样可得到充足的氟化物，能保证胎儿的牙齿和骨骼发育。

情绪胎教：绿植，带来清新的好情绪

绿植可以带来清新的空气不说，还能带来清新的好情绪。如果自己亲自培育，更能在情趣中获得一份喜悦之情。看着自己亲手培育的东西慢慢长大，会让准妈妈体悟到生命逐渐成长的美好。这个过程是准妈妈带着胎宝宝一起参加的哟，对母子的身心都能带来不错的收获。

种荔枝

1．荔枝核充分洗净，用清水浸泡7天。

2．记得每天要换水。

3．待荔枝核的芽发出后，就可以把它们移到花盆中了，注意发芽的一端朝上。

4．几天后，一盆别致的绿植就长出来了。

生豆苗

1．挑选一把成熟饱满的黄豆，用清水浸泡2~3天。

2．每天换水1~2次。

3．待黄豆芽发出后，把它们放到一个敞口的玻璃瓶中，注意不要再加水浸泡了，而是每天用喷壶将豆芽喷湿。

4．几天后，绿绿的叶子就会伸出瓶口来了。

培育绿植的小种子可以随时获得，你吃完水果的种子留下来，用作绿植的种子就可以啦。

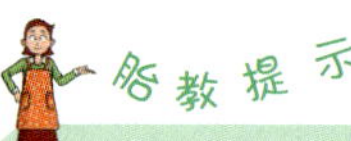

说不定受你培育绿植的好情绪的感染，胎宝宝也因此爱上了它，这可是园艺的入门课哦，没准他将来会成为了不起的园艺师呢。

营养胎教：培养胎宝宝不偏食

有些孩子偏食、挑食，怎么改也改不过来。有没有想过这种问题的出现，与营养胎教是否有关呢？

研究表明胎宝宝会在准妈妈的子宫中“品尝”准妈妈吃的食物的味道，并牢牢记住。而且这种体验将对他出生后对食物的接受程度产生影响，他会更倾向于那些自己熟悉的食物。

准妈妈做到饮食均衡，可以培养以后宝宝不偏食的好习惯。

饮食多样，营养均衡

不同的营养素往往存在于不同种类的食物中，如蔬菜水果主要含糖、维生素、膳食纤维，而肉类食物多含蛋白质、脂肪、铜、铁、锌等营养物质，不吃哪一类食物就会造成相应营养素的缺乏。因此在孕期准妈妈需要多吃谷物、薯类和果蔬类，适当摄入红色的瘦肉如牛、猪、兔肉等，每周吃一次鱼补充优质蛋白质，此外不要长期只吃一种食物，而要经常换吃同类的其他食物，确保营养均衡。

抚摸胎教：准爸爸和准妈妈的抚摸

有没有想过胎宝宝受到准爸爸或准妈妈的爱抚会有什么反应？要知道准爸爸和准妈妈的爱抚可以锻炼胎宝宝的触觉能力，而且对他的大脑发育和智力发展也有促进作用呢。

怀孕3个月以后可以进行一些来回抚摸的练习，下面介绍一下具体做法。

1 准妈妈保持腹部完全放松。比如可以平躺下来，腹部不要有吃力的感觉。

2 用手轻轻地（动作一定要轻柔）从上至下、从左至右，来回抚摸。同时心里可以想象自己的双手真的在可爱的小宝宝身上爱抚，幸福感和喜悦感油然而生。准妈妈可以深情地默想或者说出来："宝宝，妈妈爱你"，"宝宝，你真美"，"宝宝，你真舒畅可爱"，"宝宝，你真可爱"等。

3 抚摸时间不宜过长，每次2~5分钟。

抚摸胎教八项注意

1 抚摸胎教应有规律性，坚持在固定的时间进行，每天两次，这样才能让胎宝宝"心领神会"。

2 室内环境要舒适，空气新鲜，温度适宜。

3 在进行抚摸胎教的过程中，最好能配以对话胎教和音乐胎教等，这样效果会更佳。

4 抚摸胎宝宝前，要排空小便。

5 抚摸胎宝宝时，应避免情绪不佳，保持稳定、轻松、愉快、平和的心态。

6 孕早期以及临近预产期这段时间一般不宜进行抚摸胎教。

7 有不规则子宫收缩、腹痛、先兆流产或先兆早产现象时，为避免发生意外最好不进行抚摸胎教。

8 如果曾有过流产、早产、产前出血等不良产史也不宜进行抚摸胎教。

胎教提示

拍打法和运动法这样的抚摸方法，对妊娠3个月以内、临近产期者或有早期宫缩者，都不宜进行。

音乐胎教：《维也纳森林的故事》

美丽的维也纳郊外的森林，清晨的阳光，绿色的花木，清新的空气，牧羊的小曲，鸟儿的鸣唱，欢快的人们。这是多么令人向往的天地！

准妈妈和胎宝宝不妨一起去小约翰·施特劳斯营造的《维也纳森林的故事》中，去感受大自然的美妙吧！

准妈妈、准爸爸可以想象着和胎宝宝一起，随着圆号、大提琴和长笛的优美旋律，走入春天的早晨，置身于清晨的维也纳森林中，看看含珠带露的小草在阳光下闪着点点晶莹的光，闻一闻清晨刚醒来的花儿散发出的芳香，听一听小鸟们欢快的啁啾。呀，还有幸福快乐的人们在这里放牧的欢快场景！

为了使这首曲子更富有乡土气息，施特劳斯将奥地利的民间乐器齐特尔琴也加入管弦乐队中，多么有创意啊！这轻柔而华美的琴声可以带准妈妈走入森林中。听，那美丽的鸟儿正和你们一起交谈。

语言胎教：唐诗《草》

小草虽然小但是其生命力却很顽强。我国唐代著名大诗人白居易曾倾情为草写下一首名诗。来吧，在准爸爸的带领下，和胎宝宝一起学习一下小草的伟大精神吧！

赋得古原草送别

白居易

离离原上草，一岁一枯荣。
野火烧不尽，春风吹又生。
远芳侵古道，晴翠接荒城。
又送王孙去，萋萋满别情。

这首诗里的草，不畏野火，迎着春风而生的“韧劲”有口皆碑，成为传之千古的绝唱。

白居易（772—846），字乐天，号香山居士，河南新郑人。我国唐代伟大的现实主义诗人，有“诗魔”和“诗王”之称。白居易的诗歌以平易通俗而闻名，其诗题材广泛，形式多样。

胎教提示

准妈妈可以从草的精神中吸取力量，与胎宝宝一起学习小草具有的不惧怕野火，“春风吹又生”的顽强精神。

艺术胎教：名画《大橡树下的母马和马驹》

在枝繁叶茂的大橡树下，马妈妈带着的它们的孩子在聚会。它们的样子十分悠闲。一匹小马驹在母腹下吃奶，它的妈妈则昂着头向背后望着什么。它们右边是一对和它们一样长着棕毛的母子，还有一匹白马在左边自在地吃着草。

远处是一片宁静的村庄，天上朵朵浓密的白云从树枝的缝隙隐隐透出来。整个画面形态与色彩搭配十分和谐，马匹与大自然融为一体，透着宁静美好的风光。

这么温馨亲子与自然融为一体的画面，不由得让人神往。

此画的作者乔治•斯塔布斯（1724—1806），是英国一位自学成才的画家，以画动物画和肖像画最为出名。

胎教提示

我国的大画家徐悲鸿也以画马见长，他笔下的马充满力量之美，如果有兴趣也不妨找来徐悲鸿的画作欣赏。

第10周：“小人”在成长

肌肉发育，脑细胞快速成长

现在的胎宝宝身长有3~4.2厘米，重约10克，头部仍然占到全身的1/2左右，看上去像个扁豆荚。胎宝宝的四肢越来越清晰，关节形成，手臂更长，肘部变得更弯曲，手指和脚趾也长了一点，指甲和趾甲开始生长。小家伙开始吞咽羊水和踢腿了。

牙蕾开始形成

胎宝宝的面部基本发育完全，眼睛、鼻子、嘴等都已各归其位，现在他的眼皮还黏合在一起，眼皮睁开可能需要等到第24周之后。20个微小的牙蕾已经开始形成，不过要长出乳牙的小牙尖还需要等到20周左右。

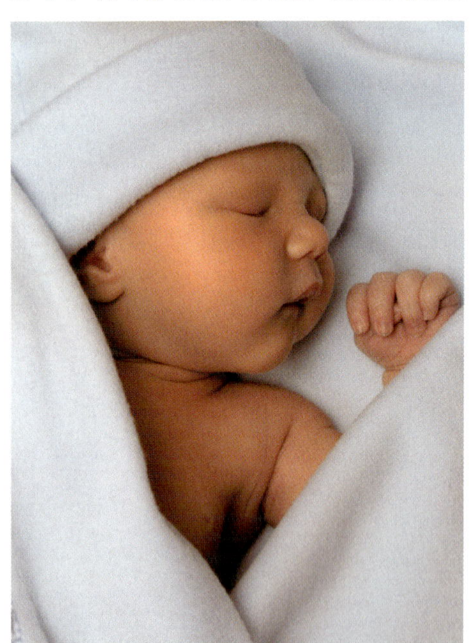

大脑正在迅速发育

从本周起胎宝宝的脑细胞进入迅速增殖的阶段，主要是脑细胞体积增大和神经纤维增长，脑重量会因此不断增加。现在胎宝宝的脊椎神经也开始从脊髓中伸展出来，胎宝宝的反应将越来越灵敏。

内脏器官开始发挥作用

胎宝宝的许多内脏器官开始发挥作用，心脏已经发育完全，每分钟搏动140次，肺、胃和肠道继续发育，肾脏已经迁移到了胎宝宝的上腹部，胎盘已经很成熟。

为了胎宝宝的安全，现在准妈妈还不适合做剧烈的运动，适合散步，简单的手部、脚部活动。

情绪胎教：心理体操

准妈妈在孕期难免会出现情绪紧张的情况，这时候不妨做一下舒缓压力、放松心情的“心理体操”。

第 1 节：深呼吸

坐在椅子上，双脚平放，闭上眼睛，用鼻子慢慢吸气，手指向外扩张；然后张嘴呼气，一点一点呼出体外，至身体放松。

第 2 节：重复快乐的词句

反复诵读一些乐观的词或句子，可以使呼吸变慢，思维集中到声音上，使你和胎宝宝安静、快乐起来，如“宝贝，我爱你”。

第 3 节：接受音乐的洗礼

每天花 20 分钟静静地接受音乐的洗礼吧，这样会使你和胎宝宝的情绪达到最佳，还能促进胎宝宝的身心发育。

第 4 节：与幽默亲密接触

喜剧、幽默风趣的散文和随笔、滑稽搞笑的图片，每天欣赏一下这些，可以让你的笑容焕发光彩，变消极为积极，进而转变成力量。

第 5 节：记心情日记

每天都写上一段日记记录一下你当天的心情，这将是一份长久的纪念，整整 280 天你和一个新生命一起走过，这是值得骄傲的，你记录下的每一天都是一份充满意义的礼物。

胎教提示

准爸爸可以加入哟。比如可以为准妈妈的心理体操做各项准备工作，还可以通过幽默的方式来开发准妈妈的美丽笑容，这样体操效果会更好。

营养胎教：补充多种助长元素

为胎宝宝助长，需要补充哪些营养元素呢？下面我们来介绍一下。

补充镁和维生素 A

镁和维生素 A 是促进胎宝宝骨骼和肌肉发育需要的营养元素。因此准妈妈要注意补充。

一般来说只要饮食均衡，就很少发生镁缺乏的情况。镁可以促进胎宝宝的骨骼和肌肉发育，但是需不需要额外补充还需去医院做个测定。如果缺乏医生一般会建议食补，每天补充 450 毫克。这个标准很容易达到，只要在正常饮食的基础上多吃些含镁食物，比如每周吃 2~3 次花生，每次 5~8 颗，或者吃些花生酱，补镁效果就很好了。

维生素 A 也不能补充过量。像猪肝虽然维生素 A 含量较高，但如果频繁食用很可能超量，一般 1 周不要超过 1 次。建议准妈妈多吃含胡萝卜素的食物，如南瓜、红薯、胡萝卜、柑橘、杏子、柿子等，胡萝卜素进入人体后也可以转化成维生素 A，总量则会大大降低，相对安全很多。

注意碘的摄入

充足的甲状腺素（由碘和氨基酸组成），是促进大脑和骨骼发育的重要原料。缺碘的胎宝宝出生后智力低下，个子矮小。准妈妈每天需碘量应在 175 微克左右，最好食用加碘盐。同时也应在食物里增加富含碘元素的食物，如海带、紫菜、海蜇、蛤蜊等。

胎教提示

药补不如食补。因此准妈妈补充各种微量元素时，不如在食材选择上多着手。

运动胎教：胎教操助宝宝成长

准妈妈做胎教操有以下好处：一是让胎宝宝获得安全感，在愉快的状态下发育得越来越好；二是可以通过做胎教操来和宝宝沟通；三是可以激发胎宝宝“做体操”，这样的训练能促进他出生后翻身、抓、握、爬、坐等各种动作的发展，也更愿意同别人交流。

做操准备式

在你觉得比较舒服的时候，可以先做一下我们在第 7 周教的深呼吸法，放松自己的身体，然后跟胎宝宝打一声招呼，告诉他你们现在开始做操了。

做操的时间在 20 分钟内比较合适，因为胎宝宝的睡眠周期是 20 分钟一次。如果能播放一曲舒缓的音乐也会很不错。

胎教操进行时

1 找到子宫的位置，将双手放在两侧，先用右手轻轻从中间推，再换左手。

2 从右上开始，以顺时针方向，用手指肚的力量向下轻轻按压子宫的四个角，每次按两下，这样能对胎宝宝的全身进行抚触。

3 以顺时针方向用整个手掌对胎宝宝进行抚触。

4 以子宫的中心为线，两个手掌同时在子宫两侧画圆做抚触。

胎教提示

在接下来的孕期里，胎教操可以一直做，当你能感受到胎动后在胎动频繁时做更合适，但千万不要太晚，胎宝宝晚上太兴奋则不利于形成良好的作息规律。

音乐胎教：《春野》

渴望一如春风般细腻温润的感觉？那就听听班得瑞的《春野》吧。细腻的钢琴送来叮咚的春泉，优美的横笛，为你送上春风的抚慰与畅想。

在清晨的霞光里走入自然的怀抱。天空泛着霞光，蓝汪汪得如浅海般可爱。让微风吹拂在脸上，深呼吸，吐出胸中的浊气，吸入清新的青草与野花的清香。

没准碰巧有个小鸟在向你打招呼呢，向它问声早安吧。

多美妙的意境啊！

如果你在春天，不妨带着这支曲子，和班得瑞们一起走进《春野》，去听听来自原野的声音，去望望来自原野的春色，伸开手臂去感受一下春天的气息……

如果你与春天错过，也不妨放着这支曲子，在它的带领下闭上眼睛，静静地在神思之国和春天有个约会。

胎教提示

在如此接近大自然的音乐里，相信你会和胎宝宝度过一个美妙的时光。多接触大自然，多听听自然的声音吧，自然会带给你无限美好的心情。

语言胎教：儿歌《两只老虎》

"一只没有眼睛，一只没有耳朵"的两只老虎，真奇怪。可爱的乐曲，配上生动的儿歌，是不是一下子把童年的记忆召回了呢？

如果你到幼儿的游乐场所，也会经常听到《两只老虎》这首儿歌的旋律。多可爱的旋律呀！未来的宝宝，在能跑会跳的时候，也会和"两只老虎"一起来开心地跑哦！

两只老虎，两只老虎，
跑得快，跑得快，
一只没有眼睛，一只没有耳朵，
真奇怪，真奇怪。
两只老虎，两只老虎，
跑得快，跑得快，
一只没有眼睛，一只没有耳朵，
真奇怪，真奇怪。

据说历史上的《北伐军军歌》用的旋律就是《两只老虎》的旋律呢！看来《两只老虎》的威力真的不小啊。

艺术胎教：电影《放牛班的春天》

“放牛班”是个什么班？这个班里的成员都是哪些人，他们之间碰撞出了哪些趣事？一起到电影中寻找答案吧！

电影基本信息

中文名：《放牛班的春天》《唱诗班男孩》

英文名：The Choir Boys

影片类型：剧情 / 音乐

时长：96 分钟

与那些靠悲情、动作、美女甚至是恐怖“夺人眼球”的大片相比，《放牛班的春天》显得太小 Kiss 了！但是它却一不小心让观众泪流满面——那是喜悦、宽容、理解与向往的泪！

正如电影中所诠释的，我们常常在无意的邂逅中获得永恒的情感。一群渴望理解而又桀骜不驯的孩子，因为一次偶然的行窃与马修相遇，他的心灵世界也得以被孩子们窥探——

一个个跳跃的音符，一行行温暖的字迹，引得孩子无限遐想与猜测。音乐，一个被学校完全忽视了的名词，一种贴近人类心灵节奏的律动，呼唤出他们心中的爱与理解，他们的心灵春暖花开！

这是一部看似平淡实则令人回味无穷的影片：我们的人生可以落寂，但是人与人之间的温情却可以使平淡的人生变得可爱。相信你和胎宝宝会在影片的美好回忆中获得一份心灵鸡汤。

胎教提示

唱诗班这个团队让平常难以调教的顽童变得很绅士起来！没准你肚子里的小淘气也需要像唱诗班那样的氛围来让他获得宁静。不妨放一放影片中的音乐给胎宝宝听吧。

第11周：在羊水中自在地活动

骨骼快速发育的小家伙

在这一周胎宝宝的身长约4.5厘米（大约是你的手掌的一半），体重达到7~10克。胎宝宝的头还是占据着身体的一半大小。在还没有睁开的小眼睛里，虹膜正在发育。现在胎宝宝的细微之处已经开始发育，他的手指甲和绒毛状的头发开始出现啦。

动作越来越多

随着身体的发育，胎宝宝的动作会变得更多、更有力。胎宝宝在准妈妈体内做的动作明显增多啦。他可以做吸吮、吞咽或者打哈欠、踢腿、伸展四肢等动作。通过超声波，可以知道胎宝宝在羊水里"游泳"，有时还会有两脚交替向前走的动作，这可是原始的行走，在为出生后走路进行练习呢。

骨骼发育加快，并且开始变硬

胎宝宝的肢体在不断加长，脊神经开始生长，可以清晰地看到胎宝宝脊柱的轮廓。骨骼细胞发育加快，逐渐出现钙盐的沉积，部分软骨已经向比较坚硬的骨骼发展。关节也会慢慢形成。在今后的6个月中，胎宝宝的主要任务就是让自己长得又结实又健康，为将来出生后能够独立生存做准备。

准妈妈要增强钙质的摄取。否则准妈妈自己骨骼等处的钙质便会分解，以便来供给胎宝宝生长所需。

情绪胎教：营造良好的家庭气氛

进入本周的准妈妈因为不受身体不适的困扰，情绪上也会大为改观。虽然情绪调节离不开准妈妈的自身努力，但是在家庭生活中以准爸爸为核心的其他家庭成员也要注意为准妈妈营造一个良好的家庭氛围，以保证准妈妈的情绪愉快舒畅，同时也有利于促进胎宝宝的健康发育。

为准爸爸营造良好家庭氛围支招

1 准爸爸情绪上要调节好，不要吵闹，有问题应该技巧性地与准妈妈沟通，避免乱发脾气。

2 多做些家务。准爸爸应体贴照顾妻子，主动承担家务。

3 生活习惯改良。要做到不过量饮酒，不在妻子面前抽烟，节制性生活。

4 制造情趣。准爸爸可以动用自己脑细胞多创造出一些生活情趣。如多看一些家庭幽默书籍以活跃家庭气氛。

5 多听听准妈妈的意见和想法，帮助她实现心中所想。

6 和长辈做好沟通。如果与父母同住，准爸爸还要注意调节婆媳关系，避免婆媳矛盾影响家庭关系。

7 改换家居，创造惊喜。时常布置一下家庭环境，改换一下家具的位置或添置一些有趣的小玩意等，可能给孕期的妻子带来意想不到的惊喜。

八互歌

周总理夫妇根据几十年的生活实践，总结出了一首“八互歌”，可以作为夫妻共创温馨家庭的准则。

一互敬，多协商。二互爱，情意长。
三互信，莫乱想。四互勉，共向上。
五互助，热心肠。六互让，不逞强。
七互谅，心坦荡。八互慰，暖心房。
合家欢，乐无疆。八互歌，切莫忘。
努力做，认真想。携手进，路宽广。

“八互歌”高度概括了夫妻关系处理上双方应遵循的道德准则，同时也道出了怎样才能使夫妻和谐与家庭温馨的秘诀。

胎教提示

家务活儿虽然准爸爸去做，但也不意味着准妈妈就衣来伸手，饭来张口。准妈妈也应适当做些力所能及的家务。而且要学会体贴准爸爸的辛苦，送上一句问候的话，递上一杯水，都会使夫妻感情融洽，也利于胎宝宝的成长。

营养胎教：自制双皮奶 

DIY 营养小吃，既能补充胎宝宝成长所需要的营养元素，也能制造生活情调，获得一份好心情。这里介绍一款广东顺德的名小吃双皮奶。双皮奶香气浓郁，入口香滑，口感细腻，每一口都有幸福的味道。

材料

牛奶（较浓的奶香味更好）120克，鸡蛋2个，白糖适量。

制作步骤

1 用慢火把牛奶和白糖煮开，离火后装入碗中冷却备用。

2 把鸡蛋蛋清用筷子迅速搅拌成蛋浆。

3 将冷却的牛奶的奶皮小心刺破，将牛奶缓缓倒入蛋浆中，奶皮会稳妥地落入碗底。

4 将蛋浆和牛奶充分搅拌溶和，再缓缓地倒回有奶皮的碗中，碗底的奶皮会慢慢浮起，覆盖在混合液上。

5 用保鲜膜将碗口密封好（保鲜膜不要与奶皮接触，不然蒸出来表面会不平整），入蒸锅隔水蒸10~15分钟，起锅，冷却。

6 冷却后的双皮奶放入冰箱冷藏即可。

注意：吃的时候不要从冰箱里取出立刻吃，应该放置15分钟左右等升温之后再吃，否则过于寒凉容易伤害脾胃。

胎教提示

准妈妈需要注重饮食中钙元素的摄取，鱼类、海带、紫菜、鸡蛋、豆制品、牛奶、动物骨头等食物中都含有丰富的钙质，可以帮助促进胎宝宝的骨骼发育。

运动胎教：减轻肩部酸痛的肩转动瑜伽

在做这种消除准妈妈肩膀紧张感和酸痛感的孕期瑜伽之前，先要熟悉胜利式呼吸法，其要点是叹口气好像对着玻璃哈气一样，双唇闭合，呼吸的重点放在咽喉而不是鼻子，呼气时间比吸气时间稍长，避免储存过多氧气，以免引起头昏。

接下来可以开始练习瑜伽了。

1 在舒适的位置坐好，用胜利式呼吸法吸气呼气各1次，再吸气。

2 缓慢将肩膀向前移动然后带动肩膀向上移动。

3 呼气，肩胛骨向后挤压。

4 肩膀下拉，恢复正常姿势。

5 重复1~4步3次。

6 肩膀朝相反的方向转动4次，也就是吸气时肩胛骨先往后拉，然后向上运动，呼气时肩膀向前转动然后恢复正常。

这个练习会让准妈妈感觉肩膀慢慢转了一个大圈，非常舒服。

准妈妈在练习时，要注意身体状况，不要过于疲劳。如果某些动作做起来不太顺利，可以由准爸爸在一旁协助。

音乐胎教：《田园》

“乡村生活的回忆，写情多于写景。”这是贝多芬在《田园》首演时，在节目单上写的字句。的确这部作品虽然是写景之作且创作的灵感来自大自然，但整部作品表达了对大自然的依恋之情，细腻动人，朴实无华，宁静而安逸。

《田园》是贝多芬的F大调第六交响曲，也是贝多芬最受欢迎的交响乐之一，这部作品1808年在维也纳首演，由贝多芬亲自指挥。

在《田园》中，自然的千姿百态与音乐的宏伟互为映衬。此曲自问世以来，随着音乐厅、影视剧、网络、手机传遍全球各个角落，人们随时随地可以通过乐曲进入与自然融为一体的佳境，走入一幅用眼睛看不见的美丽画卷，使身心获得舒展。

和准爸爸或独自一人漫步于小区花园或林荫小道时，听一听这曲《田园》，满耳的大自然的声音和满眼的大自然的颜色会让你从心灵深处呼吸到那纯净清新的空气。和胎宝宝一起，美美地感受一下吧。

语言胎教：唐诗《春夜喜雨》

谁说太阳不在雨淅淅沥沥就让人心里不爽？雨也有可爱的一面呀。我国的“诗圣”杜甫就曾怀着喜爱之情赞美过一场春雨。让我们来体验一下他的好心情吧！

春夜喜雨

杜甫

好雨知时节，当春乃发生。
随风潜入夜，润物细无声。
野径云俱黑，江船火独明。
晓看红湿处，花重锦官城。

此诗是大诗人在成都草堂居住时所作,是唐诗中的名篇之一。在诗人笔下那雨也通人性、知人情，润物细无声，给花木洗浴，给田野解渴，给野径和江水以衬托！美丽的夜色下，诗人的视野既广阔又细致，为我们编织了一幅生动的图画，清新的空气顺着文字扑面而来。

在欣赏这首《春夜喜雨》前，准爸爸不妨下载一些关于成都杜甫草堂的图片、雨声，与准妈妈一起细细欣赏，倾听。

大自然变幻无穷。有阳光灿烂的日子,也有阴雨绵绵的时刻。阳光让人心情愉快，阴雨容易让人情绪低沉。如果准妈妈因为下雨而心情不爽，不妨来诵读一下可爱的《春夜喜雨》吧！

艺术胎教：名画《圣母子》

西方许多画家都画过圣母子，但其中“文艺复兴三杰”之一的拉斐尔画的圣母子一直被视为最可爱的圣母子。在短暂的一生中拉斐尔画了几百幅圣母子的画。

在这幅《圣母子》中画面充满祥和宁静的氛围。从圣母和圣子的神态中,我们可以看出他们各得其所又亲密无间。年轻的圣母神态安详，从她的眼神里我们可以看出，她的神思如梦如幻，并不在与圣子的交流中，她在沉思着什么？这是一道令人解不开的谜。圣子的小脚放在母亲的右手上，从眼神和表情可见圣子也正在神思，不远处他看到了什么？还是只是他作为幼儿的一种表情？

这对母子相拥在一起，亲切祥和、甜蜜温馨。令远处的山峦与天幕、绿树与教堂更显得宁静、优美。

稍加留意你会看到圣母和圣子的头上有一道圣洁的光环。即使没有这道光环，他们在一起也不失圣洁之感，还有什么比母亲拥着幼子更能表现母爱的圣洁呢？

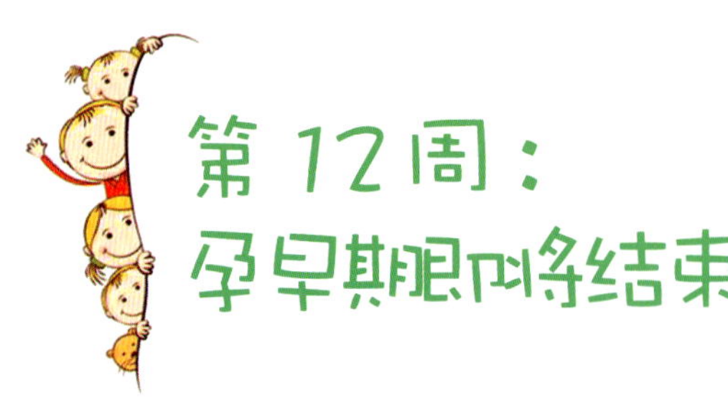

第12周：孕早期即将结束

活动花样增多啦

本周到来你的孕早期即将宣告结束啦。初具人形的胎宝宝现在身长有65~80毫米，体重比上周稍有增加。

活动花样增多

头和身体的比例还是显得比较大。胎宝宝从牙胚到指甲还在忙碌着，手指及脚趾已经成形，纤小的手指甲及脚趾甲正在生长，脚趾能屈能伸，手指会握拳。由于肌肉发育活动也变得多起来，能皱眉、噘嘴以及张闭口等，还会踢腿、舒展身姿。

抵抗力强喽

现在胎宝宝的所有内脏器官均已形成，并且大部分开始工作，各种关键器官也将在两周内完成，这大大减少了感染和药物对胎宝宝造成损害的可能，肝脏开始制造胆汁，肾脏开始向膀胱分泌尿液排泄到羊水里，胎儿发生流产的机会相应地减小了，可以说是打好了基础，稳定下来了。

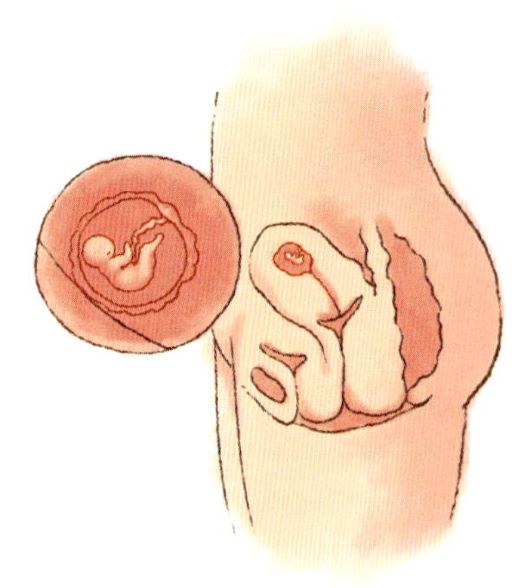

胎教提示

现在准妈妈的腹部从肚脐到耻骨可能出现一条垂直的黑色线，这是妊娠线。脸上还可能会出现黄褐色的妊娠斑，这是怀孕的特征，在分娩结束后就会逐渐变淡或消失。

情绪胎教：用“制怒十法”赶走生气的不良情绪

人难免会情绪化，尤其是身体不爽、工作紧张、生活有压力的时候，难免会生气。对于准妈妈来说，不仅“气大伤身”，也会影响到胎宝宝的发育。因此准妈妈要从大局着想，赶走令自己不快的情绪。

当你生气的时候，不妨试一试下面的方法。

1. 凡事要往好处想，不要生气，不要着急。
2. 遇到不开心的事情要往别处想，离开不愉快的情境，转移注意力。
3. 跟自己说话，相信有办法解难，说话慢一点，平和一些。
4. 坐下来身子往后靠，使心情平静下来。
5. 按摩头部和太阳穴。
6. 用温水洗澡。
7. 把眼睛闭上几秒钟。
8. 置身于欢乐的人群中，给自己的情绪以积极的感染，从中得到宽慰。
9. 到附近草木茂盛的宁静小路上散步。
10. 听听自己喜爱的音乐，翻翻自己喜爱的书籍，想一想未来小宝宝的模样。

胎教提示

就如困难是勇气与智慧的“试金石”一样，其实不良情绪也考验我们调控情绪能力的高低。如果准妈妈能和胎宝宝一起把不良情绪调教得乖乖的，那么你们一定是世界上最幸福的母子。

营养胎教：警惕易流产食物

有些食物在平常食用，可以补充人体所需要的营养，甚至有治疗疾病、强身健体的作用，然而对于准妈妈来说却并不适合，甚至会对妊娠不利。这里我们向准妈妈提示一下，在孕早期甚至整个孕期都应该尽量规避的以下八种常见食品：

芦荟	芦荟的中毒剂量为9~15克。普通人可能会在食用后8~12小时内出现恶心、呕吐、剧烈腹痛、腹泻、出血性胃炎等中毒反应。而孕期女性若饮用芦荟汁，会导致骨盆出血，甚至造成流产
螃蟹	性寒凉，可用于活血祛瘀，对准妈妈不利，尤其是蟹螯易引发流产
甲鱼	性寒，有滋阴益肾的功效，但同时有着较强的活血散瘀作用，孕期的准妈妈若误食容易造成流产
薏米	对子宫平滑肌有兴奋作用，可促使子宫收缩，因而有诱发流产的可能
马齿苋	性寒凉而滑利，对于子宫有明显的兴奋作用，能使子宫收缩次数增多、强度增大，易造成流产
桂圆	性温味甘，极易助火，动胎动血。孕期的准妈妈食用后可能会出现燥热现象，甚至引起腹痛、"见红"等流产症状，严重时会引起流产或早产
杏、杏仁	杏，味酸性热，有小毒；杏仁，味苦性温，有小毒。有滑胎作用。产妇也忌食
山楂	对子宫有收缩作用，孕期的准妈妈若过量食用，则会刺激子宫收缩，甚至导致流产

胎教提示

如果不小心食用了表格中的食物，也不要过于惊慌，只要食用量不是太多，一般不会出现危险。当然最好还是记下食用的分量，及时去医院咨询医生。

运动胎教：直立式瑜伽

腹部的日益隆起使得准妈妈身体的重心改变，准妈妈的身体会不自觉地向前倾。不妨通过练习瑜伽来稳定身体的重心，保持身体平衡，纠正不良的身体姿态。具体做法是：

1 双脚平行分开站立，身体重量平分在两脚上，闭上眼睛，放松双膝（不要弯曲双膝，膝盖部位不要往后拉或收紧），舌头保持柔软平放在口腔底部，不要咬紧牙齿，不要抵住上颚、放松双肩，感受耳垂和肩膀之间的空间感，觉得肩膀非常自然柔软地落在耳垂下方，心里继续体会这种柔软的感觉，顺着手臂经过手腕流到指尖，体会它从脊柱顺流而下的感觉。

2 先放松胃部肌肉，然后是臀部肌肉，这种柔软的感觉继续顺着双腿，经过双膝到达双脚，想象你的双脚是扎在土地里不断生长的根，感觉一天的不适和压力都从大脑出来，顺着脊柱和腿从脚板排出，这个姿势保持的时间越长，身体感觉越平静。

这是开始练习瑜伽之前的一个很好的预备姿势，注意练习中呼吸要保持平稳。

胎教提示

准妈妈练习瑜伽时，要避免选择那些强度大的动作来练习，一切动作都应以缓和而从容的心情去做。另外要注意着装宽松舒适，不要穿有拉链或扣子的衣服。

音乐胎教：《春之声圆舞曲》

谁说人到老年就步入夕阳西下之境？“圆舞曲之王”小约翰·施特劳斯在年近六旬之际，创作了这首欢快的《春之声》便是证明。此曲充满活力，处处散发着青春的气息。让人听了精神为之一振。

春天的活力与魅力

在四小节精力充沛的引子后呈示出贯串全曲的主要主题：华丽敏捷的旋律犹如春风拂面，轻盈而温暖，洋溢着青春的活力，使人联想起轻盈的舞步。

在四小节充沛的引子之后，贯穿全曲的第一主题（降B大调）随之出现：华丽敏捷的旋律带着一股轻柔的春风，带来一片盎然的春意；紧接着第二主题（F大调）进入，旋律趋于平和但色彩依然生动；之后第三主题缓缓进入，犹如春水荡漾在心间；之后大音程的跳动带来充满青春气息的无穷活力，接下来突然的低沉音调，仿佛是在描写春日里偶尔飘来的阴云；当然最后旋律又恢复明快，利用第一主题的变奏，再次呈现春天那生机盎然的感觉，干净利落地结束全曲。

深受喜爱，风靡世代

《春之声圆舞曲》节奏自由、充满变化，旋律生动而连贯。曲中生动地描绘了大地回春、冰雪消融、一派生机的景象。随着曲调一幅春天的图画将在你的脑海里显现。它歌颂了春天的美好、生动、欢快，表达了作曲家对大自然的无比热爱之情，自问世130年来一直深受人们的喜爱。

《春之声圆舞曲》作为声乐圆舞曲，一般由花腔女高音独唱，也有合唱的，其歌词大意为：

春之声在天空中荡漾，
小鸟甜蜜地歌唱，
小丘和山谷闪耀着光彩，
谷音在回响。
啊，春天穿着魅力的衣裳，
同我们在一起，
我们沐浴着明媚的阳光，
忘掉了恐惧和悲伤。
在这晴朗的日子里，
我们奔跑，欢笑，游玩。

胎教提示

春天的声音是什么样的？准妈妈不妨和胎宝宝一起听一听欢快的《春之声圆舞曲》里演绎的春天的活力四射的魅力吧！春满人间关不住，一曲圆舞情永驻！

孕4月

变轻松了

终于与孕早期的各种不适告别啦！准妈妈这时可轻松多啦。看着日渐隆起的腹部，你是不是越来越有成就感和自豪感？当然啦，“我就是天下第一的开心准妈妈！”怀着一份美好的心情继续孕育可爱的胎宝宝吧！

本月胎教要点

本月是孕中期的第一个月。进入孕中期的胎宝宝神经系统、感觉系统、听觉系统变得越来越发达，细部肌肉对外界刺激会形成特定的反应，例如他不高兴时会咧嘴，紧张时会握紧自己的拳头，听音乐的时候他还会摇摆自己的脑袋。

进入本月之后小家伙越长越大，而且活动的幅度与力量越来越大，准妈妈已经可以感觉到胎动了。这个月的准妈妈除了继续在情绪胎教方面注意保持良好情绪外，在胎教上还要做哪些有益的活动呢？

首先提示一下的是如果准妈妈还没有准备穿孕期女性装，不妨先穿一些过渡性的衣服，像宽松的毛衣、T 恤及伸缩性好的护腿等，那些不限制活动且不阻碍血液循环的衣服都能让准妈妈舒服自在。

营养胎教，不可松懈

胎宝宝进入了急速生长时期，对营养的需要很强烈，因此准妈妈要保证摄取充足的营养，比如多摄取蛋白质、植物性脂肪、钙、维生素等营养物质。

语言胎教，良好的听力启蒙

这个时期胎宝宝对各种声音已经很敏感了。他能听到和分辨各种不同的声音，并进行“学习”，因此语言胎教应当成为胎教的内容重点。准爸爸和准妈妈要多和胎宝宝进行沟通，多给他讲讲故事、说说话，你们的声音可是他最好的听力启蒙哦。

音乐胎教，形成习惯

总有几首最喜欢听的曲子常听常鲜，不妨把它们选出来，每天固定时间和胎宝宝一起听吧。渐渐的乐曲就会在他的小脑袋里留下比较深的印象，这样可以促进他的大脑和智力发展。让音乐胎教成为一种良好的习惯，更会助益胎宝宝的成长，那么何乐而不为呢？

运动胎教，可逐渐增多

胎宝宝在本月开始变得稳定了，正常情况下准妈妈可以逐渐增加运动量，使自己变得更强壮。比如孕期体操、孕期瑜伽、散步等运动都是不错的选择。还可以多操作一些简单易行的家务活动。当然前提是量力而行不要过度。

第13周：更像个漂亮娃娃

胎盘发育完成

进入本周之后胎宝宝的脸看上去更像漂亮的娃娃了，脸部比较清晰，现在身长70~76毫米，体重在20克左右。

条件反射能力加强

胎宝宝的眼睛在头的额部更为突出，两眼之间的距离拉近了，眼睑仍然紧紧地闭合。嘴唇能够张合，耳朵现在很安稳地长在脑袋两边，脖子已经发育得足以支撑头部了，手指上开始出现指纹，手指开始能与手掌握紧，脚趾与脚底也可以弯曲，神经元迅速地增多，神经突触形成，胎宝宝的条件反射能力加强。

胎盘发育完成

在这一周陪伴胎宝宝整个孕期的一个重要部分发育完成，这就是胎盘，同时从胎盘将营养和氧气输送到胎宝宝体内的通道——脐带也已经稳定地投入工作，同时它也负责将胎宝宝的代谢废物运送出去。在接下来的孕期里，胎宝宝将源源不断地从胎盘里得到自己所需要的营养和氧气，迅速而稳健地继续发育。

胎教提示

这时如果准妈妈用手轻轻在腹部碰触，胎宝宝就会蠕动起来，不过准妈妈仍然感觉不到胎宝宝的动作，这个阶段的准妈妈要注意防止晚期流产，特别是有过流产史的准妈妈。

情绪胎教：时刻看到美好的一面

发现事物美好的一面。用积极美好的东西影响自己。一张纸上有一个黑点，有人只会看到黑点而看不到几乎整张洁白的纸面。有些人看到纸上的黑点为纸惋惜，怨恨黑点，有些人却创意地把黑点作为瞳仁，在周围画出一张可爱的娃娃脸。准妈妈就需要有创意的精神，发现事物美好的一面，这样才能培养胎宝宝积极的性格。

1 保持自信。自信的人会很乐观。准妈妈也要保持自信，把自己曾经不自信的心态调整过来，要看到自己的优点，激励自己。

2 做有兴趣的事情。喜欢才有兴趣，有兴趣才会有动力，有动力就会把它做好，这样自然而然就会变得快乐而充实。

3 要学会宽容，培养自己宽广的胸怀。一个人心胸狭窄，只关注自己就容易生气，闷闷不乐、斤斤计较。而当你胸怀宽广时你就会容纳别人，欣赏别人、宽容别人，自己的心境也就能保持乐观，所谓“退一步海阔天空”“仁者无敌”。

4 学会调节。生活中不顺心的事总是很多，这就需要我们每个人学会调节自己的心态。

如遇不快自己调节不了，可以选择与好朋友倾诉、自己去做更喜欢的事情（如听听轻松的音乐、出去溜达溜达）等方式进行。

胎教提示

准妈妈要学会以感恩的心态看待生活。这样会使心胸变得宽广、性情变得宽容，也就更容易调适生活中遇到的各种问题，从而变得坚强无比。

营养胎教：给胎宝宝大脑加点“油”

这个月胎宝宝大脑的发育速度加快，随着脑细胞数量的猛增，大脑的重量也增加了，自然所需要成长的元素就增加。因此准妈妈要增加有利于胎宝宝大脑发育的营养物质，如磷脂和胆固醇等脂类。

1 干果类食物。准妈妈可以经常交替吃一些核桃、松子、葵花子、杏仁、榛子、花生、大枣、柿饼等益脑的含脂类的食物。

2 植物油。如豆油、花生油、玉米油等。这些食物富含脂肪酸，不仅可满足准妈妈身体对脂类的需求，还有利于胎宝宝大脑发育。而芝麻富含脂肪、蛋白质、钙、磷、铁等多种营养元素，香油约有80%是不饱和脂肪酸，也是不错的益智健脑食品。

3 肉类食物。牛肉、兔肉、鸡肉和鹌鹑肉等富含丰富的蛋白质等益智健脑成分，是非常不错的益智食品。比如兔肉中含有较为丰富的维生素A和锌，还含有部分氨基酸、卵磷脂，鹌鹑肉含有钙、磷、铁及维生素C等，这些都有健脑的作用。

4 谷类食物。谷类、玉米、大米、黄米、糯米、大麦、小麦、荞麦、燕麦、莜麦，这些食物中含有纤维素、蛋白质、脂肪、无机盐和维生素，对智力发育有益。

5 牛奶。牛奶营养丰富全面，含有蛋白质、脂肪、卵磷脂、胆碱、钙等成分，是准妈妈补充营养和胎宝宝健脑的好食物。

6 脂类摄入要适量。准妈妈每天的食物中含有60克脂肪就足够了，太多会导致肥胖，还会引起其他相关症状。

抚摸胎教：轻触练习

进入孕4月后，进行抚摸胎教时，可以在抚摸的基础上进行轻轻的触压拍打练习。具体做法如下：

1 先做抚摸。准妈妈平卧，放松腹部，先用手轻轻地在腹部从上至下、从左至右来回抚摸，并用手指轻轻按下再抬起。

2 轻轻做一些按压和拍打动作，给胎儿以触觉刺激。

3 一般早晨和晚上做比较好，开始时每次5分钟，等胎宝宝做出反应后，每次5~10分钟，时间不要太长。

一般坚持几个星期后胎儿会有所反应，如身体轻轻蠕动、手脚转动等。

注意：一是一定要动作轻柔，尤其是在按压拍打胎儿的时候；二是准妈妈要注意胎儿的反应，如果感觉到胎儿用力挣扎或蹬腿，表明他不喜欢应马上停下来。

准爸爸也可以在准妈妈做好放松的时候，去做抚摸与轻触按压的动作。男人的手比女人的手重，因此准爸爸在操作时，更要注意保持轻柔的动作。

音乐胎教：古曲《渔樵问答》

“白发渔樵江渚上，惯看秋月春风。一壶浊酒喜相逢。古今多少事，都付笑谈中。”此句是杨慎《临江仙》中的名句。渔夫和樵夫在简单的劳动操作中，从黑发到白头，其间耳闻目睹了多少大事，而时光流逝，英雄已去，渔樵二人却在闲暇之余，对饮一壶浊酒，笑谈英雄事迹，闲看江水滔滔。

渔夫和樵夫的生活虽然已经成为“古典”，但是他们“惯看秋月春风”的心态非常值得我们这些紧张繁忙的现代人效法。

吃过早饭或者晚上有余闲之际，不妨播放一下《渔樵问答》。在房间中任音乐在空气中流淌，让“惯看秋月春风”的渔樵二人的问答给你们带来淡定、从容、不羁之感。

乐曲开始曲调悠然自得，仿佛樵夫在山间任意行走，渔夫在水上信手摇桨，何其自在洒脱！上下句的呼应造成渔樵对答的情趣。主题音调的变化发展，并不断加入新的音调，刻画出隐士豪放不羁、潇洒自得的情状。使人仿佛看到高山巍巍，听到樵夫咚咚的伐木声。

山水田园离城市水泥墙太过遥远，但音乐能穿透一堵堵墙，带你走入青山绿水间，自得其乐，放任心灵的自由。

准爸爸和准妈妈在一天的忙碌之后不妨听听《渔樵问答》，在古曲中获得一份宁静与自在。

语言胎教：边做家务边和胎宝宝说话

做家务如果觉得乏味，那为什么不和胎宝宝说说话呢？这样一来一边运动一边解闷不说，还可以进行语言胎教。

如何聊，聊什么

可以随着做家务的事项跟宝宝聊天。比如在你开始做家务前，可以先抚摸一下腹部，跟胎宝宝说："宝宝，现在我们开始做家务了。"然后做好必要的防护措施（如戴上胶手套、口罩，穿上防滑鞋等），这时也可以顺便给宝宝介绍一下有关防护用品的作用。然后开始做家务吧。

在进行活动中也可以跟胎宝宝聊天。比如在你洗碗时，你可以边洗边告诉胎宝宝你们今天吃了什么菜，这些菜对身体有什么好处，怎样洗碗才能更干净、更卫生等。

总之把你做家务的事项用快乐的聊天方式跟胎宝宝说一说，当然说多少可以随意，不要太过刻意，累了就休息一下。

分配好时间

不妨和准爸爸一起为每周的家务制订一个计划，何时采购、打扫房间、擦洗家具、冲洗卫生间之类，这样在有规律地进行家务活动时，就可以进行语言胎教啦。

准妈妈做家务时的注意事项

1 洗菜、刷洗碗碟时尽量不要把手直接浸入冷水里，因过凉受寒有可能诱发流产。

2 洗衣服时用温水，而且用力不要过猛，姿势要稳，不要蹲着洗，因为蹲位可使胎宝宝受压，影响血液循环。晒衣服时动作要轻柔，不要向上伸腰，晒衣绳应放得低一些。

3 避免久站，做家务一段时间后休息一会儿，不可太劳累。

4 有条件的准妈妈应少进厨房，并尽可能把停留在厨房里的时间缩短，厨房里应保持良好的通风换气。

胎教提示

在做家务时，准妈妈要以不影响身体的舒适为主，如果突然出现腹部阵痛，这表示子宫收缩也就是活动量已超过准妈妈身体可以承受的程度，此时要赶紧停止手里的活计并躺下休息，如果还不能缓解不适应及时去医院。

艺术胎教：名画《阅读》

一位正值妙龄的少女，身着黄艳艳的华丽且极富质感的裙子，随意地坐在地板上，她的面前书架上架着一本书。少女的脸发出像釉质一样的光泽，充满少女肌肤的饱满丰润之美。最动人的还是这位沉浸于书中的少女的气质，那纯洁专注的表情，那优雅的姿态，那显出良好教养的青春魅力，都让人为之神往。

少女的青春亮泽倒显得周围那华贵典雅的背景暗淡了许多。

这就是弗雷德里克·莱顿在《阅读》一画中为我们创造的情境。看到此画作为准妈妈和准爸爸的也不由得会想起自己做学生时，专注地阅读一本自己喜欢的书，沉浸于其中的青春往事吧。

弗雷德里克·莱顿（1830~1896），英国19世纪唯美主义画派最著名的画家，他的辉煌的艺术风格成为英国皇家学院派的代名词。

胎教提示

是否希望未来的宝宝也像画中人这样沉静地阅读呢？准妈妈在阅读时也平心静气，便是给胎宝宝树立的最好的榜样了。

第 14 周：基本构造形成

做鬼脸的小家伙

进入本周之后胎宝宝身体虽然还很小，但所有基本构造都已经形成了。看看他的具体变化吧！

会做鬼脸的胎宝宝

由于大脑神经系统对刺激的作用日渐发达，胎宝宝细部肌肉的动作越来越精细，他的面部肌肉也开始得到锻炼，可以斜眼、皱眉和做鬼脸，另外抓握和吸吮的能力也越来越强，常常吸吮自己的手指。这些动作也反过来促进胎宝宝大脑的成长。

"独享"的指纹出现

胎宝宝身长 85~92 毫米，重 30~43 克，他的身体部分开始生长得比头部快，这时胳膊已经比较灵活了，但是腿还要再发育一段时间才能够比例协调，支撑头部的脖颈现在也更加清晰、明显了，头重脚轻的状况即将得到改善。令人惊喜的是胎宝宝手指上有指纹出现了，这将是他以后独一无二的标志。

长胎毛啦

这个时候胎宝宝全身开始长出非常细小的绒毛（胎毛），把几乎全身的皮肤都覆盖上了。胎毛将会在宝宝出生后消失。同时胎宝宝的头发也开始迅速地生长。

胎教提示

如果孕期在夏天，防蚊最好用蚊帐，这样可以避免蚊香中的有害物质对自己和胎宝宝身体健康的影响，还可防风、吸附尘埃以及过滤空气，更容易让你安然入睡。

情绪胎教：爽心的小动物

可爱的小动物也能给人带来好心情，比如小猫咪、小兔子、小鸟之类。现在我们以小兔子为“模特”来讲讲如何和小动物进行爽心的认知吧。

小兔子的魅力点

告诉胎宝宝小兔子最吸引你的地方是哪里？是它那软软的毛，还是它那翕动不止的上唇，抑或是它那长长的耳朵和温和的脾气？

虽说“兔子尾巴——长不了”，但是可不要小瞧它哟，兔子可是个“跑步健将”呢，它跑起来可比人快多啦！

小兔子对什么有“重口味”

小兔子最爱吃的食物就是胡萝卜和青菜了，它的个性独立有点像猫咪，但有时会很黏人怕孤单，所以如果你和胎宝宝以后养小兔子的话，要记得每天抽出时间和它玩一会儿，不然它可是会生气的哦。

对胡萝卜特别执着的小兔子总是制造出一个又一个让人捧腹的笑话，现在就来看看这只执着又可爱的小兔子吧。

说说小兔子的快乐情绪

1 跳跃：好像跳舞一样，这表示它非常高兴，非常享受。

2 舔手：如果小兔子舔你的手，那说明它在跟你说谢谢呢。

小白兔的笑话

一天，小白兔跑到药店里，问老板：“老板老板，你这里有胡萝卜吗？”

老板说：“没有。”

小白兔就走了。

第二天，小白兔又跑到药店里，问老板：“老板老板，你这里有胡萝卜吗？”

老板说：“我都跟你说过了，没有！”

小白兔就走了。

第三天，小白兔又跑到药店里，问老板：“老板老板，你这里有胡萝卜吗？”

老板急了：“我跟你说过多少次了，没有！你再烦人，我就拿老虎钳子把你的牙都拔下来！”

小白兔害怕了，跑掉了。

第四天，小白兔再次跑到药店里，问老板：“老板老板，你这里有老虎钳子吗？”

老板说：“没有。”

小白兔问：“那，你有胡萝卜吗？”

胎教提示

每一种小动物都有有趣、开心、平复不良情绪的一面，而且往往人们还给它们创造了许多可爱的故事。如果你喜欢不妨多找些可爱的小动物的趣事来给自己带来愉快的享受。

营养胎教：益智的鸡蛋和豆腐

胎宝宝脑细胞的发育需要补充充足的营养。这里我们介绍两款美食供准妈妈食用。

香菇炖豆腐

材料 香菇 20 克，豆腐 200 克，葱花、姜末各适量，盐、油、清汤各少许。

做法

1. 将香菇用清水泡发，洗净；再将豆腐洗净，切成 2 厘米见方的块。
2. 锅置火上，放油烧热，放入切丝香菇与豆腐块，煸炒片刻。
3. 加入盐、葱花、姜末，再加入清汤，小火烧煮 30 分钟即可。

功效 豆腐中含有的丰富的卵磷脂，对宝宝神经、血管、大脑的发育都有很大的好处。而且豆腐还能增强消化功能、增进食欲。

贴心提示 香菇和豆腐是常见的食物，可以做成各种美味，可蒸、可炖或做汤。准爸爸不妨变着花样，多为准妈妈做些美食吧！

菠菜蛋卷

材料 鸡蛋 1 个，菠菜叶 50 克，油、盐、香油各适量。

做法

1. 将鸡蛋磕入碗中，搅打成液。
2. 不粘锅置火上，刷上薄薄一层油，倒入鸡蛋液摊成蛋饼取出，用厨房纸巾吸走蛋饼两面的油分。
3. 菠菜叶洗净，放进开水里焯一下，捞出沥水，然后剁成菠菜泥，挤去多余的水分，加入盐和香油拌匀。
4. 将拌好的菠菜泥放到蛋饼上，卷起、切段装盘即可。

功效 鸡蛋富含蛋白质、碳水化合物、纤维素、微量元素以及卵黄素、卵磷脂、胆碱等多种营养成分，对胎宝宝的神经系统和身体发育有利，同时还能益智健脑、改善记忆力、促进肝细胞再生，有利于胎宝宝出生后更加聪明伶俐。而菠菜富含铁质和维生素 A、维生素 C 和矿物质，能为准妈妈和胎宝宝提供必需的营养。

第一道菜中的香菇可选用罐头鲜蘑。第二道菜中的菠菜焯时别太过，太过了其中的营养成分就会损失。可将菠菜放入微波炉中用高火加热约 1 分钟，就不用过凉水了。

运动胎教：猫姿势孕期体操

有没有预防腰痛而且还可以训练分娩时所需要肌肉，有助顺产的体操呢？有呀，猫姿就是一种不错的选择。

准备工作：

选择一个宽阔的平面，地板或是床，放松身体深呼吸，待呼吸平静下来后开始练习。

做法：

1 趴下，手与双膝分开，身体呈爬姿，手腿与腰同宽。

2 一边呼气一边拱起背部，前倾骨盆，头部弯向两臂中间，直至看到肚脐，想象着猫夹着尾巴的姿势来绷紧腹部。

3 吸气后，再一边呼气一边慢慢放松腹部。

4 呼气的同时一边恢复到原来的姿势，一边向上抬头。

5 边吸气边前抬上身。

6 边呼气边后撤身体，直至趴下。

7 注意在整个过程中，肘部不要弯曲。重复10次。

胎教提示

在做猫姿的过程中可能引起宝宝在腹中旋转，因此不适合孕晚期的准妈妈练习。

音乐胎教：《我是一个快乐的捕鸟人》

歌剧《魔笛》是伟大的音乐家莫扎特生前最后一部且最伟大的歌剧作品。埃及王子塔米诺受夜后所托，带着一支魔笛和捕鸟人帕帕杰诺去光明神庙解救她的女儿帕米娜。而事实上这是夜后的一个阴谋。历经种种考验，最终在智慧与光明王国的祭司萨拉斯特罗帮助下，塔米诺王子识破了夜后的险恶用心，并获得了美丽少女帕米娜的爱情。歌剧的第一幕第二曲，便是我们要推荐给准妈妈听的胎教音乐《我是一个快乐的捕鸟人》。

此曲表现了捕鸟人帕帕杰诺无忧无虑和开朗活泼的性格。帕帕杰诺一边吹着排箫，一边愉快地唱着这首咏叹调《我是一个快乐的捕鸟人》："我是这里的名人，我到哪都受欢迎，我吹笛子，笛声吸引了各种鸟儿……"

曲调轻快，歌词诙谐风趣，充满德国民谣风格。相信快乐的帕帕杰诺也能带给你和胎宝宝快乐！

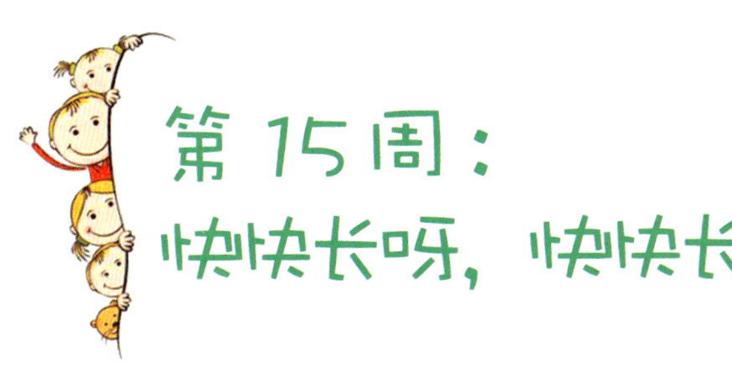

第15周：快快长呀，快快长

会打嗝啦

本周胎宝宝的身长大约有10厘米，体重60~70克。长得真快哟！在接下来的几周中胎宝宝会长得更快！他的身长和体重会增长一倍甚至更多。

能感觉到光啦

胎宝宝的腿现在比胳膊长，并且可以活动所有的关节和四肢，他的手也更加灵活。眉毛开始长出来了，头发的生长速度也很快，胎儿薄薄的皮肤上覆盖了一层细细的绒毛，另外胎宝宝的汗腺正在形成，味蕾也开始形成。眼睑仍然闭合但可以感觉到光，如果准妈妈对着肚子打开手电筒，他很可能会躲开光源。

开始打嗝喽

在这一周里最特别的事情就是胎宝宝会在子宫中打嗝了。这是胎宝宝开始呼吸的前兆，不过因为这时候胎宝宝气管中充斥的不是空气而是流动的液体，所以准妈妈还无法听到这样的声音。

可能感受到胎动

这一周准妈妈可能感受到胎动，请将第一次胎动的时间记录下来，作为将来回忆的见证。如果准妈妈有过怀孕史，会发现胎动的时间比过去提前。

胎教提示

孕15~18周之间是做排畸检查的最佳时期，主要方法有B超、母体体液检查、羊膜腔穿刺术，目的是确定胎宝宝是否存在先天缺陷。准妈妈如果存在近亲结婚者、35岁以上的高龄孕妇、分娩过染色体病患儿、多次自然流产或死产等情况，一定要按时做检查，确定胎宝宝是否健康。

情绪胎教：用美唤来美丽的心境

美好的事物可以激发人产生喜爱之情，因此准妈妈不妨多创造和欣赏美好的事物，以唤来美丽的心境，让自己和胎宝宝能有接连不断的赏心乐事，身心获得健康的发展。

美从自身做起

准妈妈虽然会因怀孕而有那么一段时间显得臃肿，但这并不意味着准妈妈可以与美丽告别。

在怀孕期间准妈妈也可以打扮得很漂亮，虽然暂时告别了美丽的身段，但准妈妈完全可以通过简单的美容、穿衣、护肤等来进行弥补，加上孕期特有的魅力，这些都是准妈妈的美丽秘诀，准妈妈的美还会使胎宝宝在潜移默化中受到熏陶。

学会欣赏，美无处不在

一个静物，在常人眼中没有半点美的感觉，可是在艺术家眼中是美的，它激发起他的创作热情。所以有句话说得好：世界上不是缺少美，而是缺少发现美的眼睛。

其实美无处不在，你自己做的小甜点是美的；老公给你准备的一碗蛋花汤是美的；你去公园散步，不仅花花草草是美的，那树上躲藏着的小蜗牛也是美的呀！呀，原来小蜗牛还能在树干上睡觉呢！这样有趣的发现，能不让你惊喜吗？你的妙趣发现，也能为胎宝宝带来一份善于发现美、捕捉美的影响。

处处有美，去努力发现吧，你和胎宝宝的心境会因此而格外美！

胎教提示

你的美丽心境可以为胎宝宝创造一个非常好的胎内成长氛围。而且对美的发现与欣赏也能潜移默化地影响到胎宝宝。所以，保持美的心境吧！

营养胎教：营养美味的芦笋

芦笋富含人体所需的蛋白质、维生素、矿物质和多种微量元素等，而且它所含的天门冬酰胺及多种甾体皂甙物质，对心血管病、水肿、膀胱炎、白血病均有疗效，也有抗癌的效果。今天我们向准妈妈推荐以芦笋为食材的两款美食，助准妈妈提高身体抵抗力的同时也及时为胎宝宝补充成长所需的各种营养元素。

芦笋炒肉丝

材料 青芦笋300克，瘦肉200克，盐、油、料酒、酱油、水淀粉各1大匙，蒜末半大匙，糖半小匙。

做法

1 青芦笋洗净，削净根部粗硬部分；加水半锅烧开，加盐后放入整根芦笋汆烫，稍软时捞出，用冷水冲凉，再切小段。

2 瘦肉切丝，拌入半大匙料酒、酱油和水淀粉腌15分钟。

3 锅内加入油烧热，先将肉丝过油后捞出备用。

4 锅内留2大匙底油烧热，先炒香蒜末，再放入芦笋段炒片刻，加入肉丝同炒，最后调入剩余的料酒、酱油、水淀粉和糖，加少许清水炒匀即可。

功效 芦笋可以补充叶酸、维生素和矿物质外，还可以促进消化、增进食欲；瘦肉富含蛋白质和维生素B，而且比肥肉易于消化。是孕期女性补充营养的食材之一。

贴心提示 芦笋营养丰富，尤其是嫩茎的顶尖部分，各种营养物质含量最为丰富，搭配肉丝还能给营养加分。

芦笋炒大虾

材料 芦笋250克，明虾8只，蒜蓉、盐、油各少许。

做法

1 芦笋洗净，切成小段；明虾洗净去虾线，保留尾部。

2 锅内放油烧热，放入蒜蓉爆炒，再放入明虾炒至表面颜色由透明转为红色。

3 加入芦笋、盐，继续炒至芦笋变得翠绿即成。

功效 虾的营养价值极高。怀孕期间适量吃虾或虾皮可以补充钙、锌等营养成分，促进胎儿的生长和脑部发育。虾中含有丰富的镁，镁对心脏活动具有重要的调节作用，有利于预防高血压。

胎教提示

在食用虾时最好和姜、醋等佐料搭配，可以中和虾的寒性。如果对虾过敏应避免吃虾。

运动胎教：婴儿式孕期瑜伽

孕中期时，准妈妈应该有意识地锻炼骨盆部位和髋部，为孕晚期的分娩做好准备，下面为准妈妈介绍一种可以帮助伸展髋部和骨盆部位的婴儿式瑜伽。

1 仰卧，双膝屈于胸前。

2 双膝保持弯曲，向上举起双脚，小腿与地面垂直。

3 双手握住两脚外侧边缘，两腿膝盖靠近腋窝，尾椎骨贴紧地面。

4 保持这个姿势以感觉舒适为限度，然后双脚放回地面，双膝弯曲。

5 双膝屈于胸前，吸气。

6 呼气，双膝置于身体右侧并贴地。注意不要向上抬脚。

7 吸气，双膝恢复起始姿势。

8 呼气，双膝置于身体左侧并贴地。

9 吸气，恢复起始姿势。

10 身体每侧动作各重复 5 次。

第五步以后的动作可以减轻练习时髋部所产生的紧张感。

要注意这套瑜伽动作不适合孕晚期的准妈妈练习，尤其是怀孕 30 周以后。

语言胎教：故事《小·兔子乖乖》

我们曾经带着胎宝宝认识过可爱的小兔子，它不仅温柔可爱而且是一种警惕性很高的小动物。一起来看看“小兔子是怎样吓跑大灰狼”的故事吧！

小兔子乖乖

兔妈妈有三个孩子，一个叫红眼睛，一个叫长耳朵，一个叫短尾巴。一天兔妈妈要去拔萝卜，对三个孩子说：“好好看家，不要给陌生人开门！”

兔妈妈提着篮子去树林里拔萝卜了，从树丛里走来的大灰狼发现兔妈妈不在家，想把小兔当点心吃！于是来到兔子家门口，但不知如何进去。正在这时兔妈妈回来了，大灰狼赶紧藏了起来。兔妈妈来到门前唱道：“小兔乖乖，把门儿开开，妈妈回来，快把门儿开！”三只小兔一听妈妈回来了，高兴地把门打开了。

第二天，兔妈妈又要去拔萝卜，小兔子们把门关得紧紧的。这一次大灰狼扮成兔妈妈的模样，来到门前也唱道：“小兔乖乖，把门儿开开！”红眼睛和短尾巴一听妈妈回来了要开门，但是长耳朵却说：“好像不是妈妈的声音。”红眼睛从门缝一看果然不是妈妈，是一只大灰狼！于是小兔子们回答说：“不开不开我不开，妈妈没回来，谁来也不开！”大灰狼又细声细气地说：“我就是你们的妈妈，快把门打开让我进去！”短尾巴说：“我们不信，要不你把你的尾巴从门缝伸进来，让我们看看到底是不是妈妈。”大灰狼想也没想，就把尾巴从门缝伸了进去，三只小兔把门狠狠地关上了，把大灰狼的尾巴刚好夹住，这时兔妈妈也回来了，放下手中的篮子，拿起棒子对准大灰狼的头狠砸，大灰狼挣断了尾巴赶紧逃跑了。

这时小兔子们也看到妈妈回来了，妈妈直夸他们是兔乖乖。

胎教提示

准妈妈熟悉了故事后，可以富于感情地讲给胎宝宝听，告诉胎宝宝：“小兔子们成功地识破了大灰狼的诡计，还想了一个妙招夹住大灰狼的尾巴，多么机智呀，宝宝也要向它们学习哦，将来做一个聪明宝宝。”

音乐胎教：《乘着歌声的翅膀》

歌声也能给人以翅膀，去飞翔到美丽浪漫的音乐天空！

《乘着歌声的翅膀》可谓两位浪漫主义艺术家的合作经典。此曲由德国浪漫乐派最具代表性的人物门德尔松创作，而歌词则是德国伟大的浪漫主义诗人海涅的诗歌。1834年在杜塞尔多夫担任指挥的门德尔松，创作出他的第36号作品的六首歌曲，其中第二首《乘着歌声的翅膀》便是他独唱歌曲中流传最广的一首。

在清新流畅的旋律下，由分解和弦构成的柔美的伴奏曲，为我们描绘出一幅浪漫温馨的画面——乘着歌声的翅膀，跟亲爱的人一起前往恒河岸旁，在开满红花、玉莲、玫瑰、紫罗兰的宁静月夜，听着远处圣河发出的潺潺涛声，在椰林中饱尝享受的欢悦、憧憬幸福的梦……曲中不时出现的下行大跳音程，生动地渲染了这美丽动人的情景。

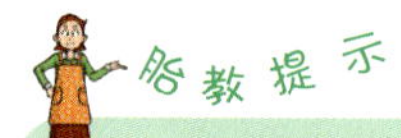

准妈妈在听这首歌之前，不妨先阅读一下海涅的这首诗歌，体验一下诗人所描绘的充满浪漫、温馨和甜蜜的气氛，以及那种在素雅、宁静的意境里透出的憧憬，然后在想象诗歌中场景的基础上来聆听这首音乐。

艺术胎教：名画《日出·印象》

1873年在阿弗尔港口，莫奈画了两幅画，一幅画的是日出的港口，一幅画的是日落的港口。这两幅在画展上展出时都没有标题。当时的一位来自《喧嚣》周刊的名叫路易·勒鲁瓦的记者便讽刺莫奈的画是“对美与真实的否定，只能给人一种印象”。莫奈因此命名画的日出港口的这幅画为“日出·印象”。由此印象画派诞生。此画成为该派的开山之作。

《日出·印象》中莫奈大胆使用“凌乱”的笔触来展现晨雾笼罩的港口呈现出的水雾交融、阳光微现的景象。

莫奈仿佛以天空为画布，在上面任意地涂抹了一番灰蓝、微红、淡紫的色彩，创造出一片空间，而在这片空间中一轮红日正在冉冉升起。日光映照下水面波浪中浮着天空与红日被波浪揉碎的光影。而近处的几只小船和远处的建筑、港口、吊车、船舶、桅杆等在这片空间里也被看似随意的笔触恰到好处地展现出来。近处小船在波浪的光影中飘飘荡荡的“实在”，凸显出远处景物的朦胧。

美是经受得住历史的考验的。莫奈这幅画在当时虽遭到讽刺，但是它却成为印象画派的代表之作。怀着一颗包容心来看待艺术、看待生活，你将获得心平气和的态度。

第 16 周：在子宫里玩耍

明显地感到胎动

本周胎宝宝身长 12~15 厘米，体重在 120~150 克。看上去就像一个惹人爱的梨子。他的头部相比以前明显更直立了，双眼已经移到了头部前方，眼睑仍然紧闭，但是眼球已经在慢慢移动了。眼睫毛和眉毛正在生长，耳朵也达到了最终所在的位置。血管网遍布全身，通过薄而透明的皮肤就可以看到。

越来越强壮啦

胎宝宝的双臂及两腿的关节已经形成，硬骨开始发育，腿的长度超过了胳膊，手指甲完整地形成了，指关节也开始运动，另外可以不断吸入和呼出羊水。

玩脐带的小家伙

本周发生的最大的事情就是，胎宝宝会在准妈妈的子宫中玩耍了，他最好的玩具就是脐带。

可感到明显的胎动

准妈妈的腹部可能有触痛感，这是胎动更加明显的原因，属于正常的反应不必担心，准妈妈从现在起可以多和胎宝宝交流，以便建立良好的母子关系。

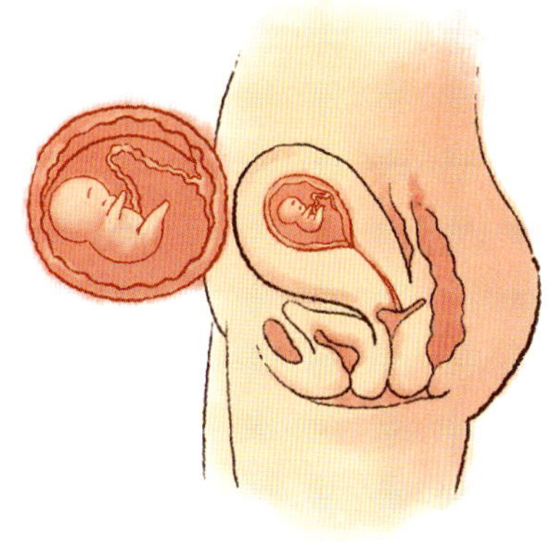

胎教提示

高龄准妈妈（超过 35 岁）或有家族遗传病的准妈妈往往需要做一次羊膜穿刺检查，以排除先天性或遗传性疾病，第 16~18 周会是一个比较合适的做此项检查的时间。

情绪胎教：对镜笑一笑

面对不开心的事情时是一脸苦瓜相，还是咧开嘴让嘴角向上翘，用微笑的表情面对？还是选择微笑吧。微笑是人生的一种态度。

作为准妈妈的你更应该用微笑来面对生活。因为虽然腹中的胎宝宝看不见你的表情，但他能感受到你的喜悦之情。

情绪胎教法宝

把你的快乐心情传递给腹中的宝宝他也会觉得很快乐，当他接受了这种愉悦的情绪后，会在心理、生理方面促进他的发育，将来他会更聪慧、更健康，因此微笑是你给予胎宝宝最好的胎教之一。

当你心情不好时"强迫"自己笑一笑，也会使心情渐渐变得开朗起来。笑一笑吧，随着嘴角的肌肉的放松，你的心情也会变得放松的。

用晨起微笑换来一天的好心情

每天清晨醒来先跟胎宝宝打一个招呼，告诉宝宝新的一天开始了，他又长大了一天，然后对着镜子给自己一个微笑，这一瞬间沉睡的细胞苏醒了，你的周身都充满了朝气与活力，这是一个美丽的微笑，告诉你美好的一天即将开始，同时也将这种美好的情绪传达给胎宝宝。

准爸爸也应当多微笑

准爸爸的微笑不仅可以使自己保持良好的心态，也能融洽夫妻感情，使家庭幸福美满。而这些正是优生的重要因素。所以准爸爸也应该常常微笑，你愉悦的情绪会感染准妈妈，让她觉得快乐，通过准妈妈，这种快乐的气氛最终也会传递给胎宝宝。

鱿鱼也会笑

你知道吗？这个世界上有一种动物是活到老笑到老的，它就是笑脸鱿鱼。

科学家在美国洛杉矶和卡特利娜岛之间的太平洋深海进行拖网捕鱼时，意外捕获得了一只娇小可爱的鱿鱼，它看上去就像一头身体胖胖的卡通小猪。更令人叫绝的是小鱿鱼长着一副笑眯眯的脸庞和闪闪发光的眼睛，可爱极了。

科学家认为这是皮肤色素不同寻常的排列所造成的，这种特殊的排列让小鱿鱼从出生到死亡都是笑着的。

营养胎教："肉中骄子"的营养

牛肉素有"肉中骄子"之称，富含蛋白质、脂肪、维生素B族、烟酸、钙、磷、铁等营养成分，具有强筋壮骨、补虚养血之功效。它有助于增强准妈妈的体质，促进胎宝宝神经系统、骨骼等各器官的发育。因此平常不妨多以牛肉为主要材料，制作一些可口的菜肴进行全面的补养。

胡萝卜牛腩饭

材料 米饭100克，牛肉100克，胡萝卜50克，南瓜50克，高汤、盐适量。

做法

1 胡萝卜洗净，切块；南瓜洗净，去皮，切块待用。

2 将牛肉洗净，切块，放沸水锅中汆烫下。

3 锅置火上，倒入高汤，加入牛肉块，烧至牛肉八分熟时，放入胡萝卜块和南瓜块，加入少许白糖或盐（依自己的喜好来定）调味，至南瓜和胡萝卜熟烂即可。

4 饭装盆打底，浇上炒好的胡萝卜牛腩即可。

功效 胡萝卜和南瓜可以补充丰富的胡萝卜素，南瓜中的锌还有促进生长发育的作用，两种黄色蔬菜与牛肉搭配，色彩鲜艳容易引起食欲。

瓦块牛肉

材料 牛肉200克，鸡蛋2个，盐、淀粉、油各适量。

做法

1 牛肉横着切成长块，入冷水锅煮去血水，捞出沥干；鸡蛋打散，加淀粉、盐调成蛋糊。

牛肉之所以横切，是因为横切可将牛肉的长纤维切断。否则不仅没办法入味还不容易嚼烂。

2 锅内放油烧至六成热，将牛肉蘸上淀粉，下锅炸至黄色，捞出控净油。

3 将蛋糊抹在牛肉块上，再下锅炸至金黄色即可。

功效 牛肉加鸡蛋，蛋白质更丰富了不说，还能带来二合为一的各种营养元素！

贴心提示 除这款菜肴外，萝卜炖牛肉、青椒牛肉丝、土豆烧牛肉等都是准妈妈不错的选择。

胎教提示

古有“牛肉补气，功同黄芪”之说。凡体弱乏力、中气下陷、面色萎黄、筋骨酸软、气虚自汗者，都可以用牛肉进补。但牛肉不宜常吃，一周一次为宜。消化力弱的人也不宜多吃。

运动胎教：抬腰提肛操

抬腰提肛运动是训练腰背及骨盆肌肉的一种孕期女性操，对于分娩时放松肌肉很有帮助，还可以帮助缓解准妈妈便秘，对于孕中期可能会出现的漏尿情况也有好处。

做法：

1 仰卧，平躺于床上，双腿放平，两手放于身体两侧，平静地呼吸。

2 右脚向上弯曲，然后右腿向右边打开。

3 重复第 2 步 4 次，放回原位。

4 换左脚，同样动作重复 4 次，放回原位。

5 双腿放平，慢慢吸气，同时收缩肛门，腰部抬起。

6 慢慢呼气，放松腰部，再放松肛门。

7 重复第 5~6 步 5 次。

8 这个运动每日可以早晚做 2 次，每次 5 分钟左右。

以上动作可以简单地理解为把腰尽量地离开床面，像忍大便一样地提肛门。

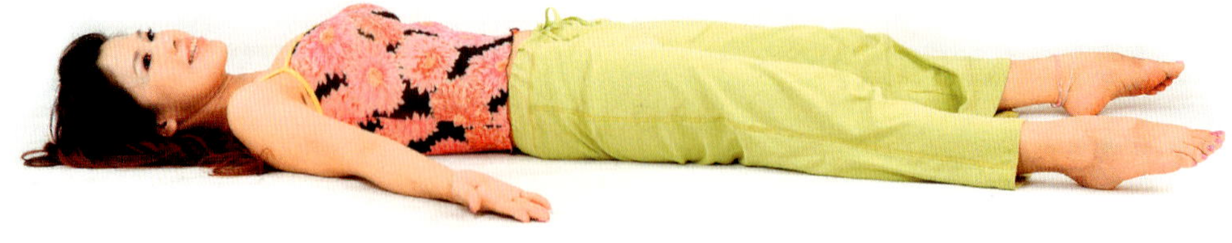

胎教提示

孕中期每天都做 20 分钟孕期女性体操，可让自然分娩更顺畅、宝宝更健康。准爸爸也要一起做才更好哟。在他的陪同下准妈妈的紧张不适感会得到缓解，而且可以帮助准妈妈做一些较有难度的动作。

艺术胎教：趣味简笔画

简笔画虽然是简单的几条线条，但是也充满了情趣。准妈妈如果有兴趣，不妨用简笔画的方式画一些可爱的小动物之类，为自己的孕期生活增添情趣，也让胎宝宝能分享你画画的快乐！

简笔画重要的是“传神”，其要点并不在于描摹细节，而在于突出主要特征，把复杂的形象简单化。这里以画小动物为例介绍一下有关画法。

1 概括动物的基本形状。即从整体的角度用几何形状抓住动物外形特征的大轮廓。为下一步的继续加工奠定基础。比如小猴子其基本形状在于它的猴脸、细身、长爪与长尾巴。

2 抓住动物的动态变化。动物的动态变化是突出动物个性的基本要点，是让动物“活灵活现”的“神来之笔”。再拿猴子来举例，想想老版《西游记》里的“猴性”十足的孙悟空，你就知道怎样表现“猴性”了，举“手”投足都透着顽皮与机灵劲儿。

3 拟人手法，突出形象。根据动物的特征采取夸张、拟人的手法画出动物来，使其形象更加突出、传神。画猴子就要把顽皮与机灵劲儿在它的肢体动作和脸部表情上突出表现出来，这样画出来的猴子就“猴性十足”了。

孕5月

进行胎教的好时机到来啦

本月的胎宝宝各项感觉功能变得越来越完善，准妈妈的身体状况也越来越稳定，是胎教的好时机！抓住这个好时机，和胎宝宝一起度过一段美好的胎教时光吧！

本月胎教要点

胎宝宝的各项感觉功能自本月开始逐渐完善，能对各种外界刺激做出反应，并且能以潜移默化的形式储存于大脑之中，因此本月正是胎教的天赐良机。本月胎教要点有哪些呢？

情绪胎教，情趣唱主角

本月准妈妈的身心处于比较稳定的时期，不妨和准爸爸一起多创造一些生活中的情趣。你们可以在胎宝宝的胎动带来的乐趣中就地取材，信手拈来，创造你们的生活情趣，让孕期过得色彩斑斓。

营养胎教，保持体态均衡

要注意食物多样化，做到荤素、粗细搭配均匀，避免偏食或过多进食脂肪和糖，过胖或过瘦对胎宝宝都不利，另外特别需要注意补充钙质。

音乐胎教的好时机

据科学研究发现，通常胎宝宝喜欢听与子宫内的胎音合拍的音乐，像巴赫、莫扎特的乐曲，它们的节奏与大脑中的阿尔发波和心跳波形相似，很容易被准妈妈和胎宝宝接受。

准妈妈不妨常聆听那些适合胎宝宝的音乐，反复的声波经过不断强化，可以促进他的右脑发育。如果准妈妈能每天哼唱一些抒情歌曲，也可达到母子心音的谐振，是准妈妈与胎宝宝心灵沟通的有效途径。

从本月起你们就可以开始有计划地进行音乐胎教了，每天1~2次，每次15~20分钟。临睡前准妈妈不妨经常听一听音乐，这样还能帮助胎宝宝建立良好的昼夜规律。

抚摸胎教，经常做一做

由于胎动变得明显，用触摸方法进行胎教的次数可以增多了，在胎动最为频繁与活跃时做抚摸胎教最好，在进行抚摸的过程中，配合语言或音乐的刺激，可以获得更佳的效果。不过如果准妈妈有早期宫缩的现象，则不可用触摸动作。

语言胎教，增进感情

语言交流可以使人的感情得到增进。准妈妈和准爸爸除了可以给胎宝宝念念儿歌、诗歌，讲讲故事之外，还可以多跟胎宝宝说说话，讲讲每天喜闻乐见的事。

第17周：开始飞速成长

顽皮的小家伙

这时候的胎宝宝看上去就像个大洋葱，他的身长大约有13厘米，体重150~200克。在今后3周内，他将经历一个飞速增长的过程，重量和身长都将增加两倍以上。胎宝宝的循环系统和尿道完全进入正常的工作状态，肺也开始工作啦。

胎动变得活跃

胎宝宝现在与出生后的婴儿一样可爱，变得非常顽皮，胎动也非常活跃。虽然此时胎宝宝的骨骼还都只是软骨，可以保护骨骼的“卵磷脂”开始慢慢地覆盖在骨髓上，但是他已经能够活动关节以及骨架啦。此外长得更粗更长的脐带竟然成了他的一个玩具。

这个顽皮的小家伙特别喜欢用手拉或抓住脐带，动不动还会将脐带打个结，不过准爸爸和准妈妈不要担心他会因此得不到养分，因为血液在脐带里流动时的力量可以将脐带变直。

胎教提示

准妈妈借助听诊器听到胎宝宝那强有力的心跳时会是什么感觉？一定很激动吧！你的信心会大增，同时你对分娩的恐惧心理也随之降了下来。开心地迎接胎宝宝的降生吧！

情绪胎教：制造生活情趣

准爸爸和准妈妈为小家的生活多制造些美好的生活情趣，可以使人生变得乐观，充满积极的力量。而制造情趣也非常方便，准爸爸开动自己聪明的大脑，从生活中就地取材，可以制造出很多情趣，让准妈妈和胎宝宝开心，一家人其乐融融，这是多么有趣的一件事！

1 画漫画给准妈妈看。比如可以把准妈妈一天的活动创作成小故事，画成漫画。和准妈妈一起欣赏，并讲给胎宝宝听。

2 制作各种手工。比如做个给胎宝宝将来用的小玩具。

3 拍下准妈妈生活中的“孕味”，制作成动画、视频之类。

4 和准妈妈一起养花种草、养鱼、练习书法、听听音乐，等等。

5 带着准妈妈一起去公园或田野散步，随时捕捉有趣的事物一起分享。

6 准爸爸要注意风趣幽默感，经常跟准妈妈和胎宝宝一起享受幽默带来的开心和智慧。

总之，准爸爸和准妈妈都可以开动自己的智慧头脑，在生活中创造美好，并欣赏生活中美好的事物。

胎教提示

在这个忙碌的时代要让心放慢，给自己一片天地，欣赏并创造生活中的美丽，可以让准妈妈获取一份好心情的同时，也让她的孕期变得更加充实起来。

营养胎教：让心情快乐的美食

吃一顿可口的食物不仅能让你吸收必要的营养，也能为你带来好心情。用美食营造快乐，满足宝宝需要快乐的心声，今天就开始选一些让你快乐的食材来食用吧。

1 香蕉：香蕉含有丰富的快乐激素，这些快乐激素可以增强神经功能，使你有个好心情。

2 土豆：土豆是让人的情绪积极向上的食物，土豆的好处还在于能够迅速转化成能量，所以平时多吃点土豆做的菜是快乐的秘诀。不过这里说的是原汁原味的土豆，而不是用土豆做成的薯片之类油炸或膨化食品。对于这类食品准妈妈还是要远离为好。

3 葡萄干和其他干果：慢慢地咀嚼这些干果，能吸收大量的微量元素和矿物质，因此能激活大脑中的快乐激素。

4 谷物类食品：早在中世纪，欧洲人就把金黄饱满的谷物称作“快乐粮食”，因为谷物类的食品能带给你更多太阳的能量，让你感到快乐。

5 海鱼和蘑菇：这两类食物是最好的维生素D的供应者，维生素D是促进快乐激素形成的重要营养元素，尤其在冬天更应该多吃点海鱼和蘑菇。

胎教提示

准妈妈饮食要注意清淡开胃，培养自己和胎宝宝良好的饮食习惯。而对于有些准妈妈来说，她的饮食习惯是吃那些膨化食品、油炸食品会感到快乐，这种“快乐”还是不要为好。

运动胎教：放松骨盆，为顺产做准备

本月胎宝宝变得比较稳定了，准妈妈可以适当多做些运动，加大运动量，为将来生产做准备。像孕期体操、孕期瑜伽、散步等运动是这一时期不错的选择。当然要因自己的体力承受能力而异。不可一下子就加大运动量。要循序渐进，给自己的身体一个适应的过程。

此外一些有助于顺产的运动，也可以适当进行。这里介绍锻炼骨盆肌肉的动作，供准妈妈参考。

放松骨盆的体操

1 平躺，单膝屈起，膝盖慢慢向外侧放下，左右各10次。

2 双膝屈起，一起左右慢慢摇摆，放松身体，左右各10次。

这个体操可以放松骨盆的关节与肌肉，使其变得更加柔韧有弹力，对于将来顺产有帮助。

骨盆底肌肉训练

1 平躺后两膝弯曲，双脚放平，呼吸均匀。

2 收紧阴道肌肉，维持片刻后逐渐放开。重复做10次。每天可做3~4次。

此动作可以避免漏尿现象，使肌肉得到放松，有助于顺产。熟练后可以随时做一做这个动作，无论躺着、坐着或站着都可以做。

做以上运动时，要确保自己身体状况正常，如果有不适症状请咨询专业人士。

音乐胎教：《幽默曲》

《幽默曲》又名滑稽曲，是流行于19世纪的一种富于幽默风趣或表现恬淡朴素、明朗愉快的小型器乐曲，表情变化鲜明，且富于歌唱性。其性质与戏谑曲相似，但节奏不限于3拍子。在众多作曲家的幽默曲中，捷克作曲家德沃夏克的钢琴独奏曲《八首幽默曲》最为突出。

1894年夏，德沃夏克从美国回到捷克的苇梭卡地区度假，心情舒畅，写下这组钢琴小品。其中的第七首是德沃夏克一生创作的80多首钢琴曲中流传最广、最深入人心的一首。此曲经克莱斯勒改编成小提琴独奏曲后更是广为流传。还被改编为大提琴曲、长笛曲。准妈妈可以因个人喜好选择自己喜欢的一曲。

这是一首歌颂泥土与生命之歌。表现了万物生生不息、春华秋实的景象。

仔细聆听，这里有种子萌芽的希望，有阳光雨露的滋润，也有秋收时的热烈。这正是献给准妈妈与胎宝宝的乐曲。

安东•利奥波德•德沃夏克(1841~1904)，生于布拉格（时属奥匈帝国，现属捷克）拉霍奇夫斯。19 世纪重要的作曲家之一，是捷克民族乐派的主要代表人物。德沃夏克的主要作品有第九“自新大陆”交响曲、大提琴协奏曲等。

舒曼也曾创作了降 B 大调《幽默曲》，如果准妈妈有兴趣也不妨让准爸爸找来一起欣赏。

语言胎教：准爸爸和胎宝宝说说话

经常与胎宝宝进行快乐的对话是一项十分重要的活动，尤其是准爸爸，每天坚持与胎宝宝讲话，不仅能够唤起准妈妈和胎宝宝的热情，让胎宝宝在子宫中便熟悉了爸爸的声音，还对他的智力发育很有帮助。

准爸爸可以每天跟胎宝宝说说心里话，随便唠叨几句，不一定要局限于某种形式，内容应该丰富一些，诸如问候、安慰或逗一逗胎宝宝等都可以。但要注意避开一些消极情绪，比如今天上班被老板批评等。

准爸爸在跟胎宝宝说话时要注意情绪愉快，而且不要太大声，吓坏了他哟。怎么说呢?

1 每天早上起床时，准爸爸可以亲切地对着准妈妈的腹部说：“宝贝我是你爸爸，正在跟你说话呢，爸爸要起床了，一会儿你和妈妈就能吃早餐了哦。”

2 每天晚上睡觉前，准爸爸不妨把手放在准妈妈的腹部，对胎宝宝说：“你今天又长了这么多，我是你爸爸哟，今天天气很不错，爸爸遇到了很多高兴的事……”

准爸爸每天抚摸一下胎宝宝，怀着愉悦的情绪跟他说一些想说的话，胎宝宝能从中受益不少，尤其是对于情绪和精神紧张的准妈妈来说，也是一剂良好的安慰剂。

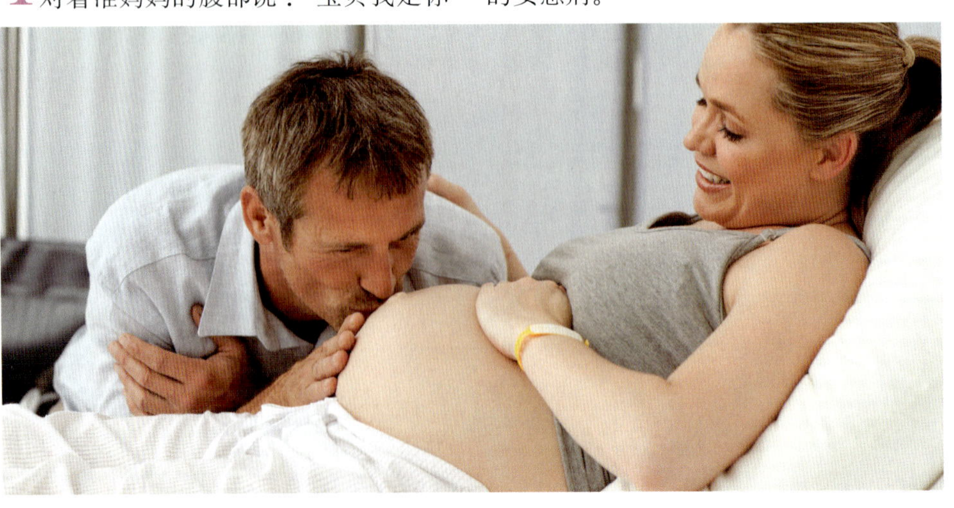

艺术胎教：名画《一篮苹果》

苹果有什么稀奇之处？但在伟大的画家笔下那一篮苹果也被画成了一幅传世名画。

在大画家保罗·塞尚的笔下画了这样一幅情景：

一张陈旧粗陋的木桌上，随意地放着一块皱缩的白桌布。桌面上放着一篮苹果、一个酒瓶和盛着面包的白色瓷盘。

黑白对比呈现出冷漠、凝重、僵硬之感，其旁的红、黄、绿等颜色显得极为醒目。

在画面中，塞尚对于物体空间感和每一只苹果的体积和面积的结构，简直到了苛刻的地步，看似很随意的一笔，都体现出他的别具匠心。将色彩、各种类型的线条、画面交织在一起，给人以强烈的视觉刺激。没想到静物也能画得如此富有活力！

保罗·塞尚(1839—1906)，法国后印象派的代表画家。他认为画家要追求艺术的真实，面对自然或对象要重新组合，综合构成，画家要“为了构成而构成”，要把画家的主观意念在画布上体现出来，使绘画真正成为“心灵的作品”。塞尚被后人奉为“现代绘画之父”。

胎教提示

我们虽不具备大画家那样的深功夫，用自己独特的艺术理念将普通的苹果画得那样富有活力，但是美是无处不在的，准妈妈和准爸爸只要具备发现美的眼睛，便会发现普通的一件物什也有美感。

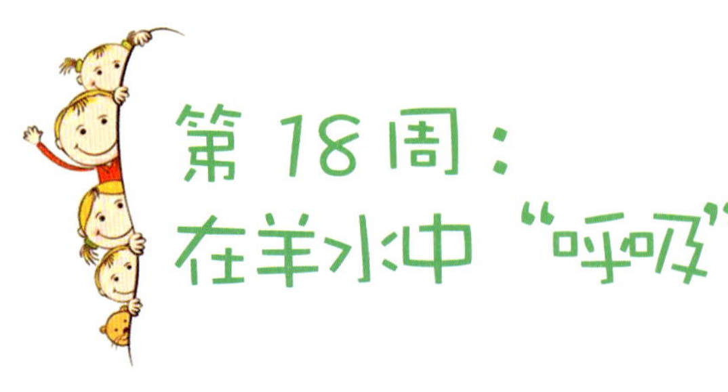

第18周：在羊水中“呼吸”

小胸脯一起一伏

本周胎宝宝身长13~15厘米，重160~198克。胎宝宝的指尖和脚趾上的肉垫已经形成，他的皮肤可薄啦，下面的血管清晰可见。他的耳朵已长到正常的位置。胎宝宝的躯干、肢体都发育得比较完善了，看上去越来越具有人形。小家伙的下肢比上肢长，下肢各部分也变得成比例啦。

胎宝宝在羊水里“呼吸”

这周胎宝宝的活动越来越频繁，经常戳、踢、扭动和翻转，准妈妈会越来越多地感受到胎宝宝的这些动作。胎宝宝的小胸脯不时地鼓起来、陷下去，他是在呼吸，只不过他吸入呼出的不是空气而是羊水。在羊水中的胎宝宝，就如宇航员在太空一样。

具备原始的意识

胎宝宝此时的脑发育已趋于完善，大脑神经元树突形成，大脑的两个半球不断扩张，逐渐接近仍在发育的小脑，小脑两个半球也正在形成。胎宝宝此时的大脑具备了原始的意识，但是还不具备支配动作的能力，因为中脑还没有充分地发育。

胎宝宝的听觉能力发育得不错了，胎宝宝会经常微眯着眼，倾听妈妈身体里的肠鸣声、血流声以及心跳声，或者外部人们说话的声音，以后听觉还会更发达，此时触觉和味觉已经非常发达。

他的消化道开始积攒羊水，变成糨糊状的胎便，胎便的量很少，一直到出生后才会排出身体。

胎教提示

本周胎宝宝的骨已含钙质，在X射线下能够显影，股骨长度和头径都已经能够测量，测量头径可以用来进一步核实预产期。准妈妈要及时补充必要的钙和维生素D，满足胎宝宝的成长需要。

情绪胎教：静心冥想，保持好的心境

冥想是瑜伽中的一项重要的内容。静下心来进入冥想状态，在一定程度上可以使你达到一种境界。时常静下心来冥想，这将对作为准妈妈的你缓解压力和紧张感，使恐惧、焦虑、忧郁等不良情绪消散，并保持好心情有很大的帮助。此外它还能帮助你开发潜在的心灵智慧，提高专注力和洞察力，让心灵变得纯净起来，并产生新的活力，从而身心变得平和。

准备活动：深呼吸

首先，要注意穿宽松的衣服，不要使用过浓的香水，容易导致注意力分散。

深呼吸在很多时候都十分管用，在进入冥想前你也可以先做一下深呼吸，让自己更放松。深呼吸时如果方法不当引起头晕等不适感受，需要赶紧停止。

现在，开始冥想吧

想象自己正置身于美景之中，脚下是柔软的沙滩，天很蓝，阳光很温暖，你能听见海浪拍打沙滩的声音，听着海鸥的叫声，呼吸着空气中咸湿的气味，你正沿着海滩漫步，轻抚腹部时你在想胎宝宝是不是也听见了海浪的声音呢。

想象可以多样化

森林、瀑布、胎宝宝的样子等都可以作为你的想象对象，只要这种想象能唤起你视觉、触觉、听觉和嗅觉的共鸣，且让你身心放松的事物都可以。

胎教提示

如果冥想时意识游离不定，不要在意也不要强迫自己，让它存在，它最终会自然消失的。

营养胎教：营养又塑身的豆腐汤

对爱美的准妈妈来说，有没有既可以补充必需的营养，又能保持身材的美味呢？有啊，今天我们就介绍两道用豆腐做的汤供你补充营养且保持体形。

鲫鱼豆腐汤

材料 鲫鱼1条，豆腐200克，葱段、姜片适量，盐2克，白胡椒2克，料酒1小勺，油、温水适量。

做法

1 鲫鱼除鳞去内脏，整理干净后抹上料酒，用盐腌渍10分钟。豆腐切成小块备用。

2 锅中入油，将油加热至五成热时，下入鲫鱼煎至金黄。

3 加入温水，可没过鲫鱼和豆腐块的量。再放葱段和姜片。然后大火烧开后用文火，直至汤汁变白即可。

4 转大火，加入豆腐，煮开后转成小火慢炖。

5 小火炖到汤汁浓稠，加入盐和胡椒粉，炖开后可关火。

如果不喜欢胡椒粉的味道可以不放。

功效 与豆腐一样，鲫鱼也是高蛋白低脂肪的补益的佳品。而且它还具有和胃补虚、除湿利水、通乳之功效。此汤鱼肉鲜美，豆腐滑软，非常适合口味挑剔的准妈妈。

豆腐鱼干汤

材料 豆腐300克，小鱼干50克，葱花10克，酱油10克，料酒10克，盐、水淀粉、油各适量。

做法

1 将豆腐洗净，用开水烫一下，切成1厘米见方的小块备用；小鱼干洗净备用。

2 将料酒、葱花、盐、酱油和水淀粉放到一个干净的小碗里，调成芡汁备用。

3 锅置火上，放油烧热，放入鱼干用大火炒熟，再放入豆腐，加入适量清水，先用大火烧开，再用小火炖30分钟。

4 倒入调好的芡汁，再煮几分钟即可。

功效 豆腐高蛋白低脂肪，具降血压、降血脂、降胆固醇的功效，是益寿延年的美食佳品。

准妈妈为了在体力有所倦怠时补充能量，不妨适当吃些果脯。果脯中具备新鲜水果包含的维生素和矿物质，且易于携带，是糖果的理想替代品。当然，一定要保证果脯的质量。

运动胎教：腰背、肩臂肌运动

胎宝宝越来越重，越来越向前凸出，会导致准妈妈的腰背和肩臂经常感到疼痛，这里介绍一下相应的缓解方法。

增强腰背肌肉力量的运动

1 以舒适的姿势侧卧在地毯上，右手臂自然地放在身上，左手臂屈肘向头部弯曲，并且把小臂枕于头下，左腿向下伸直，右腿向上屈膝并放在一个枕头上。以闭目养神的样子在心里从1默数到10，先深吸气再做呼气动作。按照这个姿势，上身再向相反方向侧卧，做同样动作。

2 将两条腿放松地跪在地毯上，向前弓腰，双臂下伸，两只手扶地，两条手臂与大腿平行，两条小腿着地。心里从1默数到10，先深吸气再做呼气动作，使身体重心移向两手和两膝。

3 保持刚才的姿势，准妈妈将头慢慢地低下，让颈部用力地挺直。心里从1默数到10，先深吸气再做呼气动作，然后身体恢复原状，使背部受力。

这一组运动中的每一个动作，可以重复做5~6次，一定要注意动作轻柔缓慢，充分放松腹部。

增强肩臂肌肉力量的运动

1 盘腿或取舒适姿势坐在地毯上，面向前方；两条手臂向上屈肘，两只手的五指并拢，然后两手放在肩上。

2 两肘分别向前移动，然后两手的手指略弓，手腕用力，稍加用力按压肩部。心里从1默数到10，先深吸气再做呼气动作，两手恢复原状。

3 盘腿或取舒适姿势坐在地毯上，面向前方。左手臂屈肘并小臂着地，右手臂向上举起，上身向左侧弯曲，同时右手臂向右伸展。心里从1默数到10，先深吸气再做呼气动作，身体恢复原状。

4 盘腿或取舒适姿势坐在地毯上，面向前方。右手臂屈肘并小臂着地，左手臂向上举起，上身向右侧弯曲，同时左手臂向左伸展。心里从1默数到10，先深吸气再做呼气动作，身体恢复原状。

这一组运动中的每一个动作，可以重复做10次，要注意掌握节奏和疲劳程度。

胎教提示

准妈妈坐在椅子上的时候，如果把靠背向后倾斜20度，或者倾斜一下背部，腰部负担就可减半，就会变得舒适。

音乐胎教：《晨曲》

1874—1875 年间，挪威音乐家格里格为他的好朋友著名剧作家易卜生的幻想诗剧《培尔·金特》创作了两段音乐，后来选出 8 首重新配器，分别编为两部管弦乐组曲，结果成为脍炙人口的世界名曲。

这次我们要推荐给准妈妈的《晨曲》，便是《皮尔·金特》中的第一乐章。

悠扬的长笛拉开了《晨曲》的序幕，展现出美好的清晨画面：幽静的晨曦中，金色的旭日冉冉升起。短暂的反复后，大提琴表现出一个灰色的乐句，仿佛乌云的遮挡，然而它对阳光的暂时遮挡反倒更加突出了其背后的希望。

不断上扬的旋律由一个变奏开始渐轻，回到了主题的再现，稍稍地加以变化，增强了配器演绎的空间感，展开了太阳完全跃出地平线的释然之感，让人仿佛看到清晨的浓雾徐徐散去，一轮红日缓缓从地平线上冉冉升起，远方的山野孕育着勃勃的生机，清新的空气围绕在你周围。

乐曲篇幅不长，若用心聆听，可以感觉到像是沐浴在海上吹来的平和晨风里，整个人被笼罩在一片阳光中。

胎教提示

准妈妈在焦躁不安的时候，不妨闭上眼睛，静静聆听《晨曲》。那徐徐的微风、冉冉升起的太阳、缓缓流淌着的溪流会帮你赶走心头的紧张与焦虑。

语言胎教：故事《五谷的传说》

“四体不勤，五谷不分”常用来形容脱离农业生产，缺乏相关知识的人。城市化越来越强烈的今天，别说孩子就是成人也越来越“五谷不分”了。其实，我们应该多创造机会接近大地、接近五谷，让孩子从小与自然亲密接触，而不是在超市里看到五谷的果实。

五谷的传说

远古的时候，食物很少，人们经常饥一顿饱一顿，身体很虚弱。有一个名叫稷的青年人决心去尝尽天下草木果实，为大家找到能做主粮的粮种。

他把他的这个决心告诉了女娲，女娲很支持他，还让她的五个儿子稻、黍、麦、菽、麻拿着白、黄、红、绿、黑五只不同颜色的袋子，做稷的侍从，跟着稷一起去找。

渐渐的，他们找满了五袋子的粮种。一天，他们看见一座山上有一种高秆红穗的东西，就爬了上去。到了山顶，向下一看，发现下面有五条山谷，山泉涌流，土肥草绿。

于是，稷让他的五个侍从各选一条山谷，播下种子，耕种起来。他自己则在山顶开了一片荒地，种下了那种高秆红穗的东西。

后来，人们就以他们的名字给那几种粮食命名，又因它们是在五条山谷种成的，就把粮食总称为五谷。稷种的那个品种又被称为了高粱。

告诉胎宝宝：我们看似可以随时在市场轻松购得的五谷，对先民而言却是一段充满了艰辛探索与辛苦稼穑的经历，我们该珍惜才是。

胎教提示

辛勤的播种，用心的经营，才会长出飘香的五谷，孕育生命也是如此，准妈妈和准爸爸不也正为迎接新生命的到来，努力付出吗？加油！

艺术胎教：爱心幸运星 DIY

幸运星寄托着我们的美好祝愿，传递着无言的爱。准爸爸和准妈妈不妨一起来做个手工，折一折幸运星吧，把你们心里无尽的爱意通过自己的双手传递给胎宝宝吧。等将来宝宝问世，这些幸运星也会成为孕期美好的纪念品。

材料

长条纸一张（准妈妈可以选择一些自己喜欢的花色的彩纸，比如礼物包装纸和一些彩色的硬壳纸等，也可以直接从礼品店购买，纸张不要太薄，不然做出的效果会不好）、剪刀。

步骤

1 用指头弯曲纸条一端做一个结，然后将另一端穿过，轻轻地拉平成五边形。

2 剪掉较短的一端，使之与一边平齐，压平，然后将较长的一端沿着一边以正确的角度折回，翻转后继续沿着一边折叠，依样折至纸张尽头。

3 把多出来的部分穿进纸缝，用指头轻轻地挤压五个边，让星星鼓起来，完工。

幸运星小创意

把幸运星拿彩线穿起来，穿成一串串，可以在将来挂在胎宝宝的小床边作为装饰，让胎宝宝在一串串的“幸运”下，健康成长！

胎教提示

准爸爸和准妈妈为了迎接新生命，使手指变得灵活，使大脑变得聪慧，不妨多做一些富于生活情趣、寄寓美好希望的手工作品奉献给胎宝宝，奉献给你们甜蜜的生活！

第 19 周：感觉器官分区域发展

消化器官开始运行

19周的胎宝宝身长大约有 15 厘米，体重 200~250 克。他还有哪些可爱的变化呢？

感觉器官分区域大发展

本周胎宝宝最大的变化就是感觉器官开始按照区域迅速地发展起来啦。他的味觉、嗅觉、触觉、视觉和听觉从现在开始在大脑中专门的区域里发育，此时神经元的数量减少，神经元之间的连通开始增加。

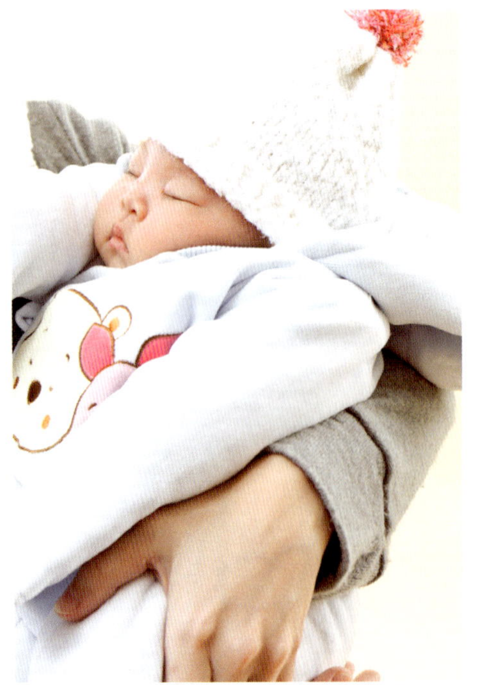

消化器官开始最初的运行

胎宝宝的十二指肠和大肠开始固定，具备了一定的消化功能，胃通过不断地吞咽羊水，逐渐增大。整个消化器官开始最初的运行。

胎动明显

调皮的胎宝宝除了睡觉就是运动，不时动手动脚的。这时期可以在 B 超仪的屏幕上看见胎宝宝踢腿、屈体、伸腰、滚动、吸吮自己的拇指。如果有强烈的阳光照射到腹部，他会用手去挡，一刻也不得闲了。大多数的准妈妈都已经能感觉到胎动。

借着胎动的机会，准爸爸和准妈妈可以与胎宝宝进行有趣的亲子互动喽，可以多与胎宝宝说话、唱歌、看书、讲故事、听音乐、抚摸、做体操等。没有比你们更会制造快乐的一家人啦。

情绪胎教：让情绪保持平和的方法

哪个准妈妈不爱自己的胎宝宝呢？可是准妈妈遇到负面情绪难控制时，应该怎么做才能体现出自己对胎宝宝的爱呢？

准妈妈的负面情绪，如急躁、郁闷、愤怒、不安等，也会影响到腹内的胎宝宝的情绪。胎宝宝会受准妈妈的情绪“传染”而变得不安，胎动会明显增加，长期下去胎宝宝体力消耗多，出生后就会比其他宝宝小，而且也影响到胎宝宝的良好性格的培养。看，负面情绪多可怕！我们介绍下面的方法助准妈妈赶跑负面情绪，保持平和的心态，给胎宝宝一个安宁的环境。

数数

将要生气的时候或感到心情不爽了，怎么办？先努力让自己从1数到10，尽量慢慢地数。只用短短的几十秒时间，你的心情很可能就会平复下来。数数的时候可以用意念告诉自己，肚子里的小宝宝也想要平静下来呢。

撕纸

当有郁闷情绪需要排解时，你不妨试着将废纸撕成小条儿，你的坏情绪可能就会随着撕开的小条儿消散掉。可以在撕的时候告诉胎宝宝说：“宝宝，妈妈把不开心都撕掉了。”

准妈妈要注意排泄自己的垃圾情绪，让它们不占用自己好心情的领地。为胎宝宝创造一个和悦的胎内成长环境。

营养胎教：提高免疫力的菌类

对于准妈妈来说，提高免疫力是最重要的事情。药补不如食补，准妈妈不妨在平常多食用菌类食物。菌类食物富含多种氨基酸、维生素和矿物质，而且具有提高免疫力、抗肿瘤、抗病毒、抗辐射、抗衰老等功效。准妈妈经常食用，对自身健康十分有益。这里向准妈妈介绍两道美食。

素炒牛肝菌

材料 牛肝菌 250 克、胡萝卜 100 克、蒜 3~5 瓣、食用油 50 克、水淀粉 10 克、醋 3 克、白糖 3 克、盐 2 克，水适量。

做法

1 牛肝菌、胡萝卜洗净切成片，用开水焯过后备用。蒜切成片备用。

2 将醋、白糖加适量水，调成调味汁，备用。

3 锅中倒油，烧至五成热，入蒜片爆香。放入胡萝卜片和牛肝菌片煸炒，然后倒入调味汁快速翻炒。出锅前淋水淀粉，放适量盐搅拌均匀后，即可出锅。

功效 牛肝菌是药食两用的菌类珍品，含有人体必需的 8 种氨基酸，还含有腺嘌呤、胆碱和腐胺等生物碱。传统医学认为，牛肝菌具有清热除烦、追风散寒、养血活血、补虚提神的功效，可治疗腰腿疼痛、手足麻木、四肢抽搐等。另外，牛肝菌还具有抗流感和预防感冒的功效。经常食用可增强免疫力，提高人体抵抗力。

平菇排骨汤

材料 鲜平菇 200 克，排骨 250 克，姜片、姜丝、葱段、香菜末适量，八角两瓣，盐 3 克，香油适量。

做法

1 排骨洗净后焯水，去掉血沫，放入清水锅中，入生姜片、葱段、八角，大火烧开后，小火炖熟，制成排骨汤。

2 平菇洗净，手撕成丝，焯后捞出控干水分。

3 大火烧开排骨和排骨汤，放入平菇丝、姜丝和盐，小火炖煮 10 分钟左右，平菇软烂即可停火。撒入香菜末和香油，搅拌均匀即可。

功效 平菇富含蛋白质、矿物质等营养成分，所含氨基酸成分种类齐全。研究显示，平菇中的蛋白多糖体对癌细胞有很强的抑制作用，能增强机体免疫功能。祖国传统医学认为平菇性温、味甘，具有追风散寒、舒筋活络的功效。

胎教提示

鲜平菇本身的味道就已经很鲜啦，这可是纯天然的鲜，因此不必加鸡精等调味品，否则反而破坏了平菇本身的鲜香。

运动胎教：出行喽

对于爱出行游玩的准妈妈来说，孕早期可能会被“憋”坏啦，现在你的状态稳定，可以选择好时机去外出旅行啦。一般来说，过了孕4月，至孕6月的这段时间是比较适宜准妈妈出行的。不过也不能大意哟，毕竟你是“超常”人士！

不可单独出行，必有专人陪同

准妈妈最好是在准爸爸或年纪较轻的亲友陪同下出行。这样可以随时受到照料，如果不便或不适也能随时得到休息或帮你应对意外，从而保证旅行安全快乐。

做好计划再出行

准妈妈在出行前一定要做好充分的计划。需要计划的内容有：

1 行程安排。如行程紧凑的旅行团就不适宜你参加，而应该选择定点旅行、半自助式的旅行为宜。

2 时间安排。旅行时间过长，也容易引起过度疲劳，使身体不能及时恢复。因此时间上不要太长，以1~2天为宜。

3 多方准备：衣、食、住、行等方面都要充分准备好。

衣服要注意防寒保暖而且要宽松，还要注意多备几条内裤。

食品安全，注意不宜过于寒凉，要保证营养、卫生和可口。

住宿要保证环境整洁安全，出行地不要过于偏僻，交通要发达。也要注意当地是否有时疫或蚊虫。

选择出行工具也要适宜，不能太过颠簸，空气质量、乘坐人数、是否离卫生间方便等都要注意。如果坐飞机，一定要请教医生。

其他方面：天气情况、医疗卫生条件、社会治安状况等都要考虑到，此外还要备好应急准备（如手机处于正常状态），一旦发生意外，可及时呼救并获得救助。

必备药品和小零食

每位旅行者都会备一些必备的防腹泻、防感冒、防不适、防疫等的药品，对于准妈妈来讲，这些药品一定要咨询医生，遵医嘱！

在旅行中准妈妈容易疲惫，为了缓解，不妨多备些小零食。如薄荷糖、果仁、甘草柠檬、小饼干之类。以便缓解疲劳，减轻临时的饥饿感。

胎教提示

准妈妈尽量不要做长途旅行，其间造成的颠簸、劳累、睡眠不足以及饮食问题都对胎宝宝很不利。

音乐胎教：《杜鹃圆舞曲》

小鸟的鸣唱对于我们来讲也是一件很开心的事情，如果没有机会接触大自然到树林里去听一听小鸟的鸣唱，不妨听一听这首《杜鹃圆舞曲》吧。

此曲是根据挪威作曲家约纳森（1886—1956）创作的一首同名钢琴曲移植的手风琴曲，曲调优美，音乐形象生动鲜明，带有浓浓的春意，特点是模仿杜鹃鸣叫的音调。乐曲一开始节奏轻快、活泼，描绘了一幅生机盎然的景象，接着曲调表现出杜鹃在林中跳跃飞舞的欢快。

《杜鹃圆舞曲》为准妈妈和胎宝宝带来了春天的活泼可爱，那精灵一样快乐的小杜鹃一定能让准妈妈一整天都充满朝气和活力，胎宝宝也能受到乐曲的渲染，体验到欢快的情绪。

小杜鹃

每当听到“布谷、布谷”的叫声时，就是小杜鹃在提示人们“播种”啦，春天到了！它是一种吃毛毛虫的益鸟，不过它把自己的蛋生在别人的窝里，长在别人的鸟巢里，这有点不地道。好在这是大自然赋予它的天性，我们可以原谅它。

胎教提示

小鸟的欢唱能让人精神为之一振，给人带来好心情。我国传统的民间曲艺表演如口技也有模仿众鸟鸣唱的，不妨找来听一听，感受其中的乐趣。

语言胎教：诗歌《一去二三里》

渴望出游吗？那就趁着现在身体状况稳定时期，去寻一处颇具古典趣味的地方游历一番吧。而且你可以随机给胎宝宝进行语言胎教哦。我国古代诗人写了许多游历的佳句名诗，今天我们介绍一篇很适合胎宝宝的《一去二三里》，供准爸爸和准妈妈作为胎教“课文”。

一去二三里

邵雍

一去二三里，
烟村四五家。
亭台六七座，
八九十枝花。

信步的悠闲与雅致

《一去二三里》，又名《山村咏怀》。从诗歌中信手拈来的数字串起来烟村、亭台与花来看，诗人所咏之襟怀是那么悠闲自在不说，且富于童趣。你带着胎宝宝出行的时候，路过一处景点，有没有想过眼前的花与树、亭与景，也让你有悠闲自得之感呢？

德才兼备的理学家

此诗的作者邵雍（1011—1077），字尧夫，谥号康节，自号安乐先生、伊川翁，后人称百源先生。邵雍是北宋哲学家、易学家，对宋代理学的形成和初步发展做出重大贡献，并创立了别具一格的先天象数学。著作有《皇权经世》、《渔樵问对》、《伊川击壤集》等。

邵雍早年遍览群书，非常刻苦，“寒不炉，暑不扇，夜不就席者数年”。后来“行万里路”，经历数年艰苦的游历后，回家著书立说。他一生清贫，一心向学，人格高尚，德行感人。无论是普通百姓，还是当时位极人臣的士大夫都对他非常敬重。当时的人在教育晚辈时经常说：“不要行不善的事，以防让邵先生知道。”

邵雍为一介布衣，无官无职，很清贫。他的一位朋友曾希望他在官府挂个闲职，白吃饭不干活，解决生活问题，但是邵雍认为这样做名不正言不顺，拒绝了。

邵雍一生以讲学著书为主，其学生、朋友遍天下，他的好朋友们曾出资为他建了一座庄园，供他居住。他将此庄园命名为“安乐窝”，他便病逝在“安乐窝”中。在逝前病重的日子里，曾做过丞相的司马光以及大理学家张载、程颢和程颐兄弟等都亲自照顾他，可见其人影响之大。

胎教提示

学了这首小诗，也了解了作者的为人，邵雍所具备的这种高风亮节的风骨是我国传统美德的一种，很令人敬佩也很值得我们学习。

艺术胎教：名画《白桦林》

颜色也能发出声响吗？能啊，名画《白桦林》就能发出声响。

1881 年库茵芝展出这幅画，其画面所表现的是俄罗斯人常见的白桦树，结果没想到画中这种常见的植物，竟然引起了轰动。

此画明亮耀眼的光线，浓烈鲜艳的色彩，比印象派画家还要热烈。让人眼前为之一亮，也让人心为之一颤！难怪印象画派的重要画家雷诺阿说那颜色，“响得像一个钟一样”。

阿尔希普·伊凡诺维奇·库因芝(1842—1910)，19 世纪俄国最富浪漫主义情调的大自然歌手。他的画中描绘了乌克兰大自然的壮丽之美，洋溢着欢快、乐观的气氛。他曾办过两次有趣的画展，每次画展上都只展出一幅画。结果每次都取得轰动效应。《白桦林》就是他第二次画展展出的作品。

胎教提示

如果喜欢大森林，不妨多找些这类的名画欣赏。竹林、山松、翠柏等都是给人带来爽朗心境的景物。

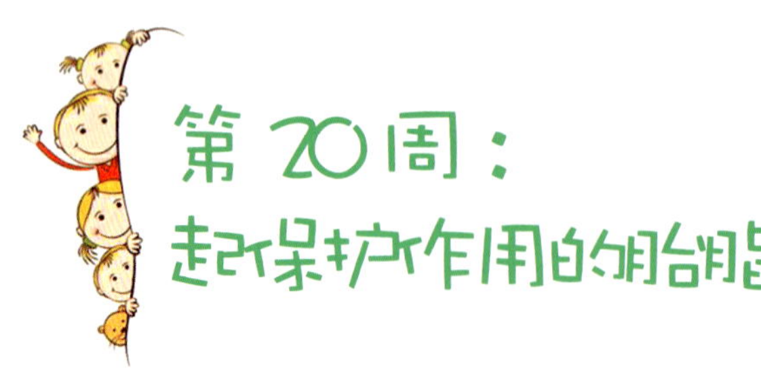

第20周：起保护作用的胎脂

像小鱼儿一样流动

胎宝宝20周时，生长发育趋于平稳，皮肤开始增厚，发育成四层，身长16~25厘米，体重250~300克。他的四肢、脊柱已经进入骨化阶段，因此需要大量钙质。消化道的功能在进一步完善，胃内出现了制造黏液的细胞，肠道内的胎便也开始积聚。女孩已经在卵巢里产生了600万个卵细胞，而男孩的外生殖器也已有了明显特征。

胎宝宝长出了头发，嘴变小了，牙齿也正在发育，两眼距离更近了些，只是鼻孔仍然朝天长得很大，待鼻尖长出来之后，会慢慢朝下。

胎宝宝的大脑具备了记忆功能。胎宝宝的神经和肌肉之间的联系也已经建立。此时的子宫对不大的胎宝宝来说还比较宽敞，他会像鱼一样在子宫里慢慢游动，嘴巴不断开合吞咽羊水，眼珠子也不停地转来转去。他能够像新生儿一样时睡时醒，逐渐会形成自己的作息规律。

在本周胎宝宝的腺体开始分泌出胎脂，这是一种黏稠的白色油脂状物质，可防止他的皮肤被羊水腐蚀。此外，胎宝宝已能获取准妈妈身体里的免疫抗体，帮助他在出生后的最初一段时间里抵抗疾病。宝宝出生后1~2天，胎脂会被皮肤自行吸收，不用特别处理。此时，胎宝宝的皮肤增厚了，并且变得红润有光泽。

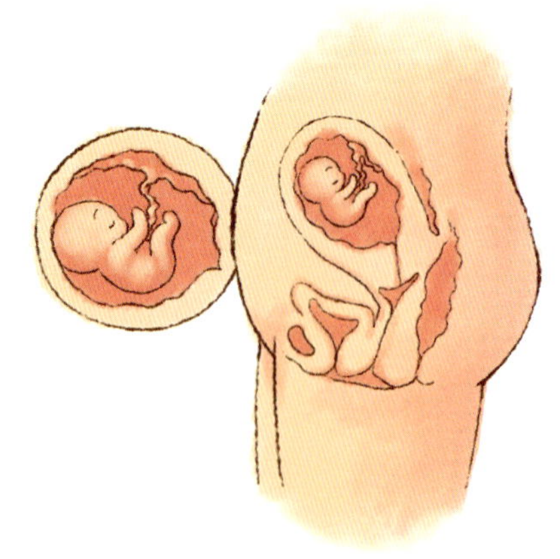

胎教提示

现在胎宝宝比较稳定，准妈妈要将更多的精力放到增加营养上，多吃些营养均衡的食品，切忌饮食过量。

情绪胎教：在快乐中陪宝宝一起成长

快乐是准妈妈应该常备的情绪。可是难免会出现不快乐的时候，这时候应该怎样面对呢？

1 如何应对压力。压力往往导致准妈妈心情不快乐。那么在遇到压力时，你要学会减压。比如努力找到办法或者求助别人来解决给你带来压力的种种困难。如果不知道具体的压力在哪里，不妨把你想要做却没有头绪的事情列个清单，整理一下思路，思路清楚了，就容易面对了。

2 不要过于苛求。有时候心情不快乐是自己过于追求完美所致。不要苛求完美，因为我们只能尽量做到最好。放下苛求的心态，保持平常心，你会更加放松。对于那些对自己苛求的准妈妈来说，更应该放下对自己的高标准、严要求，要懂得欣赏自己取得的哪怕一小步的成就，这样心情会变得舒畅，而不是总对自己进行“反向激励”。

3 知足常乐，宠辱不惊。患得患失，就容易导致不快乐。何必太在意一时的得失呢？放宽心态，放长远眼光，让自己变得淡定一些，你会变得更轻松。

4 有些事情不必太在意。别人的冤枉、冷言冷语之类，不必放在心上，有则改之，无则加勉。自己树立信心，做好自己所能做的，就是成功。别人的言语并非是衡量你的价值的唯一标准。更何况有时候有些人是出于别有用心故意如此呢？你动了气，反倒中了他的“招儿”了。

5 学会宣泄不良情绪。你可以找知心朋友谈谈心，把自己的不良情绪告诉他。你也可以通过转移注意力的方式去做自己喜欢做的事情，如听音乐、看电影，让准爸爸陪你散散步、逛逛公园之类，消散自己的不良情绪。

6 学会宽容。有没有想过宽容别人其实也等于宽容了自己？放别人一马也是放自己一马？带着一颗宽容的心看待每个人基于个性、教养等因素，导致的在为人处世方面的局限吧，你会发现换作自己也并不一定能完美，因此不妨宽容对待有些人、有些事。

胎教提示

快乐并不奢侈，只需要足够的智慧即可获取。当快乐舍不得离开你时，作为准妈妈的你，肯定会身心都获得一种轻松的自在感。

营养胎教：黑色的美味营养粥

今天我们向准妈妈介绍两种粥，它们都是用“黑色”的食材做成的。别看它们黑，但可不能小看它们的营养及功效哟。它们既能使准妈妈增强体质，也能给胎宝宝补充成长所需的各种营养元素。

黑豆红枣粥

材料 黑豆50克，红枣10粒，红糖适量。

做法

1 黑豆洗净，浸泡12小时；红枣洗净备用。

2 将黑豆、清水放入砂锅中，大火煮开，小火炖到豆熟。

3 加入红枣、红糖再炖20分钟即可。

功效 可补虚损、健脾胃、润五脏。如果体虚劳损、气血不足、营养不良，喝此粥非常适合。

黑米葡萄干甜粥

材料 黑米50克，小米30克，葡萄干20克，冰糖适量。

做法

1 先将黑米、小米、葡萄干洗干净，将黑米浸泡1小时后煲粥。

2 黑米开锅后10分钟左右，放入小米、葡萄干继续煲，至熟软即可。

功效 黑米含多种维生素、矿物质，可开胃益中、健脾暖肝，非常适合体虚之人进补。葡萄干富含铁和钙，是儿童、女性及体弱贫血者的滋补佳品。葡萄干还具有补血气、暖肾的作用。

胎教提示

如果不喜欢吃太甜的粥，可以少放糖。以上两种粥不仅适合准妈妈，也适合产后的新妈妈食用。

抚摸胎教：和胎宝宝玩踢肚游戏

随着胎宝宝反射行为的渐渐增多，他的动作也会增多。据研究发现到出生时胎宝宝会有70多种不同反射动作。现在吸吮、吞咽这样的动作对胎宝宝来说就是小菜一碟，现在的胎宝宝很可能一早醒来，便伸了一个懒腰，打了一个哈欠，又调皮地用脚蹬了一下你的肚子。小家伙对于这些游戏玩得还很快乐。

科学家们认为胎宝宝完全有能力在父母的训练下进行游戏活动。那么现在我们就介绍“踢肚游戏”，让准爸爸、准妈妈和胎宝宝一起玩吧。

踢肚游戏好处多

不要小瞧胎宝宝的感知能力哟。准爸爸和准妈妈与胎宝宝做游戏不但可以增进胎宝宝活动的积极性，而且有利于他智力的发育。

“踢肚游戏”这种胎教法，是非常适合这个时期的胎宝宝成长需要的。准爸爸或准妈妈用手掌轻轻拍击胎宝宝，以诱引他用手推或用脚踢的回击，通过这种游戏达到胎教的目的。

据专家测定，进行过踢肚游戏胎教训练的胎宝宝出生后，学习站立和走路都会快些，动作也较灵敏，而且不爱啼哭。与那些未经过这种胎教训练的宝宝相比更活泼可爱。

游戏的动作要领

准备式：做踢肚游戏前通常需要经过一段时间的抚摸训练。

1 当感觉到胎宝宝踢你的肚子时，轻轻拍打被踢的部位，然后等待第二次踢肚。

2 通常1~2分钟后胎宝宝会再踢，这时候再轻拍几下，接着停下来。

3 待宝宝再次踢肚的时候，你可以更换拍打的部位，胎宝宝会向你改变的地方去踢，但应注意改变的位置不要离胎宝宝一开始踢的地方太远。

4 这个游戏可每天进行两次，每次几分钟，最好在每晚临睡前进行，因为这时胎宝宝的活动最多，但要记得时间不要太长，以免引起胎宝宝过于兴奋，这样你会无法安然入睡。

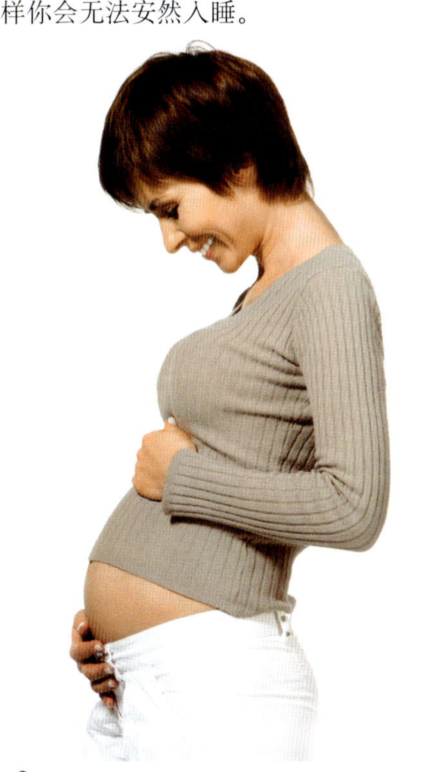

胎教提示

一下子站起来你也许会有晕眩的感觉，这时候不要紧张。慢慢坐下来并低头，或者躺下来把腿抬高，晕眩的感觉便会渐渐消失，之后再慢慢站起来即可。

音乐胎教：《月光奏鸣曲》

我国古代文艺理论家言“一切景语皆情语”。人类对一切景物的描写、吟唱其实都寄托着创作者本人的情感寄托、性格特点、生命体悟、宇宙观念等。大音乐家贝多芬的这首《月光奏鸣曲》表现出什么样的心境呢？

仔细聆听，你便会找到答案。

音乐一开始，便一反钢琴奏鸣曲的传统形式，用慢板拨动着我们的心弦，让我们不由得去细腻地感知里面的节奏：有淡淡的伤感，有冥想的柔情，还似在悲伤地吟咏。啊！伟大的音乐家，为何如此多情？为生命？为命运？还是为人类的所有让他感动而悲悯的意象？

三步曲式的第二乐章，用小快板、降D大调、3/4拍子为我们带来轻快的节奏，打破了第一乐章的沉思默想的境界。这一乐章承前启后，让第一乐章与第三乐章得以完美地衔接。

第三乐章采用奏鸣曲式，转为激动的急板。疾风暴雨般的旋律是考验演奏者的钢琴技巧，表达出一种愤懑的情绪和高昂的斗志。直到全曲结束，那如怒潮般的心境并未就此平静下来……

胎教提示

描写月光的音乐，也可以表达得如此激昂，这是贝多芬的性格使然吧。这支曲子可以让我们在平淡的生活中，带来一股激昂的雄风，令人快慰与深思。

语言胎教：故事《三个好朋友》

困难是友情的试金石。当三只小蝴蝶作为好朋友在花园里玩耍，遇到困难时它们怎么办呢？来给胎宝宝讲一讲小蝴蝶们的故事吧。

三个好朋友

花园里有三只蝴蝶，一只是红色的，一只是黄色的，一只是白色的。三个好朋友天天都在一起玩，可快乐了。

一天，他们正玩得高兴，天突然下起了雨。三只蝴蝶的翅膀都被雨打湿了，浑身冻得发抖。

三只小蝴蝶一起飞到红花那里，对红花说：“红花姐姐，让我们飞到你的叶子下面躲躲雨吧！”红花说：“红蝴蝶进来吧，其他的快飞开！”

三个好朋友一齐摇摇头：“我们是好朋友，一块儿来，也一块儿走。”

他们又飞到黄花那里，对黄花说：“黄花姐姐，让我们飞到你的叶子下面躲躲雨吧！”

黄花说：“黄蝴蝶进来吧，其他的快飞开！”三个好朋友一齐摇摇头：“我们是好朋友，一块儿来，也一块儿走。”

然后，他们又飞到白花那里，对白花说：“白花姐姐，让我们飞到你的叶子下面躲躲雨吧！”

可是白花也说：“白蝴蝶进来吧，其他的快飞开！”这三个好朋友还是一齐摇摇头，对白花说：“我们是好朋友，一块儿来，也一块儿走。”这时，太阳公公看见了，赶忙把乌云赶走，叫雨停下。

天终于晴了，这三个好朋友又一起在花丛中跳舞玩游戏。

故事中三只小蝴蝶谁也没有抛下好朋友，它们互帮互助的精神感动了太阳公公，最后战胜了困难。

在给胎宝宝讲的时候，还可以让准爸爸来客串一下，你带有感情地讲故事，准爸爸可以找三个玩偶道具做小蝴蝶。玩偶表演飞来飞去的场景，配合你讲的进度进行场景模仿，这样胎教效果会更好。

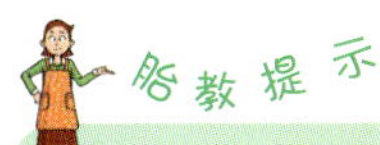

有的准爸爸别出心裁，自己制作了一个小 flash 来表现这个故事，并给准妈妈看。这也是不错的胎教创意呀。

孕6月

我“孕”，我骄傲

越来越“孕味十足”了，作为准妈妈一定在心里非常骄傲：自己能如此“幸孕”，一个新的生命在自己的腹中成长起来是一件多么值得欣慰之事！继续做好胎教，让小小的生命越来越强壮吧！

本月胎教要点

在本月，胎宝宝变得“懂事”啦。他已经产生了自我意识，渐渐形成了个性特征与爱、憎、忧、惧、喜、怒等不同情感。这个时候是对胎宝宝进行直接胎教的良好时机。在这个月准妈妈和准爸爸怎样对越来越聪明的胎宝宝进行胎教呢？

通过学习开发智力

别看胎宝宝小，他的求知欲也很旺盛，不然外国怎么会专门建胎宝宝大学，让胎宝宝也学习呢？准妈妈的求知欲能给胎宝宝带来积极的影响。那么此时期不妨多给胎宝宝进行音乐胎教、语言胎教等，教胎宝宝认识数字、字母、汉字、音乐符号，也可多教他念一念童谣、儿歌，学一些简单的单词和词语如“hello”、“爸爸”、“妈妈”等。这可以开发胎宝宝的智力，也促进身体的发育。

情绪胎教，美好的想象

美好的想象不仅可以使你获得一份美丽心情，也对胎宝宝有着重要影响。多多创造机会，沉浸在对美好事物的想象中吧，这样胎宝宝也会获得爱、健康、乐观和积极的信息。

营养胎教，体现母爱

准妈妈的身体越来越“走样”啦，这是幸福的表现，这时还须增加营养——这是母爱的基础哦。现在胎宝宝身体发育迅速，营养需求很大，千万不能因为身材走样而不注意增加营养。

你现在需要一定量的维生素，要注意均衡饮食，还应多吃一些富含优质蛋白质和铁元素的食物，如牛奶、瘦肉、鱼、猪肝、大叶青菜、水果等。

运动胎教，一起锻炼吧

胎宝宝的状况稳定，这时准妈妈可继续做孕期女性体操、散步甚至游泳，此外还可通过触觉来给胎宝宝做运动。

第21周：体重大幅度增加

滑溜溜的胎宝宝

胎宝宝的体重开始大幅度增加啦。到本周胎宝宝的身长为16~18厘米，体重300~350克。现在胎宝宝的身体比较匀称，虽然整体看上去头仍旧显得稍大，但是腿、手臂和躯干并不会显得太短。从外观上看胎宝宝的鼻子、眼睛、眉毛、耳朵、嘴巴都各归各位，形状已经完整，眉毛和眼睑清晰可见，手指和脚趾也开始长出指甲。

品尝味道

胎宝宝的味觉器官正逐步完善，味蕾已经形成了，所以他现在也能有味觉了，准妈妈应该注意不要偏食，多品尝各种食物的味道，这对宝宝出生后形成不偏食的饮食习惯有一定的帮助。

滑溜溜的胎宝宝

胎宝宝现在看上去变得滑溜溜的，胎脂覆盖了他的全身，它可以保护胎宝宝的皮肤，不少宝宝在出生时身上都还残留着这些白色的胎脂。此时，细细的胎毛也已经布满全身。

爱动爱听的胎宝宝

现在的胎宝宝非常爱动，平均一个小时可以动50次左右，夜深人静的时候，准妈妈可以强烈地感觉到。

此时胎宝宝的听力达到了一定的水平，对外界的声音会更加敏感和好奇。不过可千万要让胎宝宝远离刺激性的声音，比如突然的大声关门、刺耳的喇叭声、突然响的电话铃声等。这些声音可能会惊醒睡眠中的胎宝宝，并使他做出较大的反应。

情绪胎教：沉浸在美好的想象中

五个月的美好时光已经过去啦，接下来你还要与胎宝宝一起相处更美好的时光，直到他降临人世。在这期间你一定会对胎宝宝及未来的生活充满美好的憧憬。那就多让自己沉浸在对胎宝宝及有了他之后的新生活的美好想象中吧，胎宝宝也会因你的美好想象变得更开心、更健康的。

美好想象的前提：保持美好的心情

如果心情不好，先把心里的不爽之处释放出去，让自己变得开心起来。

插上想象的翅膀

1 准妈妈和准爸爸就展开自己的想象，把宝宝的样子想出来吧！比如希望他长什么样的鼻子，什么样的眼睛，什么样的脸，等等。

2 一起为宝宝的未来创作蓝图。准爸爸和准妈妈可以一起对宝宝未来的成长描绘蓝图。在充满希望的热情感染下，准妈妈自然会开心地迎接漂亮宝宝的出世和他美好的未来。

梦想成“真”

把想象中的胎宝宝的样子以及未来你们如何一起伴他成长的情景画下来。每天看看这些画面，相信你们会越来越开心，越来越充满希望。

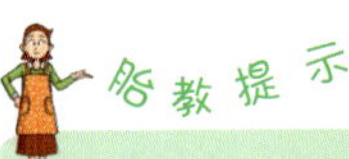

不要进行不良想象，那些对胎宝宝的不必要的害怕担心都容易变成信息传递给胎宝宝，这些是要不得的。一定要相信：自己的宝宝是最健康最可爱的！

营养胎教：通便食物

准妈妈会动不动就便秘，有没有既补充营养又能通便的食材呢？有啊，我们现在就介绍给准妈妈们。

1 土豆。土豆是一种营养非常全面且易消化的食物，有助于胎宝宝的发育，保证孕期健康。同时，它所含的粗纤维可促进胃肠蠕动和加速胆固醇在肠道内的代谢，具有降低胆固醇和通便的作用，对改善孕期便秘很有助益。要注意发芽、皮变青、变绿、变紫的土豆不可食用。

2 玉米。玉米的膳食纤维含量很高，能刺激胃肠蠕动，加速粪便排泄，对孕期便秘大有好处。此外，它还具有利尿、降压、增强新陈代谢、细致皮肤等功效。食用玉米要避免过量，因为玉米易致胃闷、胀气。

3 黄豆。黄豆的营养价值很高，它含有非常优质的蛋白质和丰富的膳食纤维，有利于胎宝宝的发育，并促进准妈妈的新陈代谢。同时，丰富优质的膳食纤维能通肠利便，利于改善孕期便秘。生的或夹生的黄豆都不宜吃。

4 芋头。芋头有保护消化系统，增强免疫功能的作用。准妈妈常吃芋头，可以促进肠胃蠕动，帮助吸收和消化蛋白质等营养物质，还能清除血管壁上的脂肪沉淀物，对孕期便秘、肥胖等都有很好的食疗作用。食用芋头应避免过量，芋头易致胃闷、胀气。

5 草莓。它含有多种人体所必需的维生素和矿物质、蛋白质、有机酸、果胶等营养物质，其中的胡萝卜素有明目养肝的功效，尤其是其所含的果胶和膳食纤维可以助消化、通大便，对胃肠不适有滋补调理作用。

6 扁豆。扁豆含有丰富的蛋白质和多种氨基酸、维生素、矿物质，经常食用能健脾胃、增进食欲、健美肌肤、提高注意力，豆荚中的膳食纤维丰富，便秘的准妈妈常吃可以促进排便通畅。注意没煮熟的扁豆可能引致中毒。

抚摸胎教：推动散步法

在孕6月时，准妈妈可以明显地触摸到胎宝宝的头、背和肢体，这时就可以进行推动散步的练习啦。

具体做法

1 准妈妈平躺在床上，全身放松。如果一时放松不下来，可以按照我们前边介绍的呼吸法使自己放松下来。

2 轻轻地来回抚摸、按压、拍打腹部。

3 用手轻轻地推动胎宝宝，让他在子宫中“散步做操”。

4 每次5~10分钟，动作一定要轻柔自然，用力务必均匀适当，切忌粗暴。

值得提起注意的事项

1 我们介绍的这款练习运作，建议准妈妈不要自己“摸索”，事先在专业人士指导下学习。这样可以避免因用力不当而造成腹部疼痛、子宫收缩，甚至引发早产。

2 如果胎宝宝用力来回扭动身体，准妈妈应立即停止推动。可用手轻轻抚摸腹部，让胎宝宝平静下来。

音乐胎教：《b小调第一钢琴协奏曲》

喜欢柴可夫斯基的朋友都亲切地称他为“老柴”。今天我们为准妈妈奉上的是“老柴”的名曲《b小调第一钢琴协奏曲》。

该曲写于1874—1875年，称得上是19世纪俄罗斯钢琴音乐的一个顶峰，也是19世纪欧洲音乐艺术中最有天才的创作之一。

欣赏开始

这首《b小调第一钢琴协奏曲》，以新颖明晰的素材，表达了对光明的向往和对生活的热爱，曲调中充满了青春与温暖的气息。如果反复倾听那些小提琴与钢琴的合奏、有力的和弦、钢琴的伴奏，以及生动活泼的快板，就觉得这支乐曲既好像是波涛起伏的大海，又像是和煦扑面的春风，好似灿烂的阳光铺满了生活的大地，真正感受到生活的美好。

乐章两个主题，一个急速有力，充满无尽的表现力，另一个虽然比较平静，但逐渐也转换为胜利的步调，发展成为对生活的狂喜赞歌。这两个主题互相对比、互相补充，共同表达这终曲的明朗而乐观的基本思想。最后，尾声的音乐更是高潮迭现，其雄浑的气势、其亢奋的情绪、其辉煌的效果，都是前所未有的。

大肚准妈妈音乐胎教招法

1 选曲时应注意到胎动的类型，因为人的个体差异往往在胎宝宝期就有所显露，胎宝宝有的活泼，有的文静。

一般来讲，给那些活泼好动的胎宝宝听一些节奏缓慢、旋律柔和的乐曲，如《摇篮曲》等；而给那些文静、不爱活动的胎宝宝听一些轻松活泼、跳跃性强的儿童乐曲、歌曲，如《小天鹅舞曲》等。如果能和音乐的节奏和表达的内容与胎宝宝玩耍结合起来，那将对胎宝宝的生长、发育起到更明显的效果。

2 由于这时准妈妈的身体还不是太笨，尚能从事一些家务，所以完全可以边做家务边听音乐。

凉爽舒适的环境有利于欣赏音乐，但不要过度吹空调哦。准妈妈长时间在冷气中不仅不利于健康，也会让皮肤变得相当干燥。更不能让冷气直接对着准妈妈的身体吹。

语言胎教：汉乐府《江南曲》

层层错落，偶尔随风荡漾的莲叶，在莲叶间腾挪嬉戏的鱼儿，以及采莲人摇橹的水声和歌声，这是一幅多么吸引人的江南采莲画面。让我们一起来欣赏汉乐府《江南曲》的这幅流动的画面吧！

江南曲

无名氏

江南可采莲，
莲叶何田田。
鱼戏莲叶间。
鱼戏莲叶东，
鱼戏莲叶西，
鱼戏莲叶南，
鱼戏莲叶北。

此诗为汉代民歌。诗歌描绘了江南劳动人民采莲的热闹欢乐场面。在一望无边的莲叶组成的场面中，人在莲叶间穿梭，一边采莲一边欢歌，其场面的热闹与欢快可想而知。更有趣的是水中的鱼儿也仿佛受人的感染，在莲叶间嬉戏不止。

乐府

乐府本是一个政府机构，是汉武帝时设立的，负责掌管音乐。它除了将文人歌功颂德的诗配乐演唱外，还担负采集民歌的任务。后来人们将这些乐章、歌词统称为“乐府诗”或“乐府”。今存两汉乐府中的民歌仅四十多首，多为民歌。其风格质朴率真，不事雕琢，从不同层面反映了古代劳动人民的心声。

胎教提示

这首汉乐府，有许多现代的演绎版本。如果喜欢我国传统乐器，准爸爸不妨找来这曲《江南》和准妈妈一起欣赏其中的诗情画意。

艺术胎教：电影《芳心何处》

这个电影名为“芳心何处”，可是要表现的内容却远非一个陷入情感纠葛的妙龄女子不知道“情归何处”那么简单。到剧情里看一下怎么个不简单吧！

电影基本信息

中文名：《芳心何处》，又名《甜心伊人》、《女孩第一名》、《心归何处》

英文名：Where the Heart Is

影片类型：爱情／剧情

时长：120 分钟

我们为了什么而生活？看电影《芳心何处》吧，它会给你带来答案。

爱让人生变得美好

未婚少女孕后遭男友抛弃，走投无路之下偷偷住在沃尔玛超市六个星期，临产时幸得年轻的图书管理员相助，顺利产下一名女婴。之后在众多好心人的帮助下，从一个少不更事的小姑娘，成长为一个年轻有为的摄影师，并收获真挚无私的爱情，最后步入婚姻殿堂。

勇敢面对，向幸福努力

看这部影片时，因为同有做妈妈的切身体验，你对于影片所表达的真善美的体会一定会更加真切。更为可贵的是，影片没有把一个落魄的孕期女性表现得如何悲惨，更没有抨击社会、不满社会，而是通过积极和努力来获得尊重，勇敢地去面对。通过观影胎宝宝也可以体会到，其实生活是美好的，人在向着和谐美满的生活前进，要相信爱可以永恒，相信人性是美好的。

看罢电影，我们开头提出的问题便有了答案：我们是为了幸福而生活！

现在你的血色素可能降至孕期的最低水平，因此要多吃一些含铁丰富的食物，如黑木耳、海带、动物肝脏、蛋黄等。

第22周：迷你版的小婴儿

小牙尖在悄悄地长喽

19~22厘米是个什么概念？准爸爸伸开手指，他中指和拇指尖的距离（一拃）大概就相当于胎宝宝的大小啦。现在胎宝宝的体重是350~400克。

稳步发育中

胎宝宝的眼睛也已发育，但是虹膜(眼中的有色部分)仍缺乏颜色，眉毛和眼睑已经清晰可辨。胎宝宝的嘴唇越来越清晰，小牙尖也出现在牙龈内，显露出长牙的最初迹象。胎宝宝的胰腺（产生荷尔蒙的重要器官）正在稳步发育。

胎宝宝的生殖系统逐渐发育，男孩的精子初步形成，女孩的阴道中间形成中空。内脏器官一直都井然有序地在工作中不断完善着，为了适应子宫外的生活，胎宝宝现在开始用胸部做呼吸运动了。

看上去像个小宝宝

现在胎宝宝的外貌和举止已经很像个小宝宝了，简直可以说是个“迷你”版的新生儿。这时候胎宝宝的皮肤依然可以看见皮肤下的骨头、器官和血管，皮肤还是皱皱的、红红的，要等胎宝宝体重增加到一定的程度才能把皮肤撑起来，当然这皱褶也是为皮下脂肪的生长留有余地。

胎教提示

准妈妈的腿部负担加重，夜里会出现抽筋。这怎么解决呢？一是可以适当补充维生素D和钙，二是睡前按摩脚部，用热水洗腿脚，睡时将脚部垫高，便可预防抽筋。此外不要穿高跟鞋，注意下肢保暖。

情绪胎教：开心的童言童语

小孩子认知因为“幼稚”，所以经常闹出充满童趣的“笑话”，不妨找一些类似的笑话，提前赏析一下，和胎宝宝一起分享其中的乐趣吧。

会“穿越”的微波炉

动画片葫芦兄弟正被装进八卦炉里，宝宝指着那炉子说：“妈妈，那个微波炉可真牛！我也想要一个。”

这个天才宝宝把动画片中的八卦炉当成了现代人家用的微波炉。好“穿越”的感觉啊。

执着

父亲哄5岁的小孩子上床睡觉后，然后做自己的工作。

孩子：“爸爸，你能给我一杯水吗？”

爸爸：“爸爸在工作，自己去拿。”

过了一会儿，孩子又说：“爸爸，我要喝水。”

爸爸：“我不是跟你说了吗？自己去拿。”

又过了一会儿，孩子又说：“爸爸，我要喝水。”

这一次，爸爸生气了：“你自己能拿，为什么总是叫我？你再叫我可要打你了！”

这一次孩子大约安静了5分钟，然后他又说：

“爸爸，你来打我的时候，能给我带一杯水来吗？”

胎教提示

准妈妈一定要保证充足的睡眠，这样才能保证身体机能正常运作，并且不会让心情变得焦躁。否则再“秀逗”的童言童语也无法弥补因为缺觉带来的遗憾。

营养胎教：助运化的美餐

准妈妈不时会有便秘的情况出现，而且随着孕月的增高，准妈妈的妊娠高血压和水肿的情况也有可能随时出现，这其实是运化功能有问题，这里我们介绍两道助运化且补充多方面营养的美餐供准妈妈食用。

扁豆木耳冬瓜汤

材料 扁豆 50 克，黄豆 50 克，木耳 25 克，冬瓜 500 克，姜 3 片。盐、香油适量。

做法

1 木耳水发，洗净，撕成小朵。

2 扁豆、黄豆洗净，备用。

3 冬瓜洗净，切成厚块。

4 煲中放入适量清水煮开，下扁豆、黄豆、冬瓜块、木耳朵、姜片，煮沸后改小火煲至豆熟烂后调入盐和香油即成。

功效 此汤润肠通便，防水肿，防肥胖。具体来说，扁豆具有温暖脾胃，补养五脏，止呕吐，除湿祛热，止消渴的作用。黄豆营养丰富且有通便作用。黑木耳有益气、充饥、轻身强智、止血止痛、补血活血等功效。冬瓜中的营养相当丰富，而且属典型的高钾低钠型蔬菜，对需进食低钠盐食物的肾脏病、高血压、浮肿病患者大有益处。

土豆焖牛腩

材料 牛腩肉 500 克，土豆 200 克，胡萝卜 100 克，葱段、姜片、蒜末、料酒各适量。

做法

1 牛腩肉洗净切成块，用清水浸泡半小时后捞出，沥干水分；胡萝卜洗净切滚刀块。

2 土豆去皮，切滚刀块，入锅炸至半熟后捞出控油。

3 牛腩肉放入开水锅中再次煮开，撇净浮沫，加入葱段、姜片、料酒、蒜末、盐，改用小火炖至九成熟。

4 加入土豆块、胡萝卜块，炖至熟烂即可。

功效 土豆含有丰富的维生素、膳食纤维及钙、钾等微量元素，非常容易消化，可宽肠通便，帮助机体及时排泄代谢毒素，还可帮助妈妈预防妊娠高血压和生理性水肿。牛腩低脂高蛋白，且补铁。胡萝卜中的胡萝卜素的作用自不必说了。

胎教提示

如果准妈妈对特定的食物过敏，一定要避免食用。而且生冷、寒凉、烧、烤、炸、辣等食物也应忌食。

运动胎教：准妈妈的阳光浴

阳光是万物生长的能量之母。准妈妈常晒太阳对自身体质和胎宝宝的体质提高都很有帮助。最重要的是紫外线能使皮肤中的脱氢胆固醇转变为维生素 D，促进体内钙、磷的吸收利用，有利于胎宝宝骨骼发育强壮，宝宝将来站立、行走等运动都会受益。

如何晒太阳

1 时间的选择。准妈妈需要负担两个人对钙、磷元素的吸收，夏天每天晒半个小时，冬天晒不少于 1 个小时就可以了。

一般来说早晨 6~10 点，下午 4~5 点这段时间最适合晒太阳。此时阳光中的红外线强，紫外线偏弱，可以起到活血化瘀的作用。不过夏天四五点的时候，有些地区的太阳还很强烈，可以适当往后顺延一下时间。

2 地点选择。要选择空气清新，与自然接近的地点，如公园、花园等地。如果居住在城市，家里离着适宜的地方较远，那么在外出时一定要避开上下班的高峰期，且要有人陪同。

3 防晒。首先科学地选择晒太阳的时间，可以避免过度照射紫外线带来的伤害。另外，如果太阳过于强烈，也要注意防晒。不宜涂抹防晒霜。可以穿上红色的衣服，红色服装的辐射长波能把伤力很强的短波紫外线“消灭”掉。

胎教提示

晒太阳时要注意眼睛不要总盯着光线亮的地方，以免损伤眼睛。如果觉得阳光强烈，不妨戴上太阳镜和遮阳帽。

音乐胎教：《摇篮曲》

也许准妈妈或准爸爸在儿时就听过母亲哼唱勃拉姆斯的《摇篮曲》曲调，伴奏的节奏则带摇篮的动荡感，细腻地勾画出母亲对孩子亲切祝福的动人画面，也表达了人类最崇高的感情——母爱。让我们再一次在它的曲调中，体味一下为人父母的慈爱与温情吧。

一段传奇的故事，一首风靡的乐曲

1864年，勃拉姆斯在汉堡遇见了一个名叫贝尔塔的青年女歌手，奥地利姑娘特有的温柔妩媚和天真烂漫，比起一本正经、不苟言笑的北方姑娘来，自有一种神秘的魄力。勃拉姆斯对贝尔塔一见钟情，但最终没能成为眷属。当贝尔塔养第二个孩子的时候，勃拉姆斯送给她一首“随时随地可以用来取乐”的《摇篮曲》，“晚上好，夜里好，玫瑰花、丁香花都已闭上了眼，你也快睡觉”，这是一首用古老的奥地利方言唱的伦德勒舞曲。

相信在睡前静静倾听，《摇篮曲》能让你和胎宝宝安享一夜的好梦。

胎教提示

临近孕晚期，除了可继续听之前听过的乐曲外，还可多听一些优美、恬静或欢快的乐曲，它们可以安缓准妈妈的情绪，调适紧张感，能令胎宝宝顺利产出。

第23周：模糊地看东西

皱皱的小家伙

本周胎宝宝的身长为22~25厘米，体重在400克左右，骨骼和肌肉已经长成了，身材也比较匀称，可以说他现在已经很健壮了。胎宝宝肺中的血管已经形成，呼吸系统正在快速地建立，他不断地吞咽，但是要等到出生后才能完成真正的呼吸和排便动作。现在胎宝宝的皮肤还是红红的、皱皱的，透过皮肤显露出的血管是皮肤变红的原因。

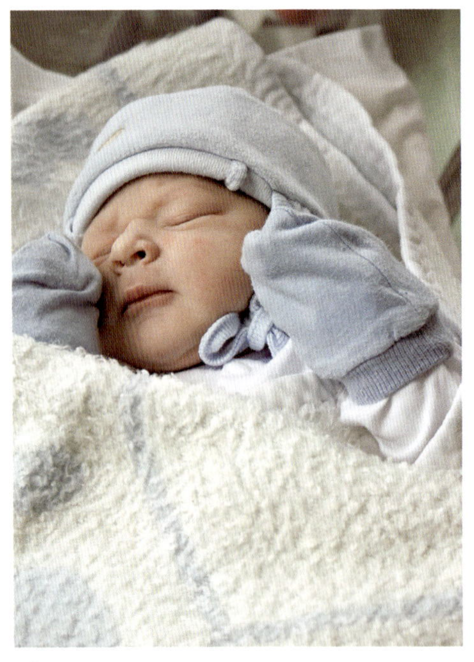

能模糊地看东西啦

胎宝宝的嘴唇、眉毛和眼睫毛已各就各位，清晰可见，视网膜也已形成，因此他现在具备了微弱的视觉，能模糊地看见东西了。因此准妈妈可要多吃一些含维生素A丰富的食物，增强胎宝宝的视力发育。胎宝宝的听力基本形成，已经能够辨认准妈妈的说话声、心跳声和肠胃的蠕动声，不过外界突如其来的大声响还是会惊吓到他。

心跳越来越有力

胎宝宝的心跳每分钟有120~160次，非常有力，如果准妈妈的腹壁较薄，直接将耳朵紧紧贴着腹部，就可以比较清晰地听到胎心搏动。

胎教提示

在未来的几周或几个月里，准妈妈的脚和脚踝可能会出现浮肿，因此要尽量多做轻缓的运动以加快血液循环，而且要保证充足的水分，这有助于防止浮肿。此外一定要穿宽松、舒适的鞋子。

情绪胎教：在漫画里笑趣十足

漫画会让人不由自主地微笑，甚至是哈哈大笑。漫画的夸张、比喻、象征、拟人、寓意等手法，总是给我们带来风趣、诙谐、怪诞、风趣的艺术享受。而那些有深度的漫画家的慧眼，更能让我们心生敬意。不妨多欣赏一些可爱的漫画吧。

这里我们献上著名的漫画《父与子》供准爸爸和准妈妈胎教一用。

可爱的“父与子”

这是一对心地善良、充满情趣、极有乐天派精神的父与子。父亲虽然对儿子有时“体罚”，但我们不难看出，父亲对儿子那细腻而让人觉得忍俊不禁的爱，这爱让人感动。而这对父子对小动物、对大自然也充满了爱心。他们的爱心、幽默精神和纯真美好的品质也随着他们的生活传递到千家万户，感染着每位读者。

作者简介

卜劳恩（1903—1944），原名埃里希·奥赛尔，17 岁进入莱比锡绘画学院学习，其间他的绘画作品屡屡获奖；1921—1933 年，卜劳恩发表了大量的幽默画作，并为作家卡斯特纳绘制插图。1931 年他的儿子克里斯蒂安降生。可以说他们这对父子就是漫画《父与子》的原型。

胎教提示

漫画虽好，可不能窝在屋子里看个没完没了哦。保持居家环境的整洁对准妈妈来说同样重要，因此在气温适宜的情况下，室内要经常通风，以保持空气清新。

营养胎教：增智助长的玉米

玉米富含蛋白质、糖类、脂肪、维生素和矿物质。其中所含的胡萝卜素，能够在人体内转化成维生素A，这对准妈妈的智力、视力都有好处。玉米脂肪中的维生素较多，对防止细胞氧化、衰老有益处，从而有益于智力，孕期应适当在饮食中补充玉米可帮助胎儿健脑。这里介绍两种玉米为食材的粥汤给准妈妈。

山药玉米粥

材料 山药150克，玉米碎200克，蜂蜜适量。

做法

1 山药削皮洗净，切成小丁；玉米碎淘洗干净。

2 锅内加适量水烧开，放入玉米碎煮至五成熟。

3 加入山药煮至熟烂，调入适量蜂蜜即可。

功效 玉米中粗纤维较多，食后可宽肠，有利于缓解准妈妈孕晚期便秘。山药具有健脾益胃、助消化、滋肾益精、益肺止咳、降低血糖等作用。当然，如果处于大便燥结状态，则不宜多食山药。两种食材放到一起，各取所长，非常适合准妈妈。

玉米南瓜炖排骨汤

材料 肋排500克、玉米1根、老南瓜200克、姜片3片、盐，酱油、料酒、白糖、醋、油各适量。

做法

1 南瓜去瓤去皮，切成小块，玉米棒子先切成圆片，再剁成两片。

2 肋排用水冲洗干净，入沸水锅氽烫，捞出沥水待用。

3 炒锅置火上，放油烧热，放入适量调味料（除味精外），至冒泡黏稠，放入烫好的排骨，翻炒5分钟，外皮均匀上色，然后加入2~3倍的热水，盖盖小火炖煮。

4 大约50分钟后，放入玉米和南瓜，继续炖煮15分钟，排骨熟烂，玉米香熟，南瓜变色糊状，开盖收汤汁即可。

功效 此汤补充充足的营养成分，多种维生素、矿物质等都可以补充。而且南瓜具有补中益气的作用，可生肝气、益肝血、保胎。南瓜还具有消炎止痛、化痰排脓、解毒杀虫的功能。

胎教提示

千万不要食用变质的玉米，玉米变质后可能产生致癌物质，严重影响健康。在挑选玉米面粉时要闻一闻，如果有霉味，面粉不均匀甚至有小球球的都不要买。

运动胎教：大肚准妈妈的省力姿势

成为大度准妈妈之后，平常一个轻而易举的小动作都会变得比较艰难。这里介绍一些准妈妈需要掌握行动的技巧，以方便准妈妈在坐、立、行、卧之时，能尽量在安全的基础上，变得轻松一些、省力一些，以充分保证自己与胎宝宝的安全。

1 站立的姿势。两腿平行，两脚稍微分开，这样可以使身体重心落在两脚中间，不易疲劳。若站立时间较长，则应将两脚一前一后站立，并每隔几分钟就变换两脚前后位置，使体重落在伸出的前腿上，可以减轻疲劳。

2 行走的姿势。行走时背要直、头要抬起、臀要紧收，保持身体平衡，稳步行走，不要用脚尖走路，必要时可以用两只手分别顶住自己的后腰，挺起肚子，这样也有助于身体平衡。如果需要的话，可以扶着扶手或栏杆行走，这样就更省力了。

3 坐姿。保持背挺直，背紧贴靠背，椅子的靠背可以支撑腰背部，也可以放一个小靠垫在腰背部，双腿不要交叉，将两脚放在小凳子上，有利于血液循环。

4 下蹲拿放东西的姿势。将放在地上的东西拿起时，注意不要压迫肚子。不要采取不弯膝盖，只倾上身的姿势，那样容易造成腰疼。应该屈膝、安全下蹲、单腿跪下的姿势，把要拿的东西紧紧靠住身体，伸直双膝拿起。拿棉被等大件物品时，要蹲下身体压在一条腿上，然后再站起来。

5 睡姿。在妊娠中期以后，由于肚子大起来，采取仰卧的姿势就会感到有点不舒服，这时候侧卧位比较舒服。当腿脚疲劳或浮肿，有静脉曲张时，把叠成两折的坐垫放在腿下，把腿垫高，这样睡眠效果会更好。

胎教提示

准妈妈如果伸长上身及胳膊去够取高处的东西时，容易造成腹部用力，不利于子宫中的胎宝宝。特别是曾在怀孕早期发生过流产的准妈妈，如果要取高处的东西，最好请准爸爸代劳。

音乐胎教：《小狗圆舞曲》

谁会想到这首乐曲会与作曲家肖邦的甜蜜爱人乔治•桑的宠物有关呢？

传说肖邦的情人乔治•桑喂养着一条小狗，这条小狗有追逐自己尾巴团团转的“兴趣”。肖邦依照乔治•桑的要求，把“小狗打转”的情景表现在音乐上，遂成此曲。乐曲以快速度进行，在很短的瞬间终了，因此又被称为《瞬间圆舞曲》《一分钟圆舞曲》。

肖邦发表的最后圆舞曲是降 D 大调圆舞曲，共有三首曲子，其中最后一曲最为著名，因为与小狗有关便俗称《小狗圆舞曲》。

《小狗圆舞曲》为简单的三段体。在四小节序奏后，主旋律以反复回转的形式出现，其速度之快令人“耳不暇接”，中段则是甜美而徐缓的旋律，与第一段的急促形成鲜明的对比；第三段为第一段之反复。

弗雷德里克•弗朗索瓦•肖邦（1810~1849），波兰作曲家和钢琴家，他是欧洲19世纪浪漫主义音乐的代表人物，也是历史上最具影响力和最受欢迎的钢琴作曲家之一。

孕6月之后就可以真正开始有计划的音乐胎教了：每天播放1~2次音乐，每次15~20分钟。为了保证胎教效果更好，每种音乐尽量连续播放几天，让胎宝宝有足够的时间来熟悉。

语言胎教：《三字经》

古人曰："熟读《三字经》，便可知天下事，通圣人礼。"这么有意义的国学经典，不可不读！

《三字经》自宋朝以来，已有700多年的历史，可谓家喻户晓，脍炙人口。共一千多字，三字一句的韵文极易成诵，内容包括了中国传统的教育、历史、天文、地理、伦理和道德以及一些民间传说等，广泛生动而又言简意赅。

《三字经》（节选）

人之初，性本善。性相近，习相远。

译：人生下来的时候都是好的，只是由于成长过程中，后天的学习环境不一样，性情也就有了好与坏的差别。

苟不教，性乃迁。教之道，贵以专。

译：如果从小不好好教育，善良的本性就会变坏。为了使人不变坏，最重要的方法就是要专心致志地去教育孩子。

昔孟母，择邻处。子不学，断机杼。

译：战国时，孟子的母亲曾三次搬家，是为了使孟子有个好的学习环境。一次孟子逃学，孟母就割断织机的布来教子。

窦燕山，有义方。教五子，名俱扬。

译：五代时，燕山人窦禹钧教育儿子很有方法，他教育的五个儿子都很有成就，同时科举成名。

养不教，父之过。教不严，师之惰。

译：仅仅是供养儿女吃穿，而不好好教育，是父亲的过错。只是教育，但不严格要求就是做老师的懒惰了。

子不学，非所宜。幼不学，老何为？

译：小孩子不肯好好学习，是很不应该的。一个人倘若小时候不好好学习，到老的时候既不懂做人的道理，又无知识，能有什么用呢？

我们节选的这段内容主要讲述的是教育和学习对儿童成长的重要性，后天教育及时，方法正确，可以使儿童成为有用之才，这与胎教和早教的理念是相通的。

艺术胎教：书法中的美

书法艺术是我国传统文化的瑰宝之一。一帖书法，字数无多，但其中博大精深，意蕴十足，常习书法能提高人的审美能力、国学素养，了解祖国传统文化之美，因此准妈妈不妨来通过练习书法来和胎宝宝一起进行美学胎教。

需要准备的工具

毛笔

墨汁

纸张：刚开始练习用宣纸太浪费了，可用学生用的十五格纸，用废报纸也行。

字帖：一本好字帖对于初学者非常重要，最好从真书（楷、隶、魏碑等）入手，行草比较难，不宜先行练习。

向准妈妈推荐几本好字帖

楷书：颜真卿的勤礼碑、多宝塔碑、麻姑仙坛记；柳公权的玄秘塔、神策军碑；欧阳询的九成宫等。

隶书：史晨碑、张迁碑等。

魏碑：郑文公碑等。

怎样开始写毛笔字

1 从笔画开始练起，再循序渐进，穿插带笔画的字进行练习，如“三、王”练横画，练熟后可以临古诗帖。

2 不练笔画，可以直接从练字开始，主要方法有：

描红：在勾勒出的字框内填写笔画，一般书店都有售。

摹临：在前人的法帖上覆上白纸临摹。

临摹：参照前人的法帖进行临摹。

背临：先学习消化前人的法帖，然后不看法帖完成书写。

书法的健身功效

前辈们总结出练书法的一些益处：

1 使人心神宁静，“宁静致远，静能生智”。练习书法可以去掉浮躁之气，培养专心、细心、耐心和毅力等优秀品质。

2 可以陶冶情操，使人丰富学识。书法的内在规律性，要求学习者必须潜心学习，加强修养，拓宽意境，如此起到丰富学识、博古通今的作用。

3 使躯体和精神放松，从而有益健康。练习书法可以对肌体起到调节、修复等作用，可使人心灵焕发，延缓脑的老化，有益长寿。

这么多好处，对于准妈妈来说，还等什么，准备好纸墨，开始练习吧。

胎教提示

清爽的环境有利于激发准妈妈在书法方面的艺术细胞，但也要注意清洁环境时，不能用过多的清洁剂。如果使用清洁剂，要选择成分天然、无刺鼻香味、较为温和的。

第24周：充满整个子宫了

还是有点瘦

在本周胎宝宝在准妈妈的子宫中开始了充满整个空间的“扩张之旅”。他的身长会达到25~30厘米，体重500~550克。

体重增加的“瘦宝宝”

准妈妈的子宫是有限的，所以胎宝宝的活动会受到一些限制。胎宝宝最喜欢的活动仍然是抓住脐带,触摸四周。虽然胎宝宝的体重增加了不少，但还是显得很瘦，不过他的身体正在协调生长，很快会增加更多的脂肪。

大脑发育进入成熟期

胎宝宝的大脑发育得非常快，已经进入成熟期。脑神经的数目已经接近成年人并且连接成形。神经鞘也已逐渐形成，神经有了保护。因而大脑功能也有了进一步发育，逐渐对各种感官传递过来的信号有了意识。因此除了补充大脑成长的必要营养之外，在胎教时可以多给他一些各种锻炼，以促进大脑发育。

味蕾现在可能也在发挥作用了。现在棕色脂肪已经开始沉积在颈部、胸部和大腿两侧，并将一直持续到足月，这种特殊的脂肪组织是为了使身体产生热量，维持体温。汗腺也正在形成。

呼吸功能越来越完善

胎宝宝肺部血管更加丰富，胎宝宝的肺里面，负责分泌表面活性剂（一种有助于肺部肺泡更易膨胀的物质）的肺部细胞也正在发育，呼吸功能越来越完善。这时候胎宝宝会咳嗽了，他咳嗽时，你能感觉到肚子里像有个小人在打鼓一样。

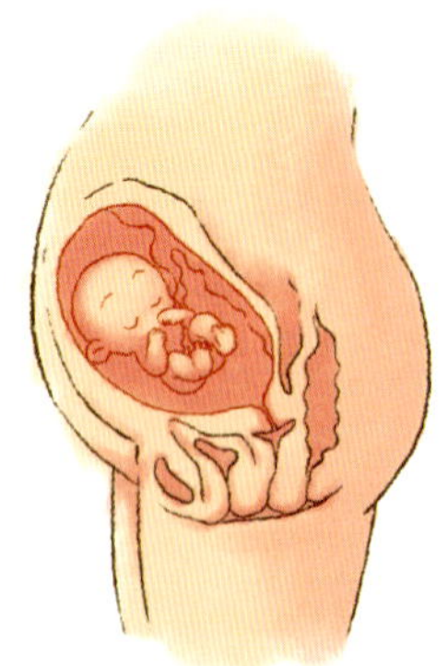

孕24~28周是进行糖筛检查的时机。如果准妈妈是有糖尿病家族史、肥胖等高危因素，糖筛检查应该提前到怀孕20周左右进行。

情绪胎教：准爸爸包容准妈妈的多变情绪……

虽说孕育生命在诗人眼中是一件崇高的事，但是现实中的准妈妈却常常处于喜悦与忧虑的矛盾之中：一面畅想着胎宝宝的成长，又一面担心他的健康；面临竞争的压力，担心自己未来的发展；生理的变化引起自身容貌的改变，担心失去准爸爸的爱……

准妈妈往往因为多虑，而变得感情敏感和脆弱，情绪变化特别强烈，尤其进入孕晚期之后，分娩的恐惧和身体的各种不适，让准妈妈变得更加脆弱，对准爸爸更有依赖性，当准爸爸不能如自己的意时，甚至容易发脾气。

这个时候准爸爸怎么办？

1 一定要保持足够的耐心，不要跟准妈妈讲"理"。准爸爸不要觉得自己养家辛苦，而妻子却不理解自己，不可理喻，事实上准爸爸如果以"理"去解释准妈妈的异常情绪可能无法行得通，甚至引起争吵。因此准爸爸应带着包容与耐心去面对准妈妈的不良情绪，避免争吵，多忍让。

2 一起学习，笑对苦恼。准爸爸要和准妈妈一起多学习分娩知识，多表现自己亲切的笑脸，暖心的话语，不可发脾气，帮助准妈妈消除对分娩的恐惧心理。

胎教提示

当准爸爸生气时，不妨倒数30秒，让自己先冷静下来，避免坏情绪升级，一旦觉得自己火气未消，不要离准妈妈太近，再倒数30秒，什么也不想，做深呼吸，尽量让自己不生气。

营养胎教：功效不小的“小米”

小米能益脾胃、养肾气、除烦热、利小便。小米熬粥营养价值丰富，有“代参汤”之美称，准妈妈常吃小米粥，能益智健脑，还可以防治神经衰弱、失眠、便秘等问题。

对于准妈妈来说，不妨将小米作为日常必备食材。

松子核桃小米粥

材料 小米100克、松子仁20克、核桃仁50克，白糖适量。

做法

1 松子仁、核桃仁洗干净，用温水泡发，去皮；小米淘洗干净。

2 锅中放清水，加入松子仁、核桃仁，上火稍煮。

3 水开后，下入小米，用小火煮成粥，加入白糖即可。

功效 这是一道可以让准妈妈脾胃佳，让胎宝宝智力强的粥。松子具有补益大脑和神经，扶正补虚，润肠通便等作用。核桃更是补脑的佳品，具有健胃、补血、润肺、养神等功效。

芋头小米粥

材料 芋头200克，小米50克，大米30克。

做法

1 将大米和小米洗净，浸泡半小时。

2 将芋头洗净去皮，切丁。

3 锅中加入足量清水，放入大米、小米和芋头丁，煮沸后转小火（保持锅内翻滚），煮至熟烂即可。

功效 芋头能益脾胃、调中气、化痰散结。从现代医学来讲，芋头中富含多种微量元素，能增强人体的免疫功能，常用于防治肿瘤的药膳食物。此外，芋头中含氟量较高，还具有洁齿防龋的作用。

小米与鸡蛋同食可以促进鸡蛋中的蛋白质的吸收；小米与红糖同食可补血，一般是产妇的必备食物。

运动胎教：准爸爸给准妈妈做按摩

一些生理上的各种不适症状，如腰酸背痛、水肿、疲劳等，会经常困扰着准妈妈。这时就需要准爸爸上场做助手啦。准爸爸可在晚间为准妈妈轻轻按摩，这样可以促进准妈妈血液循环、减少不适感、舒缓压力，让她在轻松中酣睡入梦。

准爸爸的按摩方法

1 腿部按摩：促进血液循环。把双手放在大腿的内外侧，一边按压一边从臀部向脚踝处进行按摩，将手掌紧贴在小腿上，从跟腱起沿着小腿后侧按摩，直到膝盖以上10厘米处，反复多次，可消除浮肿，预防小腿抽筋。

2 胸部按摩：从腋下以乳晕为中心聚拢胸部，然后向中央聚拢胸部，反复6次以上。可促进乳腺分泌，预防产后乳疮。

3 腰背按摩：用手掌掌根或拳面放在准妈妈后背脊柱两侧肌肉，做轻快的、柔和的回旋运动，注意手要按住肌肉施加一定压力，不要在皮肤上摩擦。在一固定点按揉数十秒后将手向下移一手掌宽，再重复此操作，直至按揉到臀部以上。如此可以缓解准妈妈的腰背疼痛。

4 头部按摩：用双手轻轻按摩头和脑后3~5次。用手掌轻按太阳穴3~5次，可缓解头痛，松弛神经。

胎教提示

准爸爸一定要注意力度。在帮准妈妈按摩时，准爸爸手法应温柔平和，力量要轻重适宜，以准妈妈感觉舒服最重要，否则易产生反效果。

音乐胎教：《少女的祈祷》

少女的心事如何？细腻而微妙。《少女的祈祷》用简洁朴素的手法，表现出一位少女的心境：天真无邪的心境，充满梦幻与遐想。温婉中见真诚，柔和中透着青春的活力。

准妈妈在聆听此曲时，是否也会想到自己当年的少女情怀呢？在音乐越来越成为快餐的时下，细细欣赏这首乐曲，你会发现在喧嚣的世界里，自己那颗细敏的心又被呼唤了出来！和自己的胎宝宝一起欣赏这份难得的情致吧！重温一下记忆中的少女时代那天真烂漫、亲切可人、丰富而微妙，充满幻想与真诚的心灵变化吧！

音乐界的一朵奇葩

《少女的祈祷》为波兰女钢琴家巴达捷芙斯卡 18 岁时所作。此曲最初发表在巴黎一家音乐杂志的副刊上，很快畅销起来，历经历史沧桑此曲成为世界名曲中最受欢迎的钢琴小品之一，以 80 多种版本风靡全球。

虽然巴达捷芙斯卡生命短暂，但她的作品仿佛音乐花园里的一朵奇葩，随着时光的流逝，越发显得清丽动人。

现在的你对未来的宝宝和生活一定有许多的畅想。在《少女的祈祷》的陪伴下，你会想到什么呢？不妨把它们记录下来，做个纪念。

语言胎教：《百家姓》

《百家姓》是一本关于中文姓氏的书，成书于北宋初期。与《三字经》、《千字文》并称国学启蒙课的“三百千”。

《百家姓》采用四言体例，句句押韵，虽然它的内容没有文理，但读来顺口，易学好记。熟悉它，可以说就是打开了深入了解中国姓氏文化、谱牒文化，甚至是中国历史变迁的大门。下面我们来选介一下《百家姓》的内容，供准爸爸和准妈妈进行胎教时参考。

百家姓（节选）

赵钱孙李　周吴郑王　冯陈褚卫　蒋沈韩杨
朱秦尤许　何吕施张　孔曹严华　金魏陶姜
戚谢邹喻　柏水窦章　云苏潘葛　奚范彭郎
鲁韦昌马　苗凤花方　俞任袁柳　酆鲍史唐

费廉岑薛　雷贺倪汤　滕殷罗毕　郝邬安常
乐于时傅　皮卡齐康　伍余元卜　顾孟平黄
和穆萧尹　姚邵堪汪　祁毛禹狄　米贝明臧
计伏成戴　谈宋茅庞　熊纪舒屈　项祝董梁

杜阮蓝闵　席季麻强　贾路娄危　江童颜郭
梅盛林刁　钟徐邱骆　高夏蔡田　樊胡凌霍
虞万支柯　昝管卢莫　经房裘缪　干解应宗
丁宣贲邓　郁单杭洪　包诸左石　崔吉钮龚

程嵇邢滑　裴陆荣翁　荀羊於惠　甄麹家封
芮羿储靳　汲邴糜松　井段富巫　乌焦巴弓
牧隗山谷　车侯宓蓬　全郗班仰　秋仲伊宫
宁仇栾暴　甘钭厉戎　祖武符刘　景詹束龙

叶幸司韶　郜黎蓟薄　印宿白怀　蒲邰从鄂
索咸籍赖　卓蔺屠蒙　池乔阴鬱　胥能苍双
闻莘党翟　谭贡劳逄　姬申扶堵　冉宰郦雍
郤璩桑桂　濮牛寿通　边扈燕冀　郏浦尚农

温别庄晏　柴瞿阎充　慕连茹习　宦艾鱼容
向古易慎　戈廖庚终　暨居衡步　都耿满弘
匡国文寇　广禄阙东　殴殳沃利　蔚越夔隆
师巩厍聂　晁勾敖融　冷訾辛阚　那简饶空

《百家姓》是中国人寻根文化的基础文献，中国姓氏文化源远流长，每一种姓都包含着独特的、丰富的文化内涵。

艺术胎教：电影《飞屋环游记》

一座屋子居然从英国飞到了南美洲！而屋子的主人却是一个老头子！和他一起飞的还有一个小男孩。他们有着怎样妙趣的经历呢？

影片基本信息

影片名称：飞屋环游记

外文名称：Up

其他名称：天外奇迹、冲天救兵

出品时间：2009 年

出品公司：皮克斯动画工作室

片长：96 分钟

2009 年，皮克斯动画工作室制作出第十部动画电影《飞屋环游记》，这也是该工作室创作的首部 3D 电影。

孩童时的梦想

当卡尔还是一个小男孩时，便和小女孩艾丽有一个共同的梦想：去南美洲的“天堂瀑布”。可是当爱妻艾丽死后，他们也没能实现梦想。

老卡尔孤独地生活在当年与爱妻亲手装修的房屋中，怀念着与爱妻生活的点滴。然而他的生活并不安宁。他的房子要被拆迁，而他也将被送到养老院度过余生。这个倔强的老头儿没有听从安排，在拆迁者要来把他赶出自己的家之前他做了一个重要的决定。

飞向梦想之地

让人们瞠目结舌的一座由五颜六色的气球做动力的房屋在面前起飞，越飞越高，飞上云端。这就是老卡尔按照爱妻留下的童话故事制造的飞屋。没想到让他讨厌的小孩子罗素也悄悄藏在他的飞屋里。这一老一少在飞行中经历了千难万险，终于看到了传说中的“天堂瀑布”。

胎教提示

谁的童年没有幻想过飞天呢？准妈妈带着胎宝宝一起去体验一下这场有惊无险的飞天之旅吧！这也是一趟爱之旅啊！

孕7月

沉甸甸的“孕味”

孕 7 月你的“孕味”越来越足了，你凸出的腹部显得沉甸甸的，胎宝宝的变化也越来越“成熟”啦。在我们的胎教工作相伴下，继续向前进发吧！

本月胎教要点

胎宝宝在本月身体机能、感觉系统、神经系统都有明显的进步，我们的胎教也将与此同步进行。

情绪胎教，美丽心情，美好生活

准妈妈和准爸爸要使心情变得愉悦，创造生活中点点滴滴的美好。敏感的胎宝宝能感到你们的情绪哟。他会通过你们的情绪，知道自己在这个世界上是不是一个受欢迎的人，这对他未来与你之间的亲子关系和他的性格有很大的影响。因此，你们不妨多些创意，为胎宝宝的美丽心情加分，让他也期待降临到人世，和你们一起开心地生活哟。

营养胎教，缓解水肿，增强营养

妊娠 7 个月时常出现肢体水肿。因此，在营养胎教方面我们选择了一些利水且营养充分的美食供准妈妈选择。希望能在美食陪伴下，让准妈妈获得一份好心情。

运动胎教，为顺产而锻炼

准妈妈的身体会发生一些变化，比如会有水肿，会有肩部酸痛等不适。这个月我们的运动胎教要教准妈妈学会如何缓解这些症状，并且也教准妈妈一些为顺产打基础的运动方式。此外，如果可能准妈妈和准爸爸不妨经常做些小游戏，这对胎宝宝智力的发育可是有益的哦。

音乐胎教，在乐声中提升

胎宝宝的乐感越来越强啦！他能和准妈妈一起体悟到音乐旋律，并从中体会到理智感、道德感和美感。准妈妈从美妙的音乐中获得的美好的感受和情绪会传递给胎宝宝，让他也产生良好的感觉。

在本月听音乐对胎宝宝右脑的艺术细胞发育是有利的，若是出生后继续在音乐气氛中学习和生活，会对宝宝智力的发育带来更大的益处。

此外，本月和下月是胎宝宝大脑发育的第二个高峰期，因此在这两个月的胎教内容中适当加了一些有趣的智趣胎教，相信准妈妈在开心地锻炼大脑反应能力的同时，也能将这种智趣传递给胎宝宝。

第25周：脑发育的新高峰

大脑发育的又一高峰期

25周的胎宝宝越来越“霸道”啦。他的身体在准妈妈的子宫中占据了相当大的空间，开始充满了整个宫腔。他现在身长约30厘米，体重有600~700克。

胎宝宝的身体比例倒很匀称，不过皮肤仍然薄而且有很多的小皱纹，几乎没有皮下脂肪，但看起来较上周饱满了些。本周胎宝宝舌头上的味蕾正在形成，所以胎宝宝现在已经可以品尝出食物的味道了。

快乐地互动游戏

胎宝宝在本月已经有足够的能力进行互动游戏。他在子宫内伸个懒腰、打个哈欠或踢一下子宫壁，玩弄一下身边漂浮的脐带等，这些都会使胎宝宝感到很满意、很快乐。

大脑发育又进入高峰期

这一周胎宝宝的大脑细胞迅速增殖分化、体积增大，他的脑波图像和那些足月出生的宝宝相像，大脑处理视觉和听觉信息的部分正在活动，同时大脑半球的划分仍在继续，准妈妈在此时可以多吃些健脑的食品，如核桃、芝麻、花生等。当然，更丰富的健康食物，我们在之前已经有过具体介绍，准妈妈一查便知。

在这个阶段，早产是准妈妈需要注意的事项，一定要定期做产检，发现身体异常反应要及时去医院检查，防止早产发生。

情绪胎教：在孕期照中享受美丽心情

谁说时尚与孕味不可以结合在一起？可以的呀！

准妈妈在第七个月时肚子比较完美，是留下孕期照的好时机。在准爸爸的帮助下，自拍或去影楼拍出一个美丽的“准妈妈”吧。

如果准爸爸是个摄影发烧友，或是有拍照基础，不妨自己为准妈妈拍，这可以免去很多奔波劳苦，最重要的是准爸爸比较了解准妈妈，可以随时拍出漂亮照片，过程也会很顺利。

准爸爸还可以陪准妈妈去影楼拍摄，影楼拍摄比较专业，但是需要等待时机，提前做好准备。

拍摄孕期照时用得上的经验

1 头天晚上7点后不要喝水，以免第二天眼睛水肿。

2 要准备一双舒服的鞋子，不然摆造型时会很累。

3 去孕期女性专卖店淘一件隐形内衣。

4 拍照前一天可以用黄瓜捣碎加少许蜂蜜敷脸，可以让脸更光洁，而且不会过敏。

5 头一天晚上不要洗头发，不然第二天头发蓬松不容易弄造型，应提前一天洗。

6 拍照当天要吃饱，但不能吃撑。

7 服装和道具最好不使用影楼公用的，可以自带，一般来说准妈妈穿鲜亮的颜色拍照都很好看，中间色效果也很好。

8 拍摄中要放松心情，如果不喜欢别人给做的造型或给出的拍照姿势，一定要当即提出，否则会影响拍照情绪，拍出的效果也会受到影响。

9 每个人的脸都有一个最佳拍摄角度，影楼的摄影师是流水作业，可能不会去认真帮着找出来，准爸爸可以多给准妈妈拍不同角度的照片，找出这个角度，让照片更漂亮。

10 有的摄影师为了追求效果，会在准妈妈的肚皮上彩绘，一定要注意涂料的质量问题，建议准妈妈最好不彩绘，以免影响到胎宝宝。

胎教提示

准爸爸不用担心照相会对胎宝宝产生不良影响，照相的感光过程甚至闪光过程都不会产生有害射线，几乎不会对胎宝宝和准妈妈造成影响。

营养胎教：缓解水肿的吃法

约有 75% 的准妈妈在怀孕期间或多或少会有水肿情形发生，不过水肿不会对胎宝宝产生不良影响，产后会慢慢自愈，准妈妈可以通过饮食来缓解，一些有利尿作用的食物可多吃。

食材	作用
鲫鱼	1. 有益脾胃、安五脏、利水湿之功效 2. 鲫鱼肉是高蛋白、高钙、低脂肪、低钠的食物，经常食用，可改善血液的渗透压，有利于合理调整体内水的分布，使组织中的水分回流进入血液循环中，从而达到消除水肿的目的
鲤鱼	有补益、利水的功效，常食可以补益强壮、利水祛湿，鲤鱼肉中含有丰富的优质蛋白质，钠的含量也很低，可消水肿
红豆	1. 红豆中含有较多的皂角甙，有很强的利尿作用，对心脏病和因肾脏功能衰退引起的脸部、脚部浮肿，有很好的改善作用 2. 红豆富含的膳食纤维具有润肠通便的作用。此外富含叶酸，适合准妈妈食用
苹果	含有的水溶性纤维质果胶，可解决便秘、下痢，有助于代谢掉体内多余的盐分
黄瓜	1. 黄瓜皮中的异皮苷有较好的利尿作用 2. 干燥的瓜蒂、瓜蔓加上黄瓜皮煮水喝，更能获得强力的利尿效果。不过胃肠易寒冷的人不宜过多食用生黄瓜
冬瓜	具有清热泻火、利水渗湿、清热解暑的功效，可提供丰富的营养素和无机盐，既可泽胎化毒，又可利水消肿，准妈妈可以常吃
土豆	含有丰富的无机盐，钾含量很高，不仅能帮助身体排出因食盐过多而滞留在体内的钠，还能促进身体排出多余水分，因而可以消除水肿
玉米须	取玉米须适量，用热水冲泡 20 分钟，每天饮用，可去水肿

准妈妈喝了一些热乎乎的汤后会流汗，最好尽快擦干。因为汗水中有一些盐类成分，若长时间残留在皮肤上，会对皮肤有刺激作用。

营养胎教：利水的美味鱼汤

在上一节的介绍中，我们知道鲤鱼和鲫鱼这两种鱼都有益于缓解水肿，现在我们具体介绍一下以这两种常见的鱼为食材的汤，供准妈妈食用。

萝卜丝鲫鱼汤

材料 鲫鱼2条，白萝卜300克，葱段、姜片适量；油25克，淀粉适量，料酒10克，精盐5克，味精2克。

做法

1 鲫鱼宰杀洗净，在鱼身两面平刀划5下，抹上淀粉备用。

2 白萝卜去皮洗净，切细丝。

3 锅内倒油，烧至五成热后，入鲫鱼煎至两面略呈黄褐色，倒入适量水、葱段、姜片、白萝卜丝及料酒，用小火煮至水开后再煮10分钟，放入精盐、味精即可。

功效 白萝卜富含维生素A、维生素C、淀粉酶、氧化酶、锰等元素。传统医学认为白萝卜对于胸闷气喘、食欲减退、咳嗽痰多等都有食疗作用。此汤清淡润口、顺气开胃、利水，非常适合准妈妈饮用。

鲤鱼冬瓜汤

材料 鲤鱼1条（约300克），冬瓜200克，生姜3片，葱1根，盐、料酒、油各适量。

做法

1 鲤鱼去鳞和鳃，洗净；冬瓜去皮，洗净切块；葱洗净切段备用。

2 锅内加入油烧热，放入鲤鱼，将鱼两面稍微煎一下，随后注入清水（以刚没过鱼身为宜）。

3 将冬瓜块、姜片、葱段放入锅中，调入料酒，大火煮开后，用小火煮10分钟左右，待汤浓白后调入盐即可。

功效 鲤鱼和冬瓜都有助于消除水肿，两者配在一起营养丰富，味道鲜美，非常适合准妈妈食用。

胎教提示

一般来说经过充分休息，准妈妈的浮肿可以消退。在日常生活中，准妈妈不要食用过多的盐，饮食要清淡。

运动胎教：拉梅兹呼吸法

拉梅兹呼吸法因法国医生拉梅兹博士整理而得名。它能减缓生产时的疼痛、加速产程进展，有助于轻松顺利地生产。准妈妈应提前几个月进行练习，这样可以更加熟练地运用。

练习拉梅兹呼吸法的准备

盘腿坐在坚固的地板或平板床上，在优美的音乐声中让自己的身体完全放松，眼睛注视着同一点。准爸爸可做陪练，以增强准妈妈的信心。

拉梅兹呼吸法的步骤

名称	何时操作	怎样操作
深呼吸	每种呼吸的开始和结束	由鼻子深吸一口气，口呼
胸部呼吸	分娩开始时； 子宫颈开 0~3 厘米； 子宫收缩 5~20 分钟一次； 每次收缩 30~60 秒	随着子宫收缩就开始鼻子吸气、口吐气，反复进行，直到阵痛停止才恢复正常呼吸
嘻嘻轻浅呼吸	子宫颈开 3~7 厘米； 子宫收缩 2~4 分钟一次； 每次收缩 40~50 秒	用嘴吸入一小口空气，保持轻浅呼吸，让吸入及吐出的气量相等，呼吸完全用嘴，保持呼吸高位在喉咙，就像发出“嘻嘻”的声音
喘息呼吸	子宫颈开 7~10 厘米； 子宫收缩 60~90 秒一次； 每次收缩 30~90 秒	先将空气排出后，深吸一口气，接着快速做 4~6 次的短呼气，感觉就像在吹气球，比嘻嘻轻浅式呼吸还要更浅
哈气呼吸	镇痛开始	先深吸一口气，接着短而有力地哈气，如浅吐 1、2、3、4，接着大大地吐出所有的“气”，就像在吹一样很费劲的东西
用力推	子宫颈全开	下巴前缩，略抬头，用力使肺部的空气压向下腹部，完全放松骨盆肌肉。需要换气时，保持原有姿势，马上把气呼出，同时马上吸满一口气，继续憋气和用力，直到宝宝娩出
哈气运动	头出来了	不用力即可，用口哈气

练习拉梅兹呼吸法的诀窍

1 子宫收缩初期：先规律地用 4 个“嘻”、1 个“呼”的呼吸方式。

2 子宫收缩渐渐达到高峰时：以大约 1 秒 1 个“呼”的呼吸方式。

3 子宫收缩逐渐减弱时：恢复使用 4 个“嘻”、1 个“呼”的呼吸方式。

4 子宫收缩结束时：做一次胸部呼吸，由鼻子吸气，再由嘴巴吐气。

如果准妈妈现在总感到子宫收缩频繁，每小时达到 4~5 次，并有轻微的腹痛感，应立即去医院检查，及时保胎。

音乐胎教：《喜洋洋》

欢快的曲子让人精神振奋、心情舒畅。今天我们推荐这首《喜洋洋》给准妈妈和胎宝宝欣赏。孕育一个小生命是多么“喜洋洋”的事情！

民乐合奏的经典

《喜洋洋》是我国著名民乐家刘明源先生于1958年创作的，是经典的民乐合奏曲。全曲采用最常见的“ABA”三段体曲式结构，将笛子、木鱼、二胡与板胡等民族乐器融为一体，充分展现了欢快热闹的气氛。

第一段（A）的主题来自山西民歌《卖膏药》，欢快热闹的气氛把听众带入一个喜庆的场面中。第二段（B）的主题根据山西民歌《碾糕面》改编，喜悦气氛扑面而来。第三段是第一段（A）的旋律的重复，让人有喜不自禁、欢快不已之感。

中国弓弦乐之圣手

刘明源（1931—1996），我国最优秀的民族器乐演奏家之一，在乐坛中享有“中国弓弦乐之圣手”的称誉，精通各种胡琴乐器，尤其擅长板胡、中胡。创作改编的作品有《喜洋洋》、《幸福年》、《河南小调》、《牧民归来》等，深受国内外听众喜爱。

喜庆欢乐一定会令准妈妈的心情无比的舒畅。不妨多听听这样的曲子，让自己和胎宝宝获得一份好心情，在喜庆中幸福地孕育着可爱的小生命。

语言胎教：《千字文》

《千字文》由南朝梁武帝时期的员外散骑侍郎周兴嗣奉皇帝之命从王羲之书法中选取1000个字，编纂成文。

《千字文》介绍了天文、自然、修身养性、人伦道德、地理、历史、农耕、祭祀、园艺、饮食起居等各个方面的知识。《千字文》每四字一句，字不重复、句句押韵、前后贯通、音韵谐美，很适于儿童诵读，后来就成了中国古代教育史上最早的启蒙教材。《千字文》流传甚广，除汉族外一些兄弟民族也将其作为儿童启蒙教材，甚至传到了日本。

对于准妈妈和准爸爸来讲，《千字文》是不错的国学启蒙教材。

千字文（节选）

周兴嗣

天地玄黄，宇宙洪荒。

译文：天是青黑色的，地是黄色的，宇宙形成于混沌蒙昧的状态中。

日月盈昃，辰宿列张。

译文：太阳有时正有时斜，月亮有时圆有时缺，星辰布满在无边的太空中。

寒来暑往，秋收冬藏。

译文：寒来暑往，循环变换；秋天收割，冬天储藏。

闰余成岁，律吕调阳。

译文：积累数年的闰余并成一个月，放在闰年里；古人用六律六吕来调节阴阳。

云腾致雨，露结为霜。

译文：云气升到天空，遇冷就形成雨；露水碰上寒夜，很快凝结为霜。

金生丽水，玉出昆冈。

译文：黄金产在金沙江，玉石出产在昆仑山冈。

剑号巨阙，珠称夜光。

译文：最锋利的宝剑是“巨阙”，最贵重的明珠是“夜光”。

果珍李柰，菜重芥姜。

译文：水果中最珍贵的是李子和花红，蔬菜中最重要的是芥菜和生姜。

海咸河淡，鳞潜羽翔。

译文：海水是咸的，河水是淡的；鱼儿在水中潜游，鸟儿在空中飞翔。

龙师火帝，鸟官人皇。

译文：伏羲式、神农氏、少昊氏、人皇，都是古代传说中的著名人物。

始制文字，乃服衣裳。

译文：仓颉创造了文字，嫘祖制作了衣裳。

推位让国，有虞陶唐。

译文：尧帝、舜帝主动把君位禅让给有功德的贤才之士。

胎教提示

宝宝出生后也可以继续进行国学教育。爸爸或妈妈可以将录音定时播放给宝宝听。到了宝宝3~4岁的时候，他的语言发展迅猛，就会将这些内容脱口而出了。

艺术胎教：动手做个可爱的小肚兜

有没有想过准妈妈自己也可以手工缝制一些小东西给未来的宝宝呢？可以的呀。未来宝宝需要的小东西简单小巧，易于缝制，最重要的是还可以在里面加入准妈妈自己的创意。今天我们介绍一下如何给未来的宝宝缝制一个小肚兜。

材料

准备两块棉质的方布，花色挑自己喜欢的，尺寸约为 30 厘米 ×30 厘米，可自己进行调整，用同样的棉质布料裁剪棉布带子四根。

步骤

1 将两块棉布面朝外相叠，然后对折成三角形。

2 将一边为折边的任一角裁剪出凹弧形，用作脖子部分，其余两角剪成凸圆形。

3 将剪好的布料展开，缝合两块布的接口，然后在脖子两端以及两边腰部各缝一条带子即可。

4 有绣工的准妈妈还能在肚兜上发挥更多的好创意。

创意肚兜建议

1 给肚兜绣上可爱的图案。民间传统是给孩子的衣物上绣上各种图案，寄寓各种美好的希望。如绣上“平安锁”表示“平平安安”；绣上“五毒”保佑孩子健康成长等等。如果准妈妈不会绣，也可以买一些有美好寓意的贴画贴在上面，或者从别的衣物上把上面可爱的图案剪下来缝上。

2 给肚兜装个兜。在肚兜上缝个漂亮图案小兜，可以装宝宝用的或玩的一些小零碎，既美观又实用。

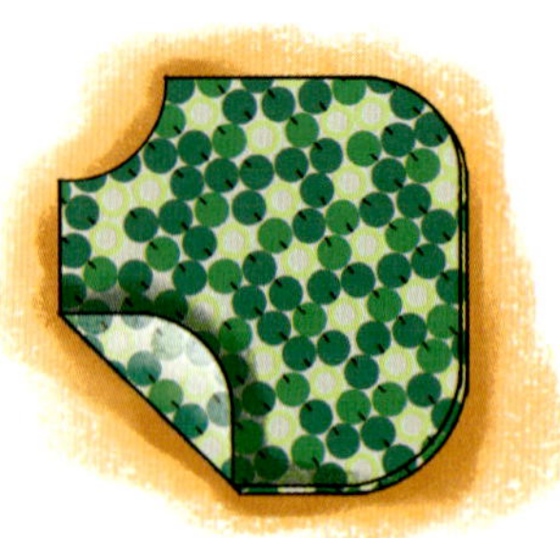

胎教提示

拿着自己做好的肚兜，你肯定非常自豪，而这种积极的情绪对胎宝宝发育将非常有利。

第26周：脂肪迅速积累

视神经功能开启

本周胎宝宝的坐高（顶臀长）约23厘米，从头到脚长约35厘米，重约800克。

听觉和视觉发育大有进步

这一周胎宝宝的听觉器官发育成熟，此时耳朵的结构基本上和出生时相同，他的传音系统完成，对声音的反应更灵敏，由声音引起的反应也更强烈。

胎宝宝在这时候已经可以睁开眼睛了，如果这时候准妈妈用手电筒照自己的腹部，胎宝宝会自动把头转向光亮的地方，这说明胎宝宝视觉神经的功能已经开始起作用了。

脂肪迅速累积

胎宝宝的皮下脂肪已经开始出现，但这时候的胎宝宝依然很瘦，全身覆盖着细细的绒毛，从现在到出生胎宝宝的脂肪迅速累积，他的体重会增长3倍以上。胎宝宝需要脂肪来帮助他适应离开子宫后外界更低的温度，并提供出生后头几天的能量和热量。

准妈妈洗澡的方法最好进行淋浴，不可盆浴或坐浴，在怀孕中后期准妈妈重心不稳，容易滑倒，这时必须坐在有靠背的椅子上淋浴，以免跌倒。在淋浴时为以防万一，最好由准爸爸陪护。

情绪胎教：水仙花中的好情趣

和胎宝宝一起欣赏水仙的清丽、典雅，可以带给你们一番清静自在的心灵享受。不妨在室内栽种一盆水仙吧，给室内环境带来湿润的同时也给你们的小家带来一份情趣。让身处其中的你们在舒爽的心情中陪伴胎宝宝成长。

材料准备

1 水仙的鳞茎球。处理好的鳞茎球剥去了外层干枯的褐色鳞片叶，去掉护根泥和基部的褐色朽根，并划好了帮助水仙生长的刀口。这些你不必亲自操作，可以直接购买处理好的水仙花球。

2 水仙盆。可以选用浅口盘子，你喜欢就好。

3 鹅卵石和小贝壳，为固定水仙之用。

在水仙的艺术情境中获得一份好情趣

你可以将水仙做成艺术品：将2~3个水仙鳞茎直立在浅盆中，茎球之间可以用牙签连接起来，四周用鹅卵石和小贝壳固定使其不倾倒，然后加水到茎球的2/3处即可。使用什么样的容器，用什么材料固定都能显示你的品位和爱好，你不妨当作完成一件艺术品来做。如此别具情趣的装饰，会令胎宝宝在腹中为你喝彩的。

水仙三要素：阳光、温度和水

充足的阳光、适宜的温度和干净的水是水仙生长的三要素。你还可以通过温度来控制开花的时间：当室内温度在12~15℃时，水仙从浸泡到开花约需40天；室温在18℃左右约需30天；室温在20℃时只需25天就开花了。你不妨在胎教日记中记录一下水仙的成长过程，与发育中的胎宝宝一起期待水仙花开吧。

"凌波仙子"的风骨

水仙素有"凌波仙子"之称。我国宋代诗人刘邦直曾在《咏水仙》中这样赞美道："借水开花自一奇，水沉为骨玉为肌。暗香已压荼蘼倒，只此寒梅无好枝。"水仙花在严寒中圣洁开放的精神，肯定能给准妈妈带来激励，也会让胎宝宝为之赞叹！

胎教提示

开花的水仙最好不要放在卧室里，以免香气过于浓烈影响准妈妈和胎宝宝的睡眠。想象一下可爱的胎宝宝看到室内充满花草情趣的环境，会是多么开心啊，多么想早点来到这个可爱的小家呀。

营养胎教：抗感冒的美味

准妈妈平时多吃富含维生素的蔬菜、水果和蛋白质含量高的食物，因为这些食物能促进细胞正常代谢，增强机体免疫力。还应多饮水、多排尿，及时排除体内毒素，有助于抵抗感冒病毒的侵袭。

如果准妈妈不小心患了一般的小感冒，建议通过保持睡眠充足、注意保暖、多喝白开水、多吃水果和绿色蔬菜等方式来治疗。这里介绍两道美味供准妈妈预防和应对感冒。

什锦蔬菜粥

材料 大米100克，西兰花、洋菇、香菇、胡萝卜各50克，高汤适量，盐、胡椒粉、香油各少许。

做法

1 将大米淘洗干净，用清水浸泡30分钟；西兰花洗净，入沸水锅中汆烫，撕成小朵备用；洋菇、香菇、胡萝卜分别洗净，切丝。

2 将大米放入锅中，加入适量高汤，用大火烧开。

3 放入洋菇丝、香菇丝和胡萝卜丝，改小火煮至米粒黏稠，再放入汆烫过的西兰花，煮开后加入少许盐、胡椒粉和香油调味即可。

功效 西兰花富含维生素C，能提高人体免疫功能，促进肝脏解毒，增加抗病能力。菌类食物更是提高免疫力的食材。

姜丝萝卜汤

材料 生姜25克，萝卜50克，红糖适量。

做法

1 生姜洗净切丝，萝卜去皮，洗净切片。

2 将生姜丝和萝卜片一起放锅中加水适量，煎煮10~15分钟，再加入红糖，稍煮1~2分钟即可。

功效 生姜具有祛风散寒解表的作用，此汤适合风寒感冒者食用，同时萝卜含有丰富的维生素C，可以减少感染的机会。

运动胎教：赶走浮肿的脚部运动

妊娠中后期准妈妈的下肢易出现浮肿。为什么呢？

由于怀孕以后母体血浆和组织间液体增多，而且随着子宫的增大，它会压迫下肢静脉，使下肢静脉血液回流受阻，因此妊娠中后期的准妈妈的脚面、小腿等处容易发生浮肿。

在这里介绍两种可以将浮肿减轻甚至赶走浮肿的脚部和腿部运动。

脚部运动

此运动的原理是通过使准妈妈的脚腕关节变得柔韧有力，使行走更轻松，还有助于消除孕晚期的脚部浮肿。

1 平躺，把一条腿搭在另一条腿上，然后放下来，重复10次，每次的高度均增加一些，换腿重复。

2 两腿交叉夹紧，紧闭肛门，抬高阴道，然后放松，重复10次，换腿重复。

每天做操次数应依身体状况而定，不可强求，做完一遍后如果感到累，就应该适当减少运动量。

抬腿体操

1 准妈妈仰卧，平躺于床上，双腿放平，两手放于身体两侧，平静地呼吸。

2 右脚向上弯曲，然后右腿向右边打开。

3 重复第2步4次，放回原位。

4 换左脚，同样动作重复4次，放回原位。

5 准妈妈起身，跪在床上，双手尽量前伸，然后跪着趴下来，这样趴可以不碰着肚子里的宝宝。

6 抬起右腿伸直，然后尽量向外打开，收回，重复4下。

7 换左腿，按第6步操作。

8 略为休息，抬起一条腿伸直，向上抬腿，收回，重复4下。

9 换腿，按第8步操作。

10 准妈妈慢慢起身，左侧卧。

11 右腿向上抬，收回，重复4下，换边换腿继续。

12 平躺，慢慢呼吸，结束。

语言胎教：诗歌《孔夫子的箴言》

孔夫子居然受到德国人的喜爱？没想到吧？一起来欣赏一下席勒在《孔夫子的箴言》中是怎样感悟时间和空间的吧！

孔夫子的箴言

席勒

时间的步伐有三种：
未来姗姗而来迟，
现在像箭一般飞逝，
过去永远静立不动。

当它缓行时，任怎样急躁，
也不能使它的步伐加强。
当它飞逝时，任怎样恐惧犹疑，
也不能使它的行程受阻。
任何后悔，任何魔术，
也不能使静止的移动一步。

你若要做一个聪明而幸福的人，
走完你的生命的路程，
你要对未来深谋远虑，
不要做你的行动的工具！
不要把飞逝的现在当作友人，
不要把静止的过去当作仇人！

弗里德里希•席勒（1759—1805），德国18世纪著名诗人、哲学家、历史学家和剧作家，是被公认为德国文学史上地位仅次于歌德的伟大作家。孔子思想17世纪经西方传教士传入欧洲，席勒后期曾从事历史与哲学研究，因而对孔夫子的思想发生兴趣。

胎教提示

世界上最优秀的文化都是相融的，在今天的地球村时代，准爸爸准妈妈更应该多一份开阔的视野，多选一些中西方文化互通的东西介绍给胎宝宝和未来宝宝。

音乐胎教：《糖果仙子舞曲》

在音乐营造的童话王国里神游，是多么快乐的一件事！

这里我们献给准妈妈的胎教音乐是柴可夫斯基（1840—1893）的《糖果仙子舞曲》。这里先介绍一下这段舞曲发生的故事背景：

圣诞节小女孩玛丽得到的圣诞礼物中有一个胡桃夹子，她非常喜欢，便拥着胡桃夹子入眠了。她做了一个有趣的梦：胡桃夹子打败了进攻克拉拉玩具和糖果的老鼠大军，变身为英俊的王子。在王子的带领下，他们一起来到了童话王国。他们一起越过“冬天的森林”，来到五彩缤纷的“糖果世界”。哇！这里的宫殿原来是用各种点心建造而成的，豪华无比。同时糖果仙子为了欢迎他们的到来，表演了一段独舞。而我们现在介绍的《糖果仙子舞曲》就是这段舞蹈的伴奏音乐。

迷人的童话世界

《糖果仙子舞曲》分为单三部曲式。在第一部分中，钢片琴在弦乐的伴奏下，用纯净清脆的音响把人们带到了神奇的糖果王国，人们眼前仿佛看见温婉大方的糖果仙子在轻盈飘逸地展现自己的舞姿。在第二部分中，钢琴与中提琴交替出现之后，钢片琴展现出妙不可言的仙境，让人心驰神往。第三部分是再现部分，钢片琴高八度演奏，弦乐和单簧管助奏，表现出一个幽雅宁静的梦幻般的世界，让人身临其境，乐在其中。

在竖琴悦耳的伴奏下，音色迷人的钢片琴奏出温柔的旋律，表示温婉美丽的糖果仙子的来临。

有趣的钢片琴

在这支曲子里，钢片琴是第一次被运用到音乐中的。它轻巧奇妙的音响营造出仙境般的气氛，引人想象。这首钢片琴是作曲家去美国访问时发现的，并让出版商购买。

智趣胎教：教胎宝宝认字母

教胎宝宝认字母有什么意义？当然是锻炼大脑啦。准妈妈的认字母，可以影响胎宝宝的认知能力呢。从现在开始给他的大脑以积极的影响吧！

自制字母卡片

首先要制作一些卡片，即把一些笔画简单、容易记忆的字母制成颜色鲜艳的卡片，卡片的底色与卡片上的字分别采用反衬度鲜明的颜色，如黑白、红绿等。之所以要把英文字母描绘得鲜艳醒目，就是为了在进行胎教的过程中强化准妈妈的意念和集中注意力，并促使准妈妈获得明确的视觉感。

如何教胎宝宝认字母

教胎宝宝学习字母的时候，可以将A~Z这26个英文字母制成闪光卡片，每天教3~5个字母，大写教完了再教小写。选择容易形象化和好发音的反复正确发音。例如A，可以选择Apple（苹果）等。

在教的时候，准妈妈可以像老师教小朋友认字那样，用手指画出字母的书写笔顺，比如一边画着“A”的笔顺，一边读着“A”，这样可以使手指、大脑和发音都得到锻炼。而准妈妈的阅读声也能传递给胎宝宝。

胎教提示

不仅可以教胎宝宝认字母，也可以教胎宝宝认识阿拉伯数字、汉字写的数字以及简单的而生活中常用的汉字，如“妈妈、爸爸、爷爷、奶奶”等。

艺术胎教：名画《丁香花束》

一束丁香花也能作为画家的素材，进入画家的艺术视角，流传至今。我们一起欣赏一下吧！

画中女孩手捧丁香花束，着一袭长裙，扭身回望，活泼开心的样子，让人为之神清气爽。绿色的植物背景，妙龄女郎的青春气息，都让这幅画充满勃勃生机，富有浪漫情调。地板上人与绿植的倒影，与现实中的人与绿植相映成趣。

该画的作者雅姆·蒂索(1836—1902)，出生在法国南特市，是英国维多利亚时代新古典主义画派代表画家。

胎教提示

生活中处处有艺术，一束鲜花、一丛绿草、一缕阳光都能把人带入美的享受之中。准妈妈用自己的美感，去捕捉这些美妙的事物，并把它们传递给胎宝宝吧！

第27周：嗅觉形成

原始的睡眠周期形成

到本周胎宝宝的身长大约有38厘米，体重约900克。

大脑开始发出命令

此时胎宝宝的听觉神经系统发育完全了，对外界声音刺激的反应更为明显。他的大脑已经发育到了一定水平，大脑皮层表面开始出现特有的沟回，脑组织快速地增长，大脑开始可以发出命令来控制全身机能的运作和身体的活动。

胎宝宝在子宫内已经形成嗅觉，掌握了寻找母乳的本领。随着嗅觉的形成，胎宝宝逐渐会记住妈妈的味道，听觉和嗅觉记忆的是宝宝出生后寻找妈妈的最基本依据。

可能会做梦了

胎宝宝这时候眼睛已经可以睁开和闭合了，同时有了原始的睡眠周期，他能通过准妈妈大脑的激素来区别昼夜。因此准妈妈此时更应该注意作息规律。由于开始有了原始的睡眠周期，所以胎宝宝可能会做梦了。

听觉进一步发展

胎宝宝的耳朵神经网已经完成，听觉得到了进一步的发展，而此时准妈妈的腹壁变得较薄，趴在准妈妈的肚皮上甚至可以听到胎宝宝的心跳声。外界很多声音都可以传到子宫里，当声音传到子宫里时，胎宝宝会分辨并记忆这些声音，他记忆最深刻的就是准妈妈说话的声音。

在这个阶段，准妈妈的子宫接近了肋缘，因此准妈妈有时候会感觉气短，这是正常的现象不必过于担心。

情绪胎教：用美丽制造好心情 

准妈妈因为有孕在身，所以黑色素代谢较为缓慢，可能会发现皮肤上长出黑斑，难免心情不爽。不要着急，我们有办法对付它！

孕期也可以更美丽

谁说孕期不可以美丽？只要善于打理自己，你会变得更美，这可不是自吹的哦，你的美丽会受到别人的欣赏的哟！

这样一来，你的心情能不开花吗？在你的美好心情引领下，胎宝宝肯定也会受到美的感染，他的审美观也在培养中哦。所以，在孕期更要学会爱自己，为自己即将成为一个妈妈而自豪。

防晒是防斑的关键

怀孕后你的皮肤变得更敏感，对紫外线抵抗力减弱，皮肤容易被晒黑，加快妊娠斑的形成。因此，外出时戴上遮阳帽、遮阳伞或涂抹相对安全的物理防晒霜，避免阳光直射面部。在夏天进行日光浴时（适当的日光浴可以补充钙质，帮助胎宝宝骨骼发育），穿上轻薄浅色的衣服，避免晒伤。

从蔬果中摄入让你美白的维生素C吧

维生素C不但可以促进胎宝宝大脑发育，还具有很好的美白功效，你可以多进食含维生素C丰富的新鲜蔬菜和水果，如番茄、猕猴桃等。

祛斑面膜DIY

1 黄瓜片：一根黄瓜去皮，切片，越薄越好，薄到几乎透明的黄瓜片会很帖服肌肤，而且滋润效果也比厚的来得好很多。把黄瓜薄片贴在眼周有斑点的地方，闭目养神片刻，揭下黄瓜片即可。

2 黄瓜牛奶面膜：如果嫌切片麻烦，你也可以将黄瓜磨成泥，加入一匙牛奶和面粉，调匀敷面20分钟后，用温水洗净即可。

3 冬瓜祛斑面膜：冬瓜适量，去皮捣烂，加入一个蛋黄、半匙蜂蜜，搅匀敷面20分钟，用温水洗净。

随时保持舒爽

准妈妈可以随时保持清爽的皮肤。如果是上班的准妈妈，可以自备一套洗漱用品。工作中间可以清洗一下脸与颈部，再敷上适合孕期的安全性的润肤乳液。在家里的准妈妈，更是可以定时地“清爽”一下啦。

情绪胎教：排除不佳梦境的干扰

俗话说日有所思，夜有所梦。梦是协调人体心理平衡的一种方式，是人在某一阶段的意识状态下所产生的一种自发性的心理活动。梦对人的活动、情绪和认识都有较明显的作用。因此，做梦并不神秘。不过有的准妈妈会因为梦境不佳而影响心境，甚至有时还会做些噩梦，这种情况对母体和胎宝宝都会有一定的影响。不过这也正说明有些问题需要准妈妈注意。

为什么会梦境不佳

1 心理情绪上的原因。由于体形变化和运动不便，许多准妈妈心理上的变化会产生一种兴奋与紧张的矛盾心理，从而导致情绪不稳定、精神压抑等心理问题，甚至会因心理作用而自感全身无力，晚间睡不好爱胡乱做梦。

2 疾病原因。极少数准妈妈因患有某些心脑血管疾病，当夜间睡眠时处于不当的体位，也会引起心脑组织出现缺血缺氧，常发生因噩梦而惊醒。这类准妈妈应早到医院检查、治疗，以保证安全度过孕期，顺利完成分娩过程。

如何应对，改善睡眠质量

1 放松心理。不要把不好的梦太放在心上，甚至迷信为“不祥之兆”。做不好的梦往往是自己的心理压力过大，心情紧张所致。因此准妈妈一定要想办法放松心神。准妈妈应该正确对待孕期不必要的顾虑，有什么思想疑虑和心理负担应及时向准爸爸或者其他家人说出来，也可以和医生谈一谈，消除不必要的精神负担。

2 保持充足体力。准妈妈很容易疲劳，休息和睡眠可以使能量得以补充，恢复体力。高质量的睡眠有助于准妈妈缓解精神压力，增强神经系统和免疫系统的功能，也能降低患产后抑郁症的概率。因此，准妈妈必须每晚保证8小时的睡眠时间。

如果因为梦而造成白天精神不佳，或者产生心理负担，一定要在放松心理的前提下，注意休息，困了就补睡一下，以使身心得到“修复”。

营养胎教：体胖准妈妈的健康吃法

体形胖的准妈妈不能通过药物来减肥，但可在医生的指导下调节饮食。那么胖准妈妈平时怎样才能吃得更健康呢？

养成良好的膳食习惯

有的准妈妈喜欢边吃边看电视，不知不觉进食了大量的食物，这种习惯非常不好，容易造成营养过剩，胖妈妈要注意饮食规律，按时进餐，养成良好的膳食习惯。

营养均衡，控制热量摄入

首先应控制糖类食物和脂肪含量高的食物，米饭、面食等主食均可适当减少。

动物性食物中可选择含脂肪相对较低的鸡、鱼、虾、蛋、奶，少选择含脂肪量相对较高的猪、牛、羊肉。

还要适当增加一些豆类，这样可以保证蛋白质的供给，又能控制脂肪量。

避免吃油炸、煎、熏烤类食物

油制品往往含有过高的热量，准妈妈要避免多吃蒸、炖、烩、烧的食物，少吃面制品、甜食、淀粉高的食物。不要选择饼干、糖果、瓜子仁、油炸土豆片等食物做零食。

多吃蔬菜水果

主食和脂肪进食量减少后往往饥饿感较严重，准妈妈可多吃一些蔬菜水果，注意要选择含糖分少的水果，既缓解饥饿感，又可增加维生素和有机物的摄入。

休息时间不宜过长

准妈妈不能贪睡，早点起床，餐后到室外活动20分钟以上，并进行一些力所能及的体力活动，以帮助消耗多余的热量。

胎教提示

体胖的准妈妈应定期产检，加强家庭自我监护，及时发现和治疗妊娠并发症，一定要合理营养，平衡膳食，不可暴食，同时配合医生进行调整。

营养胎教：防治抽筋的美食

准妈妈在妊娠3~8个月的时候，可能会发生小腿抽筋的现象。这主要是由两个原因导致的：一是钙摄取不足；二是因体重增加，双腿负担加重，导致腿部的肌肉经常处于疲劳状态。

从饮食上来解决此问题的话，就需要准妈妈平时多吃牛奶、虾皮、豆制品、海带、紫菜、坚果、芝麻酱等含钙丰富的食物和奶油、蛋黄、动物肝脏等维生素D含量丰富的食物。这里介绍两道美食供准妈妈参考。

莲藕炖排骨

材料 莲藕200克，排骨150克，红枣10颗，姜2片，清汤适量，盐1小匙，白糖少许。

做法

1 将莲藕洗净，削去皮，切成大块备用；排骨剁成小块备用；红枣洗净备用。

2 锅置火上，加入适量清水，烧开，放入排骨块，用中火将血水煮尽，捞出来沥干水备用。

3 将莲藕块、排骨块、红枣、生姜一起放进砂锅，调入盐、白糖，注入清汤，小火炖2小时即可。

功效 莲藕富含维生素、蛋白质、铁、钙等多种营养成分，可增进食欲，促进消化，如果准妈妈食欲不振，可以选择莲藕为食。排骨中富含丰富的钙质，是准妈妈、少儿、老人等需要补充钙质者的优选食物。而红枣则既补气又补血。

翡翠虾仁

材料 虾仁100克，黄瓜150克，盐、油、料酒各少许。

做法

1 黄瓜洗净，从中间竖着切开，用小勺将瓤去除，切与虾仁大小相等的块。

2 虾仁用清水洗干净，放入碗中，加盐拌匀，下锅前将表面水分吸干。

3 锅内加入油烧热，倒入虾仁、黄瓜块翻炒，待虾仁变色后，加入料酒，翻炒均匀即可。

功效 虾营养丰富，其中富含的磷和钙，尤其适合准妈妈。黄瓜中的维生素E，可抗衰老，其中的丙醇二酸，则可抑制糖类物质转变为脂肪。非常适合爱美的准妈妈食用。

注意 虾不要与含有鞣酸的水果如葡萄、石榴、山楂、柿子等同食，否则会降低其营养价值，而且会刺激肠胃，引起不适。

胎教提示

平常多晒太阳也能缓解抽筋问题。而为了健康着想，准妈妈一定要注意少吃或不吃寒凉的食物如小麦、大麦、梨、西瓜等。

运动胎教：用腹式呼吸法给宝宝送去新鲜空气

妊娠第 7 个月后，子宫内的空间对胎宝宝来说太狭窄了。这时准妈妈最好多运用腹式呼吸法，给胎宝宝提供足够的新鲜空气。

腹式呼吸法益处多多

1 会使人体刺激分泌微量的激素，使人心情愉快，准妈妈这种愉悦的心情也会影响胎宝宝，使胎宝宝感觉很舒服。

2 多数准妈妈在进入孕晚期后都有胸闷、喘气困难的感觉，从现在起多练习腹式呼吸法，可以起到缓解不适的作用。

3 学会正确的腹式呼吸法后，在生产或阵痛来临时，也可以用腹式呼吸法来进行放松，缓解紧张的心理。

腹式呼吸法正确的做法

1 准妈妈背部挺直，全身放松，双手轻放在腹部，想象胎宝宝正居住在一个宽广的空间里，慢慢地用鼻子吸气，直到腹部鼓起为止，吐气时慢慢地将体内空气统统吐出去。

2 每天练习不少于 3 次。

3 在每一次练习前，准妈妈可以轻轻地告诉胎宝宝：宝宝，妈妈正在把新鲜的空气传送给你哦，你感觉到了吗？这样的反复练习一定会事半功倍的。

胎教提示

如果准妈妈觉得呼吸有困难或没有起到作用，最好请专业医师做示范，以免方法错误带来麻烦。

音乐胎教：《仲夏夜之梦序曲》

17 岁的少年灵感力作

《仲夏夜之梦》本是莎士比亚著名的喜剧。该剧取材于民间传说，源于古代雅典的一种风俗：父亲有权决定女儿的婚事，如果女儿拒绝父亲的决定，父亲便可依法将她处死。有个美丽的女孩因为违背父亲的决定，被迫与情人在一个森林相约私奔。那个森林是精灵们的乐园，这对情人备受精灵作弄。当然，最后有情人终成眷属，留下故事待后人吟唱。

17 岁那年，门德尔松受此喜剧影响，凭借灵感创作了这首《仲夏夜之梦序曲》。作品散发出浓郁的青春气息，充满了诗情和美感。

音乐中虚幻莫测的梦境

门德尔松（1809—1847），在这首经典曲目中用丰富的想象、优美抒情的风格和精练流畅的笔触，描绘了夏季月明之夜，迷人的森林中的精灵们的神奇生活。带有神秘气氛的夜景诗趣，形成序曲诗意般的音乐背景，使序曲罩上一层幻想和仙境的色彩。

静下心来与可爱的胎宝宝一起感受其中的梦幻色彩吧。

第28周：性格在胎动中显现

大脑的思维部分快速发育

28周的胎宝宝坐高（顶臀长）约26厘米，身长37厘米左右，体重1200克左右。

接近成人状态

现在胎宝宝内脏的形状和机能已经接近成人的状态，四个腔室（左心室、右心室、左心房、右心房）均已分隔形成，肺的横膈膜在规律移动，但实际上此时呼吸的还是羊水。

这周胎宝宝已经可以睁开眼睛了，他的睫毛也已经完全长出来了，脂肪层在继续积累，为出生后在准妈妈子宫外的生活做准备。此时的胎宝宝已能感到疼痛，味觉感受敏锐，大脑的思维部分在快速发育。

从胎动看性格

胎宝宝在准妈妈腹内胎动的动作花样越来越多啦：他有时会用小手、小脚在准妈妈的肚子里又踢又打，有时还会让自己翻个身，把准妈妈的肚子顶得一会儿这里鼓起来，一会儿那里又鼓起来。

胎宝宝的性格在此时已经有所显现了，胎动特别规律的胎宝宝可能比较文静，胎动频繁且没什么规律的胎宝宝相对活泼好动，有的甚至还淘气、调皮。这时的胎宝宝几乎占满了整个子宫，随着空间越来越小，胎动在慢慢减弱。

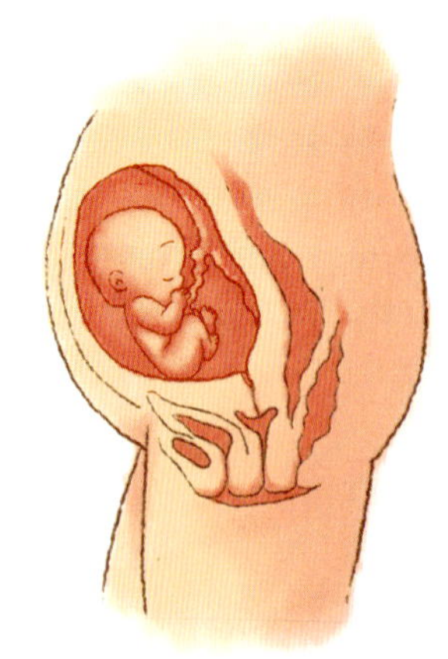

胎教提示

准妈妈要注意提升自己的修养和素质，要知道这对胎宝宝的智力、情绪、品质等方面的良好发育是很重要的。

情绪胎教：吹泡泡的快乐

是否还记得童年时，拿着吸管在肥皂水里蘸一下，然后对着吸管吹气，结果从吸管中变出了一圈圈七彩的泡泡？多么有趣的游戏呀！现在就带着腹中的胎宝宝一起来自己找回童年的快乐吧！让七彩的泡泡带着你重回童年那充满幻想的七彩世界吧！

泡泡水配置 DIY

材料：洗发水或洗涤剂（简单的洗发水，别用多效合一的洗发水），甘油（药房有卖）。

配方一：水 200 毫升，洗发水或洗涤剂 30 毫升，甘油 3 毫升。

配方二：1 份洗涤剂、2 份甘油、3 份水。

以上材料缓缓倒入容器，轻轻搅拌，不要起太多泡泡，混合均匀后，就可以用了。

吹泡泡，童真永伴

拿着自制的泡泡水和吸管，对胎宝宝说：“宝宝，来我们一起玩个吹泡泡游戏吧！”告诉胎宝宝，如果他不开心，就让泡泡把不开心带走吧！如果他很开心，就在泡泡的七色光里快乐地玩耍吧！

常怀一颗充满童真的心，满足你现在所拥有的，可以使你的生活变得简单，使你的心境变得愉悦。而这种乐观的积极心态也会影响胎宝宝，为他以后的人生打下良好的基础。

胎教提示

在吹泡泡的过程中轻轻抚摸胎宝宝，可以激发他学习的积极性，你甚至可能得到他的回应呢：缓慢而有节奏，轻轻地蠕动，甚至会用力踹你一下——小家伙真是太开心了。

营养胎教：准妈妈多吃鱼，胎宝宝更聪明

鱼肉中的两种不饱和脂肪酸即 DHA 和 EPA，对大脑发育非常有好处。因此准妈妈多吃鱼，胎宝宝会更聪明。这里我们为准妈妈提供了两种“鱼美食”。

鲫鱼奶汤

材料 鲫鱼 1 条（约 400 克），牛奶 100 克，胡萝卜半根，葱白 1 段，姜 3 片，盐、油各适量。

做法

1 将鲫鱼去鳞、去内脏，洗净备用；胡萝卜洗净，切成丝备用；葱白、姜洗净，葱白切段、姜切丝备用。

2 将锅置于火上加入油烧热，将鲫鱼放进去将两面煎黄。

3 加入牛奶、葱段、姜丝和适量清水，先用大火烧开，再用小火煮 20 分钟左右，加入盐，调匀即可。

功效 此汤鲫鱼、牛奶、胡萝卜合而为一，可谓“高手云集”，补充多种营养元素，如高蛋白质以及不饱和脂肪酸。鲫鱼中所含的丰富的蛋白质还可以助你缓解早期皱纹。

鱼头炖豆腐

材料 胖头鱼头1个，豆腐200克，香葱2棵，生姜1小块，大蒜3瓣，水淀粉适量，酱油2小匙，料酒半大匙，胡椒粉1小匙，盐1小匙，白糖1小匙。

做法

1 将胖头鱼头清理干净，从中间切开；香葱、生姜、大蒜洗净切片；豆腐切长条。

2 锅置火上，放油烧热，放入胖头鱼头稍炸，捞出沥油。

3 余油爆香香葱片、生姜片、大蒜片，烹入料酒、酱油，加入适量开水，再放入胖头鱼头、白糖、盐和胡椒粉。

4 汤烧开后，放入豆腐，小火慢炖，待烧透后，取出胖头鱼头放入盘中，汤汁烧开后，用水淀粉勾芡，烧透，浇入盘中即可。

功效 一条鱼，鱼头中的DHA和EPA含量最高哦。鱼和豆腐搭配可以使两者的氨基酸互补，还可以使钙的吸收率提高20多倍。做鱼时放入醋，可以促进钙、磷的吸收。

胎教提示

准妈妈的饮食应该注意营养的多样化、合理性，准妈妈要做到不偏食，适当补充维生素A和维生素D，注意体内钙、磷等营养元素的平衡，以及食物的酸碱平衡。

运动胎教：锻炼骨盆肌肉的孕妇操

准妈妈凸出的肚腹越来越显示出十足的“孕味”了，胎宝宝成长到这周末准妈妈就将进入孕晚期了。如果这时你的身心都还比较舒适，可以考虑做一下锻炼骨盆肌肉的孕妇操，帮助控制阴道，将来分娩和产后都可以受益，为顺利分娩和产后修复打下基础。

在做下面介绍的运动前，准妈妈事先要排空膀胱。

骨盆肌肉压缩

准妈妈采取坐或躺的姿势，背部往上推至前方，有如禁尿时的运动一般。做这个收缩运动时数 4 下，以正躺的姿势呼吸，接着恢复原状，然后重新做这动作 6 次。

每次上过厕所以后做这动作，可以使肌肉收缩一些，在生产后的最初几天，也要尽可能地做这运动，同时可以试着在排尿的过程中停止排尿。不过最好不要把停止排尿当作运动骨盆肌肉的方式，这只是偶尔检查肌肉强度的方式而已。

上升运动

想象骨盆肌肉有如一台升降机，拉紧背部与其前方的肌肉，就好像紧紧地关上升降机的门一样。接着想象把它升至二楼，肌肉愈收愈紧，直到最大的限度为止，然后再慢慢地放下。要确定在这时间内你并没有屏住气，推动骨盆肌肉，宛如升降机降至地下室一般，然后往上推，就像升降机由地下室升至一楼一样。

准妈妈要经常牢记，在收缩骨盆肌肉的时候不要屏住呼吸，在屋子里的重要地方，如在浴室镜子或电话上贴一些便利贴作为提示。

如果准妈妈患有心肺疾病，或以往发生过流产征兆，如先兆流产、早产、羊水过多、前置胎盘、阴道流血等，不宜进行训练以防引发意外，运动中出现任何疼痛、气短、出血、眩晕、心悸等现象，应马上停止训练。

音乐胎教：教胎宝宝学“唱”哆啦咪嗦

从现在开始，准妈妈可以教胎宝宝唱一唱音乐中最基本的内容——音符。如何教呢？

1 准妈妈先熟悉音符的发音，“1、2、3、4、5、6、7、i”——“i、7、6、5、4、3、2、1”。

2 反复轻声教唱若干遍，每唱完一个音符停顿几秒钟，给胎宝宝学习和复唱的时间。

3 在教胎宝宝唱音符时，室内应保持安静，尽量避免噪声干扰，每天教唱 1~2 次，每次 3~5 分钟。

这里介绍一首有助于胎宝宝学习音符的英文儿歌。

Do-re-mi	译文：
Let's start at the very beginning A very good place to start When you read you begin with A-B-C When you sing you begin with do-re-mi Do-re-mi, do-re-mi The first three notes just happen to be Do-re-mi, do-re-mi Do-re-mi-fa-so-la-ti Let's see if I can make it easy Doe, a deer, a female deer Ray, a drop of golden sun Me, a name I call myself Far, a long, long way to run Sew, a needle pulling thread La, a note to follow Sew Tea, a drink with jam and bread That will bring us back to Do (oh-oh-oh) Do-re-mi-fa-so-la-ti-do So-do!	大家一起来从头学。从这里开始最好 念书你就先学ABC。唱歌你就先唱哆来咪，哆来咪，哆来咪 这三个音符正好是哆来咪，哆来咪，哆来咪发索拉梯 “哦！让我们看看怎么更好记。” “哆”，就是那一只母鹿 “来”，是太阳光辉 “咪”，是我，是我自己 “发”，是路程跑得远 “索”，是穿针又引线 “拉”，就跟在“索”后面 “梯”，是我们吃茶点 随后我们又回到“哆” 哆来咪发索拉梯哆索哆！

这首歌来自电影《音乐之声》的插曲。如果准妈妈有兴趣，不妨看一看这部将浪漫的爱情、逃离纳粹的威胁与美妙的音乐相结合的老电影。

语言胎教：勃朗宁夫人十四行诗（之一）

美好的爱情总是让人感动，而准爸爸和准妈妈的浓情蜜意，对胎宝宝的发育来说也是非常重要的。今天就在勃朗宁夫人的伟大情诗里，一起分享爱情的美丽吧！

勃朗宁夫人十四行诗（第十二首）

说真的，就是这为我所夸耀的爱吧，
当它从胸房涌上眉梢，给我加上
一顶皇冠——那一颗巨大的红宝石，
光彩夺目，让人知道它价值连城……
就算我这全部的、最高成就的爱吧，
我也不懂得怎样去爱，要不是你
先立下示范，教给我该怎么办——
当你恳切的目光第一次对上了
我的目光，而爱呼应了爱。很明白，
即使爱，我也不能夸说是我的美德。
是你，把我从一片昏迷的软乏中
抱起，高置上黄金的宝座，靠近在
你的身旁。而我懂得了爱，只因为
紧挨着你——我唯一爱慕的人。

爱情挽救了她的不幸

伊丽莎白·芭蕾特·勃朗宁（1806—1861），19世纪英国著名女诗人。下肢瘫痪达24年。爱情使她奇迹般地重新走到了阳光下。恋爱时的幸福满溢，让她写下四十四首爱情十四行诗。

也许你会直白地告诉他："老公，我爱你！"也许你会含蓄地借助诗歌来表达你的爱意，无论怎样表达都会让他明白，你和胎宝宝的生命里不能没有他！

智趣胎教：算算青蛙的嘴和腿

还记得"一只青蛙一张嘴，两只眼睛四条腿"这个好玩的绕口令吗？它可不光练了你的嘴巴灵敏度哟，还可以考验你的速算能力。也许一开始青蛙少的时候，你"张口就来"，但青蛙增多了，你还可以"脱口而出"地数出它是多少张嘴，多少条腿吗？让我们来试一试吧！

一只青蛙一张嘴

一只青蛙一张嘴，两只眼睛四条腿，扑通一声跳下水。

两只青蛙两张嘴，四只眼睛八条腿，扑通、扑通跳下水。

三只青蛙三张嘴，六只眼睛十二条腿，扑通、扑通、扑通跳下水。

……

给胎宝宝讲讲青蛙的嘴、眼和腿

不妨事先找一个青蛙的图片来，可以指给胎宝宝"看"，准妈妈可以边指着边说。

青蛙是一种两栖动物，可以在陆地上生活也可以在水里生活。它长着强健的四肢、一张大嘴巴和鼓鼓的眼睛。它穿着绿色的滑溜溜的外衣。不过它的衣服经常湿乎乎的。

青蛙的嘴巴里有一个捕虫的法宝，那就是它的舌头。它的舌头是"倒长的"，就是说舌根在外，舌尖向里。舌头上有黏液，它可以一下子把昆虫粘住。

青蛙的眼睛长在头的两侧，大而突出，有上、下眼睑，有时候它还眨眼睛哦。不过与我们人类的眼睛能分辨许多事物相比，青蛙的眼睛很"矛盾"，为什么这样说呢？原来它的眼睛只对它喜欢吃的苍蝇和飞蛾最敏感，而对其他飞动着的东西和静止的事物都没有反应。

青蛙的腿动作灵活，它一动不动地趴着很久，也可以突然一下子蹦跳到水中或弹起来捕食。

胎教提示

不妨让胎宝宝当个"裁判"，准妈妈和准爸爸一起你一句我一句地比赛数青蛙的嘴和腿，看谁说得快而且准。相信你们的活动一定能让胎宝宝快乐不已的。

孕8月

肚子成了“球”

准妈妈的肚子变得越来越圆了，每天拖“球”运动中会有考验，也会有开心；会有些许的不便，也会有对未来的温馨期许。总之作为一位准妈妈，随着胎宝宝的成长，你也会越来越成熟起来。

本月胎教要点

八个月时胎宝宝变得越来越爱学习，他的听觉和意识能力都已经比较完善，理解能力也更好啦，因此准妈妈更应该保持良好的情绪，在此基础上多对胎宝宝进行音乐、对话等方面的胎教。

情绪胎教，让小烦恼随风而去

到了第八个月，也许你会因为比较敏感而容易变得焦虑起来，有时候会觉得烦躁不安，甚至情绪过于激动。作为一个爱心准妈妈，你肯定知道良好情绪对胎宝宝的重要性。你要学会调节情绪，找个理由让那些小烦恼随风而去吧！让乐观带给你快乐！

音乐胎教，陶冶情操，表达爱意

音乐可以陶冶人的性情。有的音乐可以让人恬静，有的则让人奔放；有的让人心灵获得安宁，有的让人灵魂获得自在；有的让人享受自然之美，有的让人体悟禅思妙趣……不同的音乐诉诸的人类不同的情感，结合人类本身独特的体悟，更能有独到之处。当然，对于没有经历人生的胎宝宝来说，这话说得早了点，但是现在听听音乐，正是培养宝宝气质的好时机哦，不容错过！你可以每天放3次音乐，每次15分钟左右。

如果哪首歌曲感染了你，你一不小心应着曲子唱了起来，那是最好不过哟！胎宝宝能听到你的快乐的爱意哟！

语言胎教，美文与对话相结合

这个月准爸爸和准妈妈在教胎宝宝朗读我们奉上的胎教材料时，也可以结合具体材料继续进行对话练习。还可以结合生活实际，不断扩大对话的内容和范围，让胎宝宝对艺术中的生活和现实中的生活有更广泛的接触。

第29周：不再像皱巴巴的小老头了

听觉、嗅觉发育期

本周胎宝宝坐高（顶臀长）为26~27厘米，身长约有43厘米，体重大约有1300克。

胎动：头可朝上，也能朝下

准妈妈子宫的空间对于胎宝宝来说显得越来越小了。不过在这么小的空间里，他的胎动虽然有所减弱，但还是不老实哟。他一会儿拿大顶，一会儿又像不倒翁一样端坐在准妈妈肚子里，并没有固定的姿势。不过大多时候，胎宝宝都会自然采取头朝下的体位，这是因为他头重脚轻所致的。如果需要纠正的话，产前体检时医生会给予适当指导的。

此时如果有光亮透过准妈妈的子宫壁照射进来，胎宝宝就会睁开眼睛并把头转向光源，这说明胎宝宝的视觉发育已相当完善。

圆润可爱的胎宝宝

那个皱皱巴巴的“小老头”去哪里了？原来还在准妈妈肚子里，只不过变得圆润多啦。这时胎宝宝的肌肉和肺正在继续成熟，皮下脂肪也初步形成，手指甲也已经很清晰啦，越来越光鲜啦。

胎教提示

准妈妈要注意休息，不要劳累，尤其不要走太远的路或长时间站立。产检要及时跟进，本月每两周做一次体检，这对自身和胎宝宝的安全健康来说都很必要，不要错过。

情绪胎教：快乐的小雪花

送上一首《雪花的快乐》，让你和胎宝宝在雪花的快乐里，去掉不值得的小烦恼，寻找一份轻盈与自在吧！

雪花的快乐

徐志摩

假如我是一朵雪花，
翩翩的在半空里潇洒，
我一定认清我的方向——
飞扬，飞扬，飞扬——
这地面上有我的方向。
不去那冷寞的幽谷，
不去那凄凉的山麓，
也不上荒街去惆怅——
飞扬，飞扬，飞扬——
你看，我有我的方向！

在半空里娟娟的飞舞，
认明了那清幽的住处，
等着她来花园里探望——
飞扬，飞扬，飞扬——
啊，她身上有朱砂梅的清香！
那时我凭借我的身轻，
盈盈的，沾住了她的衣襟，
贴近她柔波似的心胸——
消溶，消溶，消溶——
溶入了她柔波似的心胸！

在冥想中宁静心神

在熟悉这首诗歌后，你不妨将这首诗歌的内容作为冥想的材料。想象胎宝宝就是一朵小雪花，从天空中飘然落下，旋转着，旋转着寻找你的温柔怀抱。最后，小雪花悄然落入你的怀中，变化成宝宝，让你沉甸甸地抱满怀。这种放飞想象的过程可以让你心绪宁静，缓解产前焦虑。

营养胎教：多吃菌类增强免疫力

菌类属于山珍，营养丰富，含有丰富的单糖、双糖和多糖，分子多糖可以显著提高机体免疫系统的功能。常见的菌类有平菇、香菇、茶树菇、牛肝菌、杏鲍菇等，含有丰富的蛋白质、碳水化合物、维生素、微量元素，准妈妈多吃可以显著提高机体免疫系统的功能，增强免疫力。

菌类营养解析

1 菌类含丰富蛋白质，蛋白质占比重的30%~45%，大大超过其他普通蔬菜，同时避免了动物性食品的高脂肪、高胆固醇危险。

2 菌类含有多种维生素，尤其是水溶性的B族维生素和维生素C，脂溶性的维生素D含量也较高。

3 菌类中的铁、锌、铜、硒、铬含量较高，经常食用野山菌既可补充微量元素的不足，又克服了盲目滥用某些微量元素强化食品而引起的微量元素流失。

美味吃法

菌类食物口感好，适合做菜或做汤。常见的菌类食物，可以随意与肉类搭配，炖鸡、炒鱿鱼、炒肉丝等均可。个头小、味道甜的茶树菇、杏鲍菇、袖珍菇等最适合炒制；个大、肉厚、味道清淡的菇类则适合炖制，如平菇、百灵菇。

胎教提示

菌类表面有黏液，容易沾有泥沙，清洗时可在水里先放点食盐搅拌使其溶解，然后将菌类放在水里泡一会儿再洗，或者放在淘米水中洗，这样泥沙就很容易洗掉。

运动胎教：孕晚期运动要小心

孕晚期运动一定要注意安全，千万不要活动量过大，也不要过于疲劳，应以舒展和活动筋骨为主，运动应缓，可以做一些简单的伸展运动。

1 可以选择散步或者一些简单的运动，微微出汗即可，不能让自己感觉到累或者吃力。

2 可以在医生的指导下选择一些适合分娩的瑜伽姿势来练习。

3 如果你一直练习孕期体操，到孕晚期也可以继续坚持练习，但是动作难度不能大。

4 一些棋类活动也适合准妈妈，能够起到安定心神的作用。当然前提是准妈妈不要计较输赢得失。

运动时如果有以下情况，则请准妈妈引起注意：

1 恶心。运动后感到恶心说明胃里积蓄了过多的乳酸，这是肌肉新陈代谢的副产品。

2 头晕。若感到持续的头晕，甚至同时出现视觉模糊、头痛或心动过速的现象，可能是重度贫血或其他严重疾病的征兆，会影响准妈妈和胎宝宝的健康。

3 体温突然变化。如果手变得又湿又凉，或者感到一阵阵忽冷忽热，说明身体在调节体温时出现了问题。

4 心动过速。若锻炼时不能顺畅自如地谈话或出汗太多，说明运动量很可能过大。

5 阴道出血。在孕早期阴道出血可能是流产的预兆。而在孕中、晚期，阴道出血则可能预示着早产、前置胎盘或胎盘早剥等胎盘并发症。出现这些情况都需要马上到医院检查治疗。

6 视觉模糊。锻炼过程中发现视线变得模糊，可能是脱水导致的血压骤降，心脏负担过重；也可能是先兆子痫（子痫前期）的征兆。如果出现视觉模糊的情况要马上去医院检查，若情况紧急应看急诊。

7 胸腹部反复出现的尖锐疼痛。可能仅仅是韧带拉伸引起的，但也可能是发生了宫缩。若这种疼痛出现的间隔差不多长且反复出现时，更有可能是宫缩。

胎教提示

准妈妈在孕晚期做运动时要随时留意自己身体的反应，千万不要勉强。要注意脚上的行动，上下楼梯时要一蹬一蹬地踩实了再走，而步速也不要过急。

音乐胎教：琵琶曲：《平湖秋月》

琵琶被誉为“民乐之王”“弹拨乐器之王”。今天我们为准妈妈奉上的是一首琵琶名曲《平湖秋月》。

西湖胜景催生出的传世名曲

寄情山水、田园、月色等美景，寓情于景是我国传统音乐创作的基本方式，《平湖秋月》也是如此。平湖秋月本是西湖十景之一，在西湖白堤的西边。相传，我国著名作曲家、演奏家吕文成在游览平湖秋月后为美景所动，创作出这曲篇幅并不长的琵琶曲《平湖秋月》。

赏析

《平湖秋月》以清新明快、悠扬华美的旋律来描绘平湖秋月的胜景。在乐曲声中，秋月下的西湖恍若一幅素雅的水墨江南图卷，在湖中眺望秋月，月影与浩渺的湖水共振，可令人涤荡烦躁忧思，获得一份宁静、清爽。随着乐曲的由静而动、由动而静的变化，那平湖秋月的美景也如一幅画卷展现在你和胎宝宝面前。

此时的你无法亲临西湖，去欣赏一下平湖秋月的美景，不妨就在琵琶声中感受胜景吧。

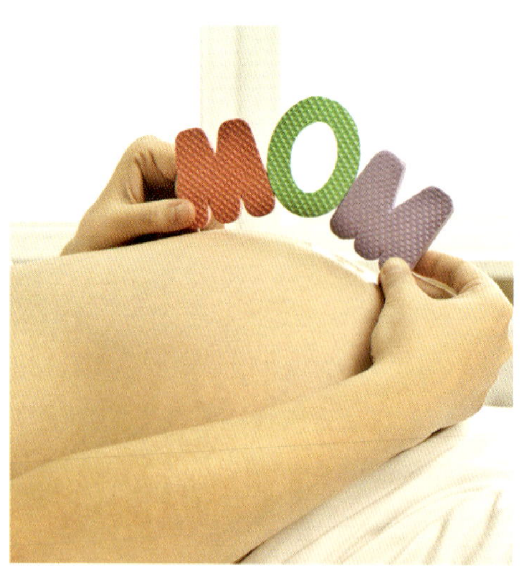

胎教提示

你和胎宝宝共享着同一个血液系统，你们的感觉是相通的。因此，你可以跟着自己的感觉挑选旋律优美、节奏舒缓、曲调欢快的乐曲。

语言胎教：故事《盘古开天》

天地山川、花草树木是怎么来的呢？跟胎宝宝讲一讲《盘古开天》的故事，给他一个神奇的答案吧！

盘古开天

很久很久以前，天和地还没有分开，宇宙混沌一片。有个叫盘古的巨人，在这混沌之中一直睡了十万八千年。

有一天，盘古忽然醒了。他见周围一片漆黑，就抡起大斧头，朝眼前的黑暗猛劈过去。只听一声巨响，混沌一片的东西渐渐分开了。轻而清的东西，缓缓上升，变成了天；重而浊的东西，慢慢下降，变成了地。

天地分开以后，盘古怕它们还会合在一起，就头顶着天，用脚使劲蹬着地。天每天升高一丈，地每天下沉一丈，盘古也随着越长越高。这样不知过了多少年，天和地逐渐成形了，盘古也累得倒了下去。

盘古倒下后，他的身体发生了巨大的变化。他呼出的气息，变成了四季的风和飘动的云；他发出的声音，化作了隆隆的雷声；他的双眼变成了太阳和月亮；他的四肢，变成大地上的东、西、南、北四极；他的肌肤，变成了辽阔的大地；他的血液，变成了奔流不息的江河；他的汗毛，变成了茂盛的花草树木；他的汗水，变成了滋润万物的雨露……

人类的老祖宗盘古，用他的整个身体创造了美丽的宇宙。

胎教提示

准爸爸和准妈妈可以将宇宙、天气等自然知识融入每天的早教中。比如早上起来拉开窗帘，跟胎宝宝说："宝宝，太阳从东边升起来了。"晚上，可以告诉宝宝"天上有月亮，是上弦月还是下弦月，还有星星"之类。

智趣胎教：和胎宝宝一起认识图形

在成人眼里，一个图形看起来很简单。但就是这些图形组成了各种事物。今天一起和胎宝宝来认识一些图形吧。这些图形在生活中有很多，只不过你没在意罢了。你的细心也会影响到胎宝宝呢。

教胎宝宝认识图形

准妈妈可以教胎宝宝认识各种图形，如正方形、长方形、三角形、梯形等等。不过这并不意味着很枯燥地在白纸上画上图形一个个去教胎宝宝认，你可以结合实际生活来灵活地教胎宝宝认识。

例如学习正方形时，你可以找出身边是正方形的实物来进行讲解，你可以引导胎宝宝来发现这样一些东西如："宝宝，你看和这个图形一样的东西在哪儿呀？"然后和他一起寻找，"有坐垫，桌子、镜子、电视机……"这时你要将这些东西的样子在头脑中成像，传递给胎宝宝，然后告诉他："宝宝，这些都是正方形。”同时你还可以用手描这个图形的轮廓，这样胎宝宝就能更好地认识正方形了。

画图画，认图形

准妈妈可以把实物画在画纸上，和胎宝宝一起来认。比如画个电视机，告诉胎宝宝这是方形的，还可以讲一下电视机的发展历史：以前的电视机只有黑白的图像，后来有了彩色的，再后来电视机可以用遥控器了等等。

准妈妈还可以想象自己所设想的胎宝宝在“电视里”“真人秀”的样子哟。

将“智”与“趣”结合在一起的胎教方法，估计不仅准妈妈喜欢，胎宝宝也更喜欢！

胎教提示

如果准妈妈有时间，不妨画出来图形和实物，可以锻炼大脑的形象思维能力。绘画过程也具有艺术创作的成分，也是锻炼大脑的不错方式呢。

艺术胎教：捏个漂亮的泥娃娃

还记得童年时经常唱的那个“泥娃娃”吗？她有眉毛、有眼睛、有鼻子、有嘴巴，可就是不会眨眼不会说话。但是，我们却不止一次地唱着：“我做她爸爸，我做她妈妈，永远爱着她。”现在，就让我们一起做一个“永远爱着她”的有鼻子有眼的可爱的小泥娃娃吧！

1 用黑色的橡皮泥捏出娃娃的头发、眉毛、耳朵、圆圆的小眼睛和嘴巴。

2 用肉色的橡皮泥搓一个小圆球做娃娃的头部，然后粘上头发、眉毛、耳朵、眼睛和嘴巴。

3 用个红色的橡皮泥搓一个大一些的圆球做娃娃的身体部分，将上面搓尖。

4 在身体尖的部分插上火柴棒或者牙签，然后将头部插上固定住。

5 稍作休整，安装完成。

可爱的泥娃娃是不是太孤单了？没关系，准妈妈可以捏个小伙伴给他。刚才捏了个“男”泥娃娃，我们捏个可爱的“女”泥娃娃，跟他一起做伴吧。

捏“女”泥娃娃的方法与上面基本相同，只是把头发给变长就行了。准妈妈可以捏成可爱的“蘑菇头”，也可以捏两条麻花辫放在“泥娃娃”的两耳旁。至于身子还像上面的操作步骤来进行即可。

可爱的橡皮泥

橡皮泥能为准妈妈带来许多乐趣，因为准妈妈可以捏出各种可爱的东西给胎宝宝看。卡通形象、各种小动物、可爱的鲜花，甚至准妈妈设想的，一家三口手拉手走在一起的情景，都可以用橡皮泥“真实”地表现出来！

准妈妈还可以用橡皮泥捏出各种教具来，如汉语拼音字母、英文字母、简单的汉字。这些教具可以用在语言胎教上哟。

第30周：感官正稳定地发挥作用

对声音很熟悉

胎宝宝在本周坐高（顶臀长）约27厘米，身长约44厘米，体重1500克左右。由于体型的增加，胎宝宝占据子宫的空间越来越多，羊水也会有所减少，胎动也在逐渐减少。

胎宝宝的头部还在增大，而且这时非常迅速，大脑和神经系统已经发展到一定的程度，皮下脂肪继续增长；他的骨骼、肌肉和肺部发育正日趋成熟。

大部分感觉器官正发挥作用

胎宝宝能记住来自感官的信息，并且感觉器官正准备处理这些信息。他的眼睛可开闭自如，大概能够看到子宫中的景象，虹膜开始对光线的亮度有所反应，在模糊的光线环境中睁开眼睛，在明亮的光线下闭上眼睛，这就是瞳孔反射。

这时胎宝宝的听觉器官已经大致发育完成，经过过去几个月的训练，他应该已经非常熟悉准妈妈的声音了，而且对音乐和噪声有明显的反应。另外，由于子宫里不呼吸空气，宝宝的嗅觉器官要到出生后才发挥作用。

胎教提示

由于子宫上升到肺部，准妈妈会感到呼吸困难，喘不上气来，吃饭后胃部不适，这些都是正常现象，不必担心。不久以后胎宝宝头部会下降到骨盆，不适感会逐渐减轻。

情绪胎教：准妈妈自己创造好心情

心情如何最根本的还是由心情的主人自己决定。准妈妈一定要努力为自己创造一份好心情哟。我们这里介绍几种方式：

1 畅写自己的所思所想。博客、微博、微信、记在纸质本子上的一句小诗等，都是你书写的方式。你可以发挥你的创意，尽情地书写下你的所思所想或倾吐不快，有时候不方便对老公讲的话可以自己写出来，不要积累在心里。

2 宝宝图片欣赏打造好心情。准妈妈可以物色一些漂亮宝宝图片贴在卧室的墙上，天天在纯真可爱的宝宝陪伴下，心情自然会舒畅。此外处于幼儿阶段的宝宝和父母其实很相像呢。准妈妈不妨找出自己和准爸爸幼年的漂亮照片，经常拿出来翻看。这样准妈妈就可以将它们当作宝宝未来的样子，随时看见都能激发美好的想象，与胎宝宝一起陶醉在这种美好的心情中。

3 描描画画。古人借画写意，准妈妈也可以。哪怕你在纸上随便画几条线条，只要你能把不愉快的心情“画”掉，那有何不可呢？你还可以画出自己对未来的美好设想。在它的激发下你的情绪也会变好的。

4 为未来的宝宝做点小事。随时想着为未来出世的宝宝做个小袜子？做个小帽子？或者给宝宝弄个小围嘴？选什么材料？裁剪成多大尺寸？用什么线等等。相信在这些可爱的小事中，你的母爱会油然而生。哪个母亲不会开心地为自己的宝宝去做事呢？

5 列举调理法。把烦心事列举出来，然后想一想，哪些只是纯粹的情绪所致，把它们打个叉；有哪些需要着手去做，列举出你的思路，就会轻松许多。另外，不妨多“强迫”自己列举一些令自己开心的事情，并跟准爸爸谈谈。

胎教提示

洗澡也能让人放松心情。不过月数过高时，洗澡一定要有旁人照看为好。另外水温不宜过高，否则全身皮肤的血流量增大，会导致其他重要器官的血流量相对减少，这样准妈妈就容易因缺氧出现头晕等症状。

营养胎教：两道菌类美食

我们在上周的营养胎教中介绍了菌类能增强免疫力，在本周我们具体推荐两道美食供准妈妈补充营养。

香菇萝卜汤

材料 白萝卜250克，香菇50克，盐2克，高汤适量（做一锅汤的量），料酒少许。

做法

1 白萝卜洗净去皮，切成细丝，入沸水锅中焯至八成熟，捞出；香菇洗净，用温水泡软，切成丝。

2 锅内放入高汤、料酒、盐，烧沸后去浮沫，下入白萝卜丝略烫一下捞出；香菇丝入汤锅烫一下捞出。

3 白萝卜丝和香菇丝同放入汤碗内，汤锅继续烧沸，将沸汤淋入汤碗内即可。

功效 香菇不仅能够补充钙、铁、磷、蛋白质等营养素，还可以为你和胎宝宝补充促进钙质吸收的维生素D。白萝卜对消化系统、呼吸系统和泌尿系统都有一定的食疗作用。食积腹胀、消化不良、咳嗽痰多、排尿不畅等，都可食用白萝卜。

鲍汁杏鲍菇

材料 杏鲍菇2个，小棠菜10朵，鲍鱼汁10克，蚝油5克，生抽3克，糖3克，盐、油各适量。

做法

1 小棠菜去掉大叶，留菜心备用。去掉的大叶子可以做另一道或汤用。

2 小棠菜心入热水中焯好后，摆盘备用；杏鲍菇切片备用。

3 将蚝油、生抽、糖和盐加小半碗清水后，调成调味汁备用。

4 锅中放油，加热至八成热，把杏鲍菇片入锅中煎炒三五个来回。

5 倒入调味汁大火煮开后，转小火慢慢煨至菇身变软，吸入汤汁。

6 调入鲍鱼汁拌匀后，将菇片摆盘后，均匀浇上锅中汤汁即可。

功效 杏鲍菇菌肉肥厚、质地脆嫩，具有杏仁香味和如鲍鱼的口感，入口后自然让人心情愉快，想要大快朵颐。杏鲍菇不仅味美而且营养丰富，富含蛋白质、碳水化合物、维生素及钙、镁、铜、锌等矿物质，对人体具有降血脂、降胆固醇、促进胃肠消化、防止心血管疾病、提高免疫力等功效。

吃完香菇后及时晒晒太阳，有助于身体吸收更多的维生素D。

抚摸胎教：摸摸他，夸夸他

找机会多对胎宝宝进行抚摸和夸奖吧，这对他的成长有很好的促进作用哟！

让胎宝宝受到抚摸的关爱

准妈妈可以在胎动明显时、晒太阳时、散步时或跟胎宝宝说话时，轻轻地摸摸他，这会让他有安全感。准爸爸也需要抚摸胎宝宝哟。准爸爸也可以在与准妈妈静静地共处时，轻轻地抚摸胎宝宝跟他聊聊天，这样做不但会营造与家人温馨共处的氛围，而且会让胎宝宝充分地感受到在这种氛围中，父母对他的关爱。

夸奖让胎宝宝受到积极影响

通过夸奖，一方面可以使准妈妈对胎宝宝心怀美好希望，使自己在这种美好希望下心情变得舒畅，充满力量；另一方面，可以把这种美好的愿望传递给胎宝宝，让他受到积极的影响。那就尝试运用夸奖的方法，将你美好的愿望、祝愿传递给胎宝宝吧，他的身心发展会因此受到很好的促进。比如你可以抚摸着胎宝宝夸奖道："宝宝今天真聪明，不但努力地生长，还认真学习了妈妈教的东西。"

在你们的抚摸和夸奖下，胎宝宝会觉得自己受到父母的重视与疼爱，其心情会愉快和欣慰，并产生安全感，也有利于增进夫妻感情、家庭和睦。

音乐胎教：《月光下的凤尾竹》

葫芦丝是我国云南少数民族特有的乐器之一，在傣族、德昂族、布朗族等民族也广为流传。《月光下的凤尾竹》是一首非常著名的傣族乐曲，葫芦丝奏响之际，我们便仿佛看到一轮明月下，一段美好的爱情故事在流动。

凤尾竹旁的情歌

皎洁的月光下，丛丛的凤尾竹摇曳着秀丽的枝叶。清幽的乐曲缓缓飘起，穿过竹叶，带来远处阿哥的思念与问候。美丽的傣族姑娘闪现在凤尾竹旁，带着微笑，明丽的双眸脉脉含情，和着阿哥吹奏的乐曲，在清风中翩翩起舞。

多么美丽的月夜，多么可爱的竹林，多么动人的乐曲啊："月光下的凤尾竹哟，轻柔啊美丽像绿色的雾哟，竹楼里的好姑娘，光彩夺目像夜明珠。听啊，多少深情的葫芦笙，对你倾诉着心中的爱慕？"

愿这首动人的乐曲，能带着你和胎宝宝去美丽的傣家人的凤尾竹旁，见证一段浓情蜜意的恋爱。

让胎宝宝认识一下傣族

傣族是中国的少数民族之一，聚居在云南省的西双版纳傣族自治州，具有独特的民族特色。

1 孔雀舞：傣族人民能歌善舞，很多舞蹈动作及内容模拟当地常见的动物，其中最著名的孔雀舞即来源于孔雀优美动作的模仿。

2 葫芦丝：是傣族常用的乐器，音乐轻柔细腻，圆润质朴，极富表现力，最适于演奏旋律流畅抒情的乐曲，在傣族舞蹈和音乐中都能听到它演奏的优美的声音。

3 泼水节：是傣族最富民族特色的节日，时间在公历四月中旬。这一天，姑娘们用漂着鲜花的清水为佛洗尘，然后彼此泼水嬉戏，相互祝愿。

学一学吹奏葫芦丝

葫芦丝音色独特优美，外观古朴、典雅，而且简单易学，如果感兴趣，准爸爸和准妈妈不妨买一个学一学，为胎宝宝吹奏出更多可爱的曲子，供他欣赏哟。

胎教提示

如果对葫芦丝感兴趣，准爸爸不妨多收集一些这方面的名曲给准妈妈和胎宝宝欣赏。相信它们会为你们的生活带来别样的情趣。

语言胎教：古诗《短歌行》

“但为君故，沉吟至今”，为了你想念的胎宝宝，好好感受一下这两首同为“短歌行”的诗歌的魅力吧。

短歌行

曹操

对酒当歌，人生几何？譬如朝露，去日苦多。
慨当以慷，忧思难忘。何以解忧？唯有杜康。
青青子衿，悠悠我心。但为君故，沉吟至今。
呦呦鹿鸣，食野之苹。我有嘉宾，鼓瑟吹笙。
明明如月，何时可掇？忧从中来，不可断绝。
越陌度阡，枉用相存。契阔谈宴，心念旧恩。
月明星稀，乌鹊南飞。绕树三匝，何枝可依？
山不厌高，海不厌深。周公吐哺，天下归心。

短歌行

李白

白日何短短，百年苦易满。
苍穹浩茫茫，万劫太极长。
麻姑垂两鬓，一半已成霜。
天公见玉女，大笑亿千场。
吾欲揽六龙，回车挂扶桑。
北斗酌美酒，劝龙各一觞。
富贵非所愿，与人驻颜光。

《短歌行》是汉乐府的旧题。曹操《短歌行》的主题非常明确，该篇通过宴会的歌唱来表达诗人求贤若渴的思想和统一天下的雄心壮志。而李白的《短歌行》，却将写实与想象熔于一炉，极富浪漫色彩。

胎教提示

如果感兴趣不妨多选一些古诗名作读给胎宝宝，让他感受诗歌艺术的熏陶。

智趣胎教：七巧拼板中的智慧

七巧板很简单，但是如果你能拼出许多图案，那就不简单喽。这证明你大脑非常聪明呢。和胎宝宝一起玩玩七巧板，一起变聪明吧。

自制七巧板

七巧板不用买，自己制作一个就可以啦。这也是准妈妈展示自己“心灵手巧”的一个机会哦，如何制作呢？

1 找一张正方形白纸，对折出两个直角等腰三角形，剪开。

2 其中一个直角三角形，底角对折，剪开，这样就有了七巧板中的两个大三角形啦。

3 另一个三角形把顶角向底边对折，剪开，这样可得到一个中三角形和一个梯形。

4 把梯形底角对折后剪开，这样得到两个直角梯形。

5 其中一个梯形底角对折后剪开，这样就得到了七巧板中的正方形和小三角形。

6 另一个梯形，将下底边的直角向上底的钝角折去，使梯形的腰与上底重合，即得到一个平行四边形和小三角，剪开即可。到此一个七巧板的所有构件就全部制作成功了！如果喜欢颜色，可以将七巧板的各板块涂上自己喜欢的不同颜色。

七巧板怎么玩

1 拼几何图形如三角形、平行四边形、不规则的多角形等。

2 拼各种人物形象或者动物如猫、狗、猪、马等，或桥、房子、塔，或是中、英文符号。

3 说故事，将数十幅七巧板图片连成一幅幅连贯的图画，再根据图画内容说给胎宝宝听，如先拼出数款猫、几款狗、一间屋，再以猫和狗为主角给胎宝宝讲述一个动人的故事。

搭积木也是一项不错的智趣游戏，准妈妈不妨和准爸爸一起来玩玩。它和拼七巧板一样，可以锻炼大脑的识别图形能力和判断组合能力，形象思维和抽象思维都可以得到锻炼。

艺术胎教：名画《春汛》

《春汛》表现出广阔的俄罗斯土地上，春天即将到来的一个常见却动人的场景。春水涨满了土地，在水中的白松林虽未脱冬天的凋零样子，但也在春汛的感染下，流露着生机。蓝色的苍穹、云影、树影在春水中倒映，流动的线条更凸显出呼之欲出的勃勃生机！画家用薄润透明的油画颜色，把春天的气息渲染得极富诗意，让人看了还想再看。

此画是列维坦具有代表性的风景杰作之一。画上的春意具有典型的俄国情调。

列维坦（1861—1900），俄国现实主义风景画家，巡回展览画派的成员之一。他的画用笔洗练，色彩鲜明丰富，极富诗意，深刻而广泛地表现了俄罗斯大自然的美丽。

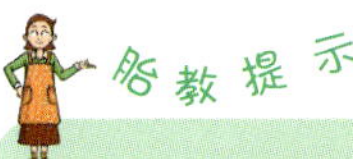

胎教提示

春天是诞生的季节，不妨借着这幅名画带来的春汛，也发挥一下你们澎湃的想象力，想一想如何让宝宝的大名诞生吧！你和老公每人列一个名字清单，男宝宝的、女宝宝的，然后拿着清单讨论，这会是一件非常有情趣的事情。

第31周：身体发育高峰期

更像一个小婴儿了

至本周胎宝宝大概身长40厘米，坐高（顶臀长）28厘米左右，重1400~1500克。

活动空间越来越小

胎宝宝的皮下脂肪更加丰富了，他的胳膊和腿也因此而越来越丰满了，身上的皱纹也随之减少，看起来更像一个婴儿了。身体和四肢继续长大，直到和头部的比例相当。

现在胎宝宝周围大约有850毫升的羊水，但随着胎宝宝的增大，他在子宫内的活动空间越来越小，胎动也有所减少。

身体发育经历高峰

在这一周里，胎宝宝的身体即将经历一个发育的高峰，各个器官继续向前完善发育。

肺部和消化系统已基本发育完成，有呼吸能力，可以分泌消化液。胎宝宝喝进羊水，形成的尿液经膀胱也排泄在羊水中，一天中羊水被吞进再经尿液排出，这样完全替换数次，为出生后的小便功能进行锻炼。

现在胎宝宝能够把头从一侧转向另一侧了，如果准妈妈用一个小手电筒照射腹部，胎宝宝会转过头来追随这个光亮，甚至可能会伸出小手来触摸。

胎教提示

准妈妈的乳房可能会有一些初乳溢出，不妨在文胸里戴上哺乳垫，以免弄湿衣服。如果感觉现在的文胸过紧，不妨换成比现在文胸大一号的哺乳文胸。这会让你舒服很多，而且产后哺乳也用得上这种文胸。

情绪胎教：在电视节目中使心情变愉悦 

选几个有些格调且场面不太刺激的电视节目来看吧。这些节目有的轻松搞笑，有的快乐积极，有的笑点百出，能让你在欢声笑语中忘却烦恼，对调节气氛和舒缓心情非常有益。如果准爸爸能和准妈妈一起看，彼此分享观感，会更加有趣。

1 《非诚勿扰》这样的相亲节目，也能让人轻松愉快，你和老公一起看时，一定会回想起自己恋爱、结婚中经历的各种事件，一件件的回忆，也能带起你们往日的浪漫。

2 有人还爱看选秀节目，也不错啊。比如《中国好声音》之类，可以带来非常完美的视听享受。不过准妈妈要注意的是，如果这样的节目某些场景，比如导师进行取舍判断让你心情紧张，过于激动，还是先跳过这个场景，之后再欣赏好听的歌声。

3 还有一些经典的电视剧，让准妈妈百看不厌。但要注意挑选不刺激的、能让心情舒畅而不过于激动的剧情来看。有一位准妈妈爱看老版的《西游记》，但是她觉得里面一些场面如“三打白骨精”让自己紧张，于是准爸爸事先把这些剧情给淘汰掉，专门挑准妈妈爱看的美猴王出世、上天宫为官之类的剧集看。

4 准妈妈和准爸爸在观看节目时彼此互动的同时，也不妨介绍一些“看点”给胎宝宝分享。当然，要适合“胎宝宝”的理解力哟。

比如看《西游记》的时候，不妨跟胎宝宝说：“看，多么聪明的美猴王呀，宝宝将来也要像猴王那样聪明哟。”

再比如看某选秀节目时，某位女嘉宾不仅人漂亮，而且非常有气质，这时就可以对胎宝宝说：“看，台上这个阿姨的气质多美啊，我们宝宝将来也要塑造这样美好的气质哟。”

胎教提示

准爸爸不妨学学综艺节目的主持人，平常多制造一些幽默风趣的内容给准妈妈和胎宝宝，一家人创造出一台乐趣十足的综艺节目，在快乐中享受人生。

营养胎教：土豆与牛肉的营养搭档

土豆炖牛肉是一道家常菜，其实将二者组合在一起，配合其他食材，更能做出许多适合准妈妈食用的营养升级的美味。在此我们介绍两个食谱给准妈妈一饱口福。

咖喱土豆牛腩饭

材料 米150克，土豆100克，牛腩100克，青椒5克，红椒5克，椰酱、油、盐、南乳、柱候酱、八角、香叶、草果、咖喱油、花奶各适量。

做法

1 土豆切片，放入清水中浸泡；青椒、红椒洗净，切片；米淘洗干净，加适量水煮40分钟至熟。

2 将盐、南乳、柱候酱、八角、香叶、草果加水制成卤水，把牛腩放入锅中煲熟取出，切片，土豆片过水后放入油锅中炸熟。

3 锅中留少许油，放入牛腩片和土豆片炒，加入少许水、盐，加咖喱油、花奶、椰酱炒匀即可。

功效 土豆促进消化、补益脾胃、宽肠通便。牛腩富含高蛋白和铁等多种微量元素。咖喱油等各种调味品可增进食欲。这道饭可让准妈妈胃口大开，也能运化顺畅。

番茄土豆牛肉汤

材料 番茄 50 克，土豆 150 克，卷心菜 50 克，牛肉高汤适量，葱末、姜末各少许，盐适量，香油少许。

做法

1 土豆洗净去皮，切成小丁；卷心菜洗净，切成小片；番茄洗净，用开水烫一下，切成小块。

2 汤锅置火上，倒入牛肉高汤，加入葱末、姜末、土豆丁、卷心菜片，烧开后除去浮沫，倒入番茄块，再煮 10 分钟，加入盐调味，至土豆熟烂关火，淋上香油即可。

功效 这款汤营养丰富，且味道甘酸鲜香，既能补充营养，又能引起准妈妈的食欲，也方便吸收消化。

有许多准妈妈为了补气血而选择吃红枣，这是不错的选择，但要注意的是红枣含糖量丰富，不宜多食，而且食后一定要记得漱口，以防牙齿不适。

音乐胎教：口笛曲《云雀》

口笛音色清亮、高亢，其声音具有很强的穿透力。口笛非常适合表现欢快、活泼的曲调，而且能生动形象地模仿鸟儿鸣叫。请准妈妈和胎宝宝欣赏一下口笛曲《云雀》带来的大自然中的精灵——小云雀的声音吧！

口笛将我们带到树林间，这种看起来其貌不扬的小动物，展开它那顶级的歌喉，欢快地鸣唱着。它的鸣声较为复杂，音律多变，飞翔时盘旋上升，且飞且鸣，越飞越高，升调也随之上升。你在音乐声中完全可以想象出云雀带着清亮的歌喉一飞冲天的样子。

多么可爱的小精灵呀，难怪英国浪漫主义大诗人雪莱曾热烈地以《致云雀》为题赞颂它。

你好呵，欢乐的精灵！
你似乎从不是飞禽，
从天堂或天堂的邻近，
以酣畅淋漓的乐音，
不事雕琢的艺术，
倾吐你的衷心。

大自然造化神奇，不起眼的生物也能鸣唱出绝响。在越来越远离自然之际，人们似乎更希望接近自然，如果机会不便，不妨在音乐中去静静地听一听蝉鸣鸟唱吧！相信它们会让你和胎宝宝的心回归自然。

语言胎教：诗歌《开始》

随着产期越来越近，即将由准妈妈“升级”为妈妈的你，现在是否对生命充满了好奇呢？让我们一起来吟诵这首泰戈尔的诗歌——《开始》，感受生命的神奇吧。

开始

泰戈尔

“我是从哪儿来的，你，在哪儿把我捡起来的？”孩子问他的妈妈说。

她把孩子紧紧地搂在胸前，半哭半笑地答道——“你曾被我当作心愿藏在我的心里，我的宝贝。

“你曾存在于我孩童时代的泥娃娃身上；每天早晨我用泥土塑造我的神像，那时我反复地塑了又捏碎了的就是你。

“你曾和我们的家庭守护神一同受到祀奉，我崇拜家神时也就崇拜了你。

“你曾活在我所有的希望和爱情里，活在我的生命里，我母亲的生命里。

“在主宰着我们家庭的不死的精灵的膝上，你已经被抚育了好多代了。

“当我做女孩子的时候，我的心的花瓣儿张开，你就像一股花香似的散发出来。

“你的软软的温柔，在我青春的肢体上开花了，像太阳出来之前的天空上的一片曙光。

“上天的第一宠儿，晨曦的孪生兄弟，你从世界的生命的溪流浮泛而下，终于停泊在我的心头。

“当我凝视你的脸蛋儿的时候，神秘之感淹没了我；你这属于一切人的，竟成了我的。

“为了怕失掉你，我把你紧紧地搂在胸前。是什么魔术把这世界的宝贝引到我这双纤小的手臂里来的呢？”

生命在泰戈尔眼中是充满神性的，孕育生命的母亲便是神性的制造者。作为女人，有幸能孕育神奇的生命，并感悟生命的律动，与他一起成长，是何其的伟大！

准妈妈，为了自己的这份伟大，请再接再厉吧！不久的将来，相信你和宝宝一定能创造一个传奇！

胎教提示

准妈妈不妨多让准爸爸轻轻地、充满爱意地抚摸着自己的肚子，让他和胎宝宝说说话或唱歌，这样可以让胎宝宝熟悉准爸爸的声音，为出世后与爸爸交流打下基础。

智趣胎教：数字小游戏

你的大脑转一转，胎宝宝的心智也会因此获得成长，如果有兴趣就玩玩数字小游戏吧！很有趣的哟。

巧填数字

如右图，把 3、4、6、7 四个数填在四个空格里，使横行、竖行三个数相加都得 14。怎么填？

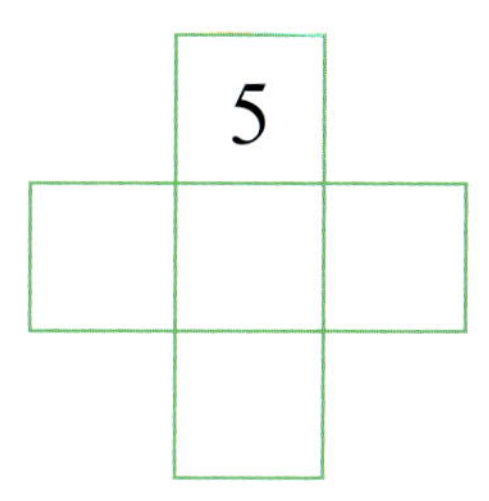

移动火柴使等式成立

1．74 – 4=4

2．72 – 71=41（注：“2”用 3 根火柴摆成“Z”的样子）。

3．58 – 6=56

艺术胎教：电影《梦幻女郎》

追逐自己的梦想，需要与现实碰撞，甚至往往会大失所望，而你若坚定去追，也会峰回路转，柳暗花明。因为你的才华是催生梦想的源泉。看看这部励志电影《梦幻女郎》吧，相信准妈妈和胎宝宝一定会在三个主人公的激励下，感悟到梦想创造人生的美好，它具有神奇的力量，它能使一颗心在历练中走向成熟。

电影基本信息

中文名：《梦幻女郎》，又名《追梦女郎》

英文名：DREAM GIRLS

影片类型：剧情 / 歌舞 / 音乐

时长：131 分钟

艾菲、蒂娜和劳瑞组成的“梦幻女郎”组合，怀揣梦想，从芝加哥来到纽约闯荡。她们在经济拮据，只能穿戴廉价的假发和自制服装的情况下，带着过人的演唱天赋和感染观众的激情，开始了她们的梦想之路。一路上经历了生活与感情的挫折，她们一直追逐梦想，并最终梦想成真，成了舞台聚光灯下的明星。

梦想成就未来。你们希望胎宝宝将来有什么样的梦想呢？你们为会他实现这个梦想而给出哪些建议和提供哪些支持呢？准妈妈和准爸爸，你们将来面对宝宝树立梦想的那一刻，要接受的考验可不小呢。从现在开始仔细地思考一下这个问题吧。

第32周：老实多了

头朝下了

胎宝宝的身长在本周有40厘米左右，坐高（顶臀长）约28厘米，体重1500~1600克。

越来越像小婴儿了

现在的胎宝宝越来越像出生的小婴儿啦，只不过他的身体仍需要长胖些。如果胎宝宝的头发长得快的话，已经可以看到满头的头发了，头发长得慢的胎宝宝头上只是长出了淡淡的绒毛。他的眼睛能区分光亮与黑暗。他的手指甲和脚指甲已经完全长出来了。

胎宝宝的各个器官继续发育完善，肺和胃肠功能已接近成熟，已具备呼吸能力，能分泌消化液。此时的胎宝宝一旦娩出，在保温箱中成活率是比较高的。

不再翻筋斗了

现在准妈妈的子宫几乎被胎宝宝占满了，胎宝宝已转成头向下的体位，准备娩出。准妈妈会发现，现在胎宝宝动的次数比原来少了，动作也减弱了，再也不会像原来那样在你的肚子里翻筋斗了。

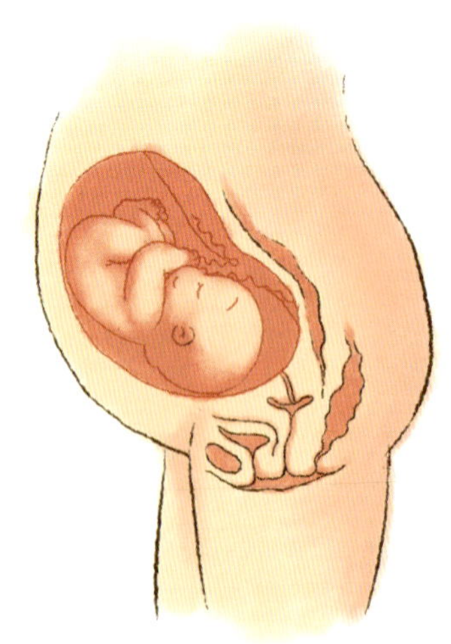

胎教提示

因为胎宝宝头部下降，压迫到了准妈妈的膀胱，因此准妈妈会感觉尿意频繁。沉重的腹部会让准妈妈不愿意走动，并且感到疲惫，但是为了让生产时更轻松，准妈妈还是要适当活动哦。

情绪胎教：帮准妈妈克服过分依赖的心理 

准妈妈自怀孕以来，会发生生理上的变化，需要准爸爸多做陪护，多加照顾。这是可以理解的，但是如果长期以来形成依赖感就不可以了。一则依赖心理会使准妈妈“退化”，二则也会给准爸爸的工作和事业带来影响，三则对胎宝宝也不会产生积极影响。因此，准爸爸要帮助准妈妈克服依赖心理。

1 准爸爸态度很重要。千万不可对准妈妈不耐烦，要学会平心静气地帮助准妈妈克服过分依赖的心理。如果准妈妈需要准爸爸代劳一些准妈妈力所能及的事情，准爸爸不要烦躁地说：“你自己做。”这会影响准妈妈的情绪。准爸爸可以变通一下：“亲爱的，我们一起去，好不好？”

2 多表达你的关心。准爸爸平时不要怜惜几句温暖的话，而要多关心准妈妈，跟准妈妈说些贴心话，多表白自己的爱心，令准妈妈心安，这也能使胎儿受到爱的鼓励。准爸爸可以抚摸一下准妈妈腹中的胎宝宝说：“宝宝，你看，妈妈知道你需要补充营养，她正在为了你吃好吃的呢。”

3 多鼓励，做好“辅助”。在面对一些力所能及的行动时，准爸爸要多鼓励准妈妈，让准妈妈尽量自己去做，而准爸爸只需要做好协助或从旁的保护工作即可。

4 做好“监督”。孕晚期准爸爸要缓解准妈妈精神上的紧张，但是经医生指导，需要准妈妈备产所做的一些活动也要鼓励准妈妈去做，这样才有助于准妈妈顺利生产。准爸爸可以对准妈妈说：“看，我们的宝宝肯定希望妈妈生他时少受痛苦，所以老婆，你要走一走给宝宝看，让他增强信心哟！”

总之，准爸爸要有日常生活中帮助准妈妈认识到坚强与毅力的好处，准妈妈的自尊自强、坚强毅力、独立自主对胎宝宝生长发育有着无形的影响，能使胎宝宝养成自强自立的良好品质基础。

胎教提示

准妈妈学会自强自立，学会在心理上进行自我调理和自我平衡，这一点很重要哟。准妈妈要相信自己能做得很棒。

营养胎教：防治贫血的美食

有些准妈妈会发生贫血，在配合医生进行正规治疗的同时，我们也介绍两种美食供准妈妈补血之用。即使不贫血，在产前食用一些这样的食物，也有助于补益气血和体力，为生产提供能量。

南瓜鸡蛋小饼

材料 南瓜150克，鸡蛋2个，面粉适量，葱适量（切末），油、盐各适量。

做法

1 南瓜刨丝，加葱末拌匀。

2 把鸡蛋打入南瓜丝拌匀，加适量面粉拌到容易成形，分成小团。

3 油放入煎锅烧热，把小团放入两面煎熟即可。

功效 鸡蛋中的蛋白质和铁含量丰富，蛋白质质量很高，是优质蛋白质，很容易被人体吸收，生产中大量的失血容易使新妈妈出现贫血，而蛋黄中所含的大量铁质可以预防这种情况的出现。鸡蛋中还含有卵磷脂、卵黄素、多种维生素和矿物质，都有助于减轻产后抑郁情绪。

贴心提示 南瓜最好选择外形完整、带瓜梗、梗部坚硬且有重量感的。如果表面出现黑点，就有可能里面已经坏了。

红豆小米粥

材料 红豆适量，小米适量，大约按2∶1的量即可；红糖或冰糖适量。

做法

1 将红豆与小米淘洗干净备用。

2 放适量水入电锅中，放入红豆和小米，煮至滚开后，可改小火。直至烂熟。也可以用高压锅、电饭煲来做此粥。

3 开盖后加入适量冰糖或红糖即可。如果家人不喜欢甜粥，准妈妈事先将适量糖放入自己碗中，再盛上粥，即可。

功效 此粥将红豆与小米的功效互通互补：红豆可健脾益胃、清热解毒、利尿消肿、补血生乳；小米可补血益气、清热解渴、健胃除湿、和胃安眠，二者合一是非常适合准妈妈和生产后的妈妈们食用的。

运动胎教：手指童谣

十指玲珑，大脑聪明。准爸爸与准妈妈不妨多做做手指游戏，既创造快乐的氛围，也能有利于促进胎宝宝的健康发育哦！

十指游戏

一个手指点点点（伸出一个手指轻点肚皮，也可以轻点准爸爸的头部）。

两个手指敲敲敲（伸出两只手指在肚皮上或准爸爸身上轻敲）。

三个手指捏捏捏（伸出三只手指在准爸爸身上轻捏）。

四个手指挠挠挠（伸出四只手指在肚皮上轻挠）。

五个手指拍拍拍（两个手对拍）。

五个兄弟爬上山（从肚皮底下或准爸爸身上做爬山状爬上来）。

叽里咕噜滚下来（双手翻滚着滑下去）。

包饺子

小手摊开，咱们来包饺子吧（伸出左手手掌）。

擀擀皮（右手在左手上做擀皮状）。

和面和面（右手手指立起在左手手掌上做和馅的动作，就像手指在抓挠）。

包个小饺子（说一个字，用右手食指依次点着左手的手指）。

香喷喷的饺子给谁吃（用右手把左手指包起来，盖住，问肚子里的宝宝）。

饺子送给宝宝吃（把手放到肚皮前）。

饺子送给爸爸吃（把手放在准爸爸面前）。

音乐胎教：洞箫曲《清明上河图》

洞箫的先祖骨笛，在八千年前就已经出现了。可见洞箫历史之悠久。洞箫音色圆润轻柔，其营造的音乐氛围幽静典雅，令人神往。

洞箫曲《清明上河图》与宋朝画家张择端的传世名画《清明上河图》相关联。该画真实地描绘了北宋宣和年间汴河及其两岸在清明时节的风貌。《清明上河图》可以分成三个部分：第一部分开卷画是晨曦初露，掩映着几家茅舍、草桥、流水、柳树和扁舟，郊外河边道上一支负重驴队，缓缓走来，行进在城道上。第二部分描写汴河之上交通穿梭往来的繁荣景色，虹桥之上，行人如织，桥下激流之中，船家紧张忙碌，这是画卷的高潮部分。第三部分描绘市区街景，各行各业，应有尽有，街上行人往来不绝。整幅画将当时的清明时节的风土人情绘形绘色地展现出来。

此曲根据画卷写意而成。洞箫曲清婉悠扬，用优美流畅的旋律描绘出美好的画面，让你和胎宝宝仿佛走入画卷之中，沿街而行，欣赏着汴河两岸的风光与繁华景象。

如果准妈妈对洞箫曲感兴趣，不妨让准爸爸帮忙下载一些著名的洞箫曲慢慢欣赏。相信它们能带给你和胎宝宝完美的音乐享受。

语言胎教：诗歌《小池》

在一双懂得欣赏的眼睛之中，一眼小池，一只蜻蜓，也别具情趣。今天准妈妈一起和胎宝宝来朗诵一下这首《小池》吧。相信它能带给你和胎宝宝喜悦自然的情趣。

小池

杨万里

泉眼无声惜细流，
树荫照水爱晴柔。
小荷才露尖尖角，
早有蜻蜓立上头。

朴素的情趣之乐

这是一幅静中有动的朴素、自然又充满生活情趣的画面：泉眼默默地渗出涓涓细流，仿佛十分珍惜那晶莹的泉水；绿树喜爱在柔和的晴天里把自己的影子融入池水中；嫩嫩的荷叶刚刚将尖尖的叶角伸出水面，早就有调皮的蜻蜓轻盈地站立在上面了。

生动、细致地描摹出初夏小池中生动的富于生命和动态感的新景象，形成情趣盎然的画面，充满浓郁的生活气息。

“山川怕见”的诗人

杨万里（1124—1206），南宋诗人，他的诗通俗清新，流畅自然，多以山水风光自然景色为主，他的好朋友曾经幽默地说“处处山川怕见君”。

胎教提示

我国古人热爱自然山川，讲究天人合一的情趣。因此创作的诗歌中不乏清新自然、平易通俗，读来生动有趣，高度凝练的语言是适合朗诵的，作为想象的题材也很有意境。

智趣胎教：搞笑谜语，笑一笑

猜谜语本来就是一件非常锻炼脑细胞的趣事，更何况猜那些有脑筋急转弯意味的谜语呢，更是趣上加趣！轻松一下，来和准爸爸一起猜几个特别好笑的谜语吧！相信你们会其乐无穷的。不过，注意不要哈哈大笑啊，因为胎宝宝喜欢妈妈微笑，突然的大笑会让他感到不安的。

猜成语

1. 一个人被刷成金色。
2. 羊屏住了呼吸。
3. 狗过了独木桥就不叫了。
4. 蜜蜂停在日历上。
5. 准妈妈外出。

猜物品

1. 一头猪说："加油啊！"——打一种小食品，3 个字。

2. 打猎打到一只很出名的猪，你说了句话。——打一样珍贵的物品，3 个字。

3. 老鼠对马说："我昨天跟猫约会呢！"——打一种小食品，2 个字。

4. 马不信，揪着老鼠的衣服把它拎了起来。——打一种蔬菜，3 个字。

5. 黄豆被一条河拦住了去路。——打一种蔬菜，3 个字。

在猜谜语时，你可以一边联想，一边轻声地念出声来，这些意念作用，会增加母子间的依恋之情。

209 页答案

巧填数字答案：

	5	
4	3	7
	6	

移动火柴使等式成立答案：

7+1－4=4

112－71=71

50－6=56

215 页答案

猜成语：

1. 一鸣惊人（一名金人）；
2. 扬眉吐气（羊没吐气）；
3. 过目不忘（过木不汪）；
4. 风和日丽（蜂和日历）；
5. 挺身而出。

猜物品：

1. 朱古力（猪鼓励）；
2. 夜明珠（耶！名猪）；
3. 薯片（鼠骗）；
4. 马铃薯（马拎鼠）；
5. 荷兰豆（河拦豆）。

孕9月

放松心情，幸福期待

孕9月啦，准妈妈的心中有期待，或许也有些许紧张；有快乐，或许也有些许的担忧。放松自己的心情吧！俗话说："瓜熟蒂落。"腹中的胎宝宝在现代医学和你们自己的关照下，肯定会健康出世的！

本月胎教要点

到本月胎宝宝已经基本上“熟”啦！这个月可以轮流实施各种胎教方法，不过最重要的还是贵在坚持。不妨抽出几天先复习一下前面学习过的知识，另外如果有精力的话，胎教的时间可以延长一下，内容也可以适量增多一些。

情绪胎教，在欢快中期待

胎宝宝离出世越来越近啦，作为准妈妈，你肯定会为此感到快乐，可是一想起生产所要经历的过程，难免你的心里又会紧张起来。准妈妈要注意调节心情，准爸爸也要注意多陪她聊聊天，学习分娩的必要知识等，以使准妈妈心情平和，用欢乐的心情迎接胎宝宝的到来！

营养胎教，补充营养，增强体力

在这个月里，根据准妈妈的身心需要，我们准备了一些补充营养又放松心情还能增强体力的食谱。比如，如果对海鲜产品不过敏，征得医生的允许后，准妈妈可以适当吃一些营养丰富的海洋食物，以补充丰富的营养元素。另外，还可以煲一些营养汤，既开胃、开心，也增强体力。

音乐胎教，享受音乐王国的美丽

美妙的音乐永远会让人心神安宁，灵魂得到休整。在这个阶段，准妈妈不妨在音乐胎教的时间选择安静的环境，闭上眼睛，展开丰富的想象，在静静聆听中，随着音乐的美好，消散你的烦躁与紧张，和胎宝宝一起在音乐的王国里享受美好的心情。

运动胎教，为顺产做做活动

本月我们提供一些为顺产做准备的运动给准妈妈。在征得医生同意后，准妈妈可以选择适当的机会，做做运动，使自己得到放松的锻炼。

艺术胎教，继续用美来净化胎教氛围

艺术之美可以开阔眼界、陶冶性情、净化心灵。生活中、大自然中充满了艺术，只需我们有一颗心可以去欣赏，有一双眼去发现，有一双手去创造。准妈妈在我们提供的艺术胎教方式下，也可以结合自己的兴趣特点，专门针对某一类艺术品进行欣赏、创作。在经艺术净化的胎教氛围中，胎宝宝会越来越有艺术细胞的。

第33周：软软的骨头变硬了

逐渐下降的过程中

在本周胎宝宝已经长到43~48厘米啦，他的体重约1800克。准妈妈的子宫被胎宝宝占满了，有的胎宝宝头部已开始降入骨盆。随着胎宝宝的下降，准妈妈的膀胱因受到压迫，会经常有尿意。还会感到骨盆和耻骨联合处酸疼不适，不规则宫缩的次数增多。这些都标志着胎宝宝在逐渐下降。

胎宝宝皮下脂肪大大增加，他的皮肤不再那么红红的、皱皱的。他的指甲已长到指尖，但一般不会超过指尖。呼吸系统、消化系统和生殖器官的发育已经接近成熟。

有的胎宝宝已长出了一头胎发，也有的头发稀少，不过无论头发多少，都不会决定出生后头发的多少。

软骨在变硬

胎宝宝软软的骨头都在变硬，除头部外，身体其他部位的骨骼已经变得很结实，不过颅骨还是软软的，每块头骨之间有空隙，这种松动的结构是为宝宝在生产时，头部能够顺利通过阴道做准备的，以至于很多刚出生的宝宝头部看起来呈圆锥形，这很正常，以后会变圆。

准妈妈的腹部变得越来越沉重，因此准妈妈不爱行动，不过为了分娩能够顺利，建议准妈妈还要适当运动。

胎教提示

在本周准妈妈应当注意胎宝宝头部的位置，胎位正常与否直接关系到准妈妈是否能够正常分娩。如果是臀位，要在医生的帮助下进行纠正，以便顺利生产。

情绪胎教：准爸爸献上情绪“安抚剂”

临近产期了，准妈妈心情可能会不时地紧张起来。作为准爸爸，这时候可要多给准妈妈安抚情绪，以便准妈妈能顺利度过生产期。这里给准爸爸提供几点建议。

1 准爸爸自己一定要保持良好的情绪。如果你工作中遇到问题，尽量在回家前把情绪安稳下来，不要再想与工作有关的事情。

2 家居引人平和。家庭环境上，要舒适整洁、美观，能引发乐观情绪。因为要为未来的宝宝准备小床，家居要变化，这时准爸爸不妨借机和准妈妈一起商量，看怎样把环境布置得更温馨可爱。小床摆放在哪里？床头的周围要怎样布置？要配上什么装饰？这些都是需要准爸爸去努力营造的。相信在你的精心努力下，一定会使家居变得更利于准妈妈和未来宝宝生活的。此外，准爸爸选几张活泼可爱的娃娃的大图照贴在墙上，准妈妈一看到这些可爱的娃娃，一定会希望自己的娃娃也像画上的宝宝一样健康、漂亮、可爱！

3 准爸爸多做准妈妈的“护花使者”。准妈妈穿什么衣服好看，做什么发型可爱，吃什么既美味可口又营养健康，带她到哪里呼吸更新鲜的空气为好？在准爸爸给准妈妈的参谋、支持下，准妈妈一定会感到无比的幸福与快乐。

4 多倾听，会开导。准妈妈有时候心情紧张，她会跟准爸爸倾诉。作为男人，往往从理智的角度去看待问题，于是准爸爸会说：“我咨询过医生了，生产时有阵痛是正常的，每个女人都这样。”这会让准妈妈很不舒服的。她需要的是你的呵护，你不妨拥着她，拍着她的肩，安慰她说：“亲爱的，你辛苦了。上天真不公平哦，咋不让男人生孩子呢。不管怎样，我都是你最大的依靠，放心吧，有我在呢，我肯定给你做好所有我能做的事情，让你和宝宝都平平安安的。”

胎教提示

准妈妈不妨列出紧急情况下你可以拨打的电话，并放在触手可及的地方，这样的话万一你有什么不适，可以随时获取帮助。

营养胎教：香菇美食

香菇营养丰富，具有高蛋白、多糖、多种氨基酸和多种维生素，而且它的脂肪含量很低。此外，香菇含有的麦淄醇（一般蔬菜中可没有哦），可转化为维生素D，促进体内钙的吸收，并可增强人体抵抗疾病的能力。是对孕期和产后的你都非常适用的食材。下面介绍两道菜给准妈妈。

冬笋香菇汤

材料 冬笋250克，香菇50克，油、盐和香油各少许。

做法

1 香菇去掉根茎后，洗净泥沙，用温水泡透，切成丝；冬笋去硬壳洗净切成丝。

2 锅置火上，放油烧热，放入香菇丝、冬笋丝，翻炒20分钟左右，再加入清水煮沸。

3 加入少许盐，出锅后淋入香油即可。

功效 冬笋素有“金衣白玉，蔬中一绝”的美誉。富含氨基酸、维生素、胡萝卜素。冬笋有助消化和排泄的作用，是减肥者爱好的食材之一。此外它还是常用来防治冠心病、高血压、糖尿病的食疗之物。此汤将冬笋与香菇这两种营养丰富且美味的食材合而为一，是非常适合准妈妈的美味。

贴心提示 如果香菇比较干净，则只要用清水冲净即可，这样可以保存香菇的鲜味。

香菇烧海红

材料 干海红150克，水发香菇100克，笋50克，料酒、盐、酱油、水淀粉、油、高汤各适量。

做法

1 海红用温水泡发、洗净，放入碗内入蒸锅蒸透，取出后择去杂质和硬筋。

2 香菇和笋洗净切片。

3 起锅热油，加高汤、料酒、盐、香菇片、笋片、海红。

4 烧沸后用水淀粉勾芡，装盘即可。

功效 海红是营养丰富的珍贵海产品，素有“海中鸡蛋”之称，肉质鲜美。这道菜将香菇、海红与笋的营养组合在一起，且口感有脆、软、筋道之感，实在嚼着爽口。

贴心提示 只要你喜欢，香菇可以随心做，既可凉拌、红烧，还可以煎炒、熬炖、做馅、煲汤等。你可以将它和多种食材搭配，做成香菇烧豆腐、香菇炖鸡、烩双菇、香菇炒菜花，等等。

以上两道美食，一菜一汤，可以一起做上桌供准妈妈美餐一顿哦。

运动胎教：简单分娩操

进入孕晚期的准妈妈每过一天就离分娩近了一天，此时应该着手做分娩的准备工作了。分娩时准妈妈的呼吸、骨盆、肌肉、腿部的动作都非常重要，选择一些相应的运动方法，可以减轻分娩的疼痛，使分娩变得顺利。在事先征得医生允许的情况下，准妈妈可以练习一下分娩操。分娩操是为了减轻孕期酸痛、辅助分娩而设计的，简单而且容易坚持。

分娩操的准备

1 根据家里的情况，选择在床上活动，或者是在垫着垫子的地板上进行，只要是足够你伸展身体的安全地方均可。

2 可以准备一些喜欢的音乐在做操时放，边听音乐边做操可以令身心更为放松。

3 要记得做动作时不要太剧烈，以不感到吃力为宜，以免伤到自己。

4 做操前散散步或是在家里走动几圈以热身，做完后也可慢慢走动放松身体。

分娩操的做法

1 侧卧开跨。侧卧，双腿重叠，呼气则大腿向外打开，吸气则合拢，重复8~10次。

2 侧卧伸展。侧卧，用手缓缓将大腿向腹部外侧拉近，保持半分钟。换另一侧重复。

3 分腿跪坐。双膝分开，脚尖靠拢，跪坐在一个靠垫上，上身垂直，保持10~30秒（量力而为）。

4 分腿儿童式。跪趴，身体向前匍匐在靠垫上，脊柱和肩膀、手臂都放松，保持半分钟。

5 骨盆摇摆。四肢着地，脊柱放平，轻轻地左右摇摆骨盆，幅度不宜过大，10次为一组，每天做1~2组，注意不要塌腰，如膝盖不适可在膝下垫块毛巾。

6 大腿外展。右腿向前伸直坐在地上，左腿架在右腿上，放松左腿，保持半分钟。换另一侧重复。若是感觉不适，可在两腿间放一个靠垫。

音乐胎教：《致爱丽丝》

爱丽丝是西方女性的一个常见的名字，不过这个名字因为被音乐大师贝多芬所怀恋并特意倾情谱曲而显得颇意味深长。

谜一样的爱丽丝

《致爱丽丝》这首钢琴小曲虽然风靡世界，却是贝多芬逝后四十年才问世的作品。乐曲问世后，人们不禁问谁是乐曲中的“爱丽丝”？

有人说“爱丽丝”是女学生特蕾莎·玛尔法蒂；也有人说是一位名叫伊丽莎白·罗克尔的女高音歌唱家，她与贝多芬友谊深厚；还有人说爱丽丝是一个富商的女儿，贝多芬很喜欢她，便为她创作了这首乐曲。

对于谁是真正的爱丽丝，至今也无定论，这成了一个谜。

温柔清澈的爱

琴声响起，少女特有的亲切、温柔之风便拂面而来。乐曲的开头，主题活泼亲切，刻画出一个温柔美丽、单纯活泼的少女形象。中间部分节奏较强，色彩略显暗淡，形象地表现了少女情绪不佳却并不焦灼的状态。最后，少女走出不良情绪，心情变得欢乐明快起来——乐曲在此状态中结束。

胎教提示

你的腹壁上现在能清楚地触到胎宝宝的头、背和四肢。在音乐声中，你和准爸爸可以轻轻地抚摸他的头部，有规律地来回抚摸他的背部，也可以轻轻抚摸他的四肢。轻柔有序的抚摸将有利于胎宝宝感觉系统和神经系统及大脑的发育。每次数分钟即可，要注意胎宝宝的反应，好及时做出回应。

语言胎教：宋词《水调歌头·中秋》

这是首从宋代一直唱到今天的古词。我们一起来欣赏一下。

水调歌头

苏轼

明月几时有？把酒问青天。不知天上宫阙，今夕是何年。我欲乘风归去，又恐琼楼玉宇，高处不胜寒。起舞弄清影，何似在人间！

转朱阁，低绮户，照无眠。不应有恨，何事长向别时圆？人有悲欢离合，月有阴晴圆缺，此事古难全。但愿人长久，千里共婵娟！

该词一上来就向明月发问，表现出一个思想孤独的灵魂渴望知音的心境。皓月当空，银辉遍地，与胞弟苏辙分别之后，转眼已七年未得团聚了。此刻词人面对一轮明月，心潮起伏，于是乘酒兴正酣，放开想象的翅膀，天上人间任意翱翔之际，挥笔写下了这首名篇。

此词设景清丽雄阔，抒情时哀愁中孕育着乐观情调，典型地体现出苏词清雄旷达的风格。

如果怕朗诵不好这首词，准爸爸不妨下载来这首古词的配乐朗诵，跟准妈妈和胎宝宝一起欣赏后，再学着朗诵。

现代歌曲《水调歌头·中秋》

现代音乐人将此词改编成歌曲。最著名的有邓丽君和王菲演唱的《但愿人长久》。如果喜欢，准妈妈不妨找来听一听，感受一下现代人对苏词意境的解读。

胎教提示

可爱的月亮寄托了人类多少的情思啊！一钩新月，可联想到初生的萌芽事物；一轮满月，可联想到美好的团圆生活；月亮的皎洁，让人联想到光明磊落的人格。在月亮这一意象上集中了人类许许多多美好的憧憬与理想！

艺术胎教：名画《花神》（局部）

鬓角缀着美丽的花串的花神，神态自若地坐在华贵的四轮车上凯旋。鲜花在她四面的土地上，星星点点地开放。仙女尽情地舞蹈，小天使凌空飞翔，上上下下地顽皮嬉戏。就连人物背后的雕像也仿佛受到感染，也表现出一派欢快的样子。

晴空、白云、绿树、鲜花，热情洋溢的仙人们。整个画面充满了生命和欢快的气息，犹如一首生命的赞歌。

有趣的是画家所画的建筑，竟然是他从未去过的萨克森地区的布吕尔伯爵豪宅中的部分建筑。他只是根据人们的描述画出来的，结果没想到如此逼真。

詹巴蒂斯塔•提埃波罗（1696—1770），18世纪意大利著名的油画家、素描画家及版画家，威尼斯画派最杰出的代表。曾任威尼斯美术学院院长。提埃波罗的绘画色彩鲜明，具有浪漫主义气息。

胎教提示

花是能给人带来赏心悦目的好心情的美丽事物，如果准妈妈喜欢，不妨放一些鲜花在室内，既能怡情养性，还能净化室内空气。当然，要注意鲜花的气味不影响健康，不过于浓烈而刺激呼吸。

第34周：完全倒立的小家伙

为出世做好准备

这个坐高（顶臀长）约30厘米，身长45厘米左右的小家伙体重大约2300克啦。在本周胎宝宝的中枢神经系统仍然在发育，肺部已经发育得很成熟了。此时胎宝宝已经将身体转为头位，即头朝下的姿势，完全倒立了，头部已经进入骨盆，紧压在准妈妈的子宫颈口，胎宝宝已经为出世做好准备。

胖乎乎的“小婴儿”

胎宝宝的皮下脂肪层还在变厚，他看上去圆圆胖胖的，与刚出生的小婴儿差不多，这些脂肪层将在宝宝出生后帮助他保持体温。

头朝下，为出世做好准备

胎宝宝的大部分骨头都在变硬，但是头骨还相当软，没有完全闭合，这有助于顺利通过相对狭窄的产道。

在本周胎宝宝已经准备好了出生的姿势，头朝下的体位固定下来。大部分胎宝宝的头部已经下降，紧压在子宫颈口，也有的胎宝宝会到分娩的时候才入盆。但也有少数胎宝宝仍然保持着臀位姿势，准妈妈不用过于担忧，按时产检，医生会针对这种情况告诉准妈妈对策的。

胎教提示

准妈妈在此时不必担心早产。安心等待胎宝宝出世即可。因为在这个阶段，如果宝宝出生的话，99%都能够成活，而且大多不会出现与早产相关的长期严重问题。

情绪胎教：笑话一火车 

让准妈妈多笑一笑，多放松一下期待中的紧张心情吧！准爸爸不妨找些可爱的笑话讲给准妈妈和胎宝宝听。相信准妈妈的放松，也能让胎宝宝感到轻松快乐的！

1．老虎真过分

电视上正在播动物节目。里面的老虎正在小便圈地。

儿子看到，指着电视里的老虎批评说："老虎真过分！这么大了，在外面玩，也不知道找公厕去嘘嘘！"

2．老牛没爱心

妈妈给儿子讲了《小马过河》的故事，让儿子谈谈感想。

儿子仔细地想了半天，说："唉，老牛真没爱心，他要是驮着松鼠过河，松鼠就不会被淹死了！"

3．猪的儿子

父亲：你这么笨，真是个小猪猡！你知道小猪猡是什么吗？

儿子：知道，它是猪的儿子。

4．鸡过河

小偷偷了一只鸡，正在河边给鸡拔毛，这时一个警察走了过来，小偷急忙把鸡扔到了河里。

警察问：你在干什么？河里是什么东西？

小偷说：那是一只鸡，它要过河去，我在这里帮它看衣服……

5．用功的爸爸

祖母：你啊，整天就知道玩，哪像你爸爸。

孙子：爸爸怎么啦？

祖母：他读书可用功！想当初，他光一年级就读了三年。

孙子：……

6．小心监控

爷爷为了防止妞妞总在电脑前玩游戏，伤眼睛，就让妞妞帮忙看着猫，防止它抓缸里的金鱼。妞妞很听话地答应了，爷爷放心地出去购物回来，发现在鱼缸上贴着一个纸条，上面写着："此处有监控，猫勿偷鱼！"

7．跳伞

空中跳伞造型学校的教员在上完第一节课后，询问学员是否有什么问题。

一学员：我们每跳一次要交多少钱？

教员：10 美元！

另一学员显得有点紧张：如果在跳伞时打不开降落伞怎么办？

教员：不要担心，如果打不开降落伞我们会把钱退给你。

胎教提示

准爸爸和准妈妈可以来个笑话比赛：各讲一个共同事物的笑话，比如可以都讲一个关于小白兔的笑话，然后看谁的笑点最高。没准儿肚子里的胎宝宝正悄悄地给你们当裁判哦。

营养胎教：放松心情的美食

一些食物可以让人吃了心情舒畅，精神放松。对于精神容易紧张的准妈妈来说，不妨多食用这些食物做的美食。今天我们推荐两道美味供准妈妈享用。

香蕉牛奶

材料 香蕉2根，牛奶1杯，芝麻30克，玉米面10克，白糖适量。

做法

1 将香蕉去皮后，用勺子研碎。

2 将牛奶倒入锅中，加入玉米面和白糖，边煮边搅均匀。注意一定要把牛奶、玉米面煮熟。

3 煮好后倒入研碎的香蕉中调匀，撒上芝麻即可。

功效 香蕉可为大脑提供重要的物质酪氨酸，使人精力充沛、注意力集中，并能提高人的创造能力。此外，香蕉中还含有可使神经“坚强”的色氨酸，还能形成一种叫作“满足激素”的血清素，它能使人感受到幸福、开朗，预防产前抑郁症的发生。

排骨西红柿豆腐汤

材料 排骨300克，西红柿1个，豆腐1盒。盐适量。

做法

1 将排骨洗净切块，放入热水中汆烫一下。

2 把西红柿洗净，放入热水汆烫，捞起后剥去外皮，切成块状，豆腐也切成块状。

3 锅中加入所有材料和6碗水，大火煮开后，转小火煮约40分钟，最后加入盐调味即可。

功效 大豆中富含人脑所需的优质蛋白和8种必需氨基酸，这些物质都有助于增强脑血管的机能。身体运行畅通了，你的心情自然就舒畅了。

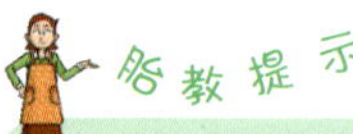

对于心情焦虑、紧张的准妈妈来说，在饮食上要调整好每日饮食，适当补充某些营养物质，可以使你的精力充沛、心情愉悦。

运动胎教：自我放松运动 

这里介绍两种简单易行的运动，供准妈妈放松身心之用。在做的时候最好由准爸爸在一旁陪护。

自我放松法

1 平躺在床上，可枕着枕头，双手平放在身旁。

2 两眼微闭，全身放松，四肢不要用力。准爸爸可以一手扶准妈妈的腿，一手轻轻捏一下肌肉，如果有反抗、紧张的表现，则说明准妈妈没放松。

3 准妈妈呼吸频率渐渐变缓，轻轻缓缓地吸气，再轻轻缓缓地呼气。

这一活动进行十分钟即可。

这里提示一下，准妈妈在做的时候不要为了降低呼吸频率而一下子刻意控制自己的呼吸，搞得自己有“憋闷”的感觉。要在自然而然的状态下，慢慢放松下来。

腹式呼吸运动

1 平躺在床上，膝盖下放一个枕头。双手平放在身旁。

2 做呼吸动作。吸气时腹部轻轻胀起，呼气时腹部缓缓收缩。

做 5~6 次就稍微休息一下。

这里注意的是准妈妈切勿用力呼吸，为了使腹部胀气或收缩而有意“强迫”腹部肌肉做运动，一定要在自然放松的状态下进行。

语言胎教：古诗《木兰辞》

木兰，一位传奇的女英雄。作为女性，你是否也曾希望女扮男装，策马扬鞭，快意人生呢？木兰，如此孝女，替父从军，十几年金戈铁马的军中苦旅生涯，磨炼出一位传奇的将军，也更培育得那朵本就出众的女儿花更加耀眼夺目。

让我们重读《木兰辞》，再次感受女英雄的勇敢潇洒吧。相信作为准妈妈的你，在木兰的鼓舞下，会变得更加勇敢、坚强，同时也能把这种精神传递给可爱的胎宝宝。

木兰辞

唧唧复唧唧，木兰当户织。不闻机杼声，惟闻女叹息。
问女何所思，问女何所忆。女亦无所思，女亦无所忆。
昨夜见军帖，可汗大点兵，军书十二卷，卷卷有爷名。
阿爷无大儿，木兰无长兄，愿为市鞍马，从此替爷征。
东市买骏马，西市买鞍鞯，南市买辔头，北市买长鞭。
旦辞爷娘去，暮宿黄河边。不闻爷娘唤女声，但闻黄河流水鸣溅溅。
旦辞黄河去，暮至黑山头。不闻爷娘唤女声，但闻燕山胡骑鸣啾啾。
万里赴戎机，关山度若飞。朔气传金柝，寒光照铁衣。
将军百战死，壮士十年归。归来见天子，天子坐明堂。策勋十二转，赏赐百千强。
可汗问所欲，木兰不用尚书郎，愿驰千里足，送儿还故乡。
爷娘闻女来，出郭相扶将。阿姊闻妹来，当户理红妆。
小弟闻姊来，磨刀霍霍向猪羊。开我东阁门，坐我西阁床。
脱我战时袍，着我旧时裳。当窗理云鬓，对镜帖花黄。
出门看火伴，火伴皆惊忙。同行十二年，不知木兰是女郎。
雄兔脚扑朔，雌兔眼迷离。两兔傍地走，安能辨我是雄雌？

——选自宋朝郭茂倩编的《乐府诗集》

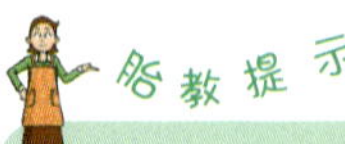

这首诗比较长，如果准妈妈或准爸爸一气朗诵不完，可以有选择地分段进行朗诵。最关键的是木兰的巾帼不让须眉的精神值得准妈妈学习哦。

音乐胎教：《海顿小夜曲》

在睡前有规律地听音乐，可以帮助胎宝宝建立良好的昼夜规律。音乐家们创作出许多可以作为睡眠音乐的曲子。今天我们向准妈妈推荐“海顿爸爸”的《小夜曲》。

亲爱的“海顿爸爸”

“海顿爸爸”是大家对海顿的昵称。他虽然身材粗笨矮小，相貌也不大好看，但他却十分善良、纯朴、幽默和平易近人，因此大家亲切地称他为“海顿爸爸”。

弗朗茨·约瑟夫·海顿(1732—1809)，“维也纳古典乐派”的杰出代表，他是影响巨大的重要作曲家之一。“海顿爸爸”的音乐风格热情、典雅，充满了欢乐、幸福、和平的气氛，就像优美的田园诗一样歌颂大自然、歌颂生活。

月光中的欢畅旋律

《海顿小夜曲》又名《如歌的行板》。此曲欢快流畅，亲切动听。在轻快的漫步节奏中，你躺在床上，窗外月光如水，包容着你。无忧无虑的音乐在耳边响起。你心神安宁地渐渐进入梦境：仿佛在月色笼罩的花园里，和着微风的节奏，翩翩起舞，像蝴蝶般自在地飞翔在花丛中，飞入梦的家园……

胎教提示

在孕晚期，准妈妈侧卧睡眠时，不妨把肚子下面垫个软垫，以支撑悬空的大肚子，再加上动听的小夜曲，相信你的睡眠会在舒适中香甜许多。

艺术胎教：名画《向日葵》

《向日葵》是荷兰伟大的画家凡·高的名作。一看这幅画你就被那仿佛在流动的向日葵所吸引。它是那么热烈、奔放，极具生命的张力!

如果你觉得情绪不佳，不妨欣赏一下这幅著名的画作吧。这是1888年4月，伟大的凡·高来到法国南部的小城阿尔勒，创作出的惊世之作。

准妈妈在睡觉的时候，因为肚腹过大，难免不方便。我们建议左侧卧位，睡的时候在两个膝盖中间夹一个枕头，腰就不会那么不舒服了。

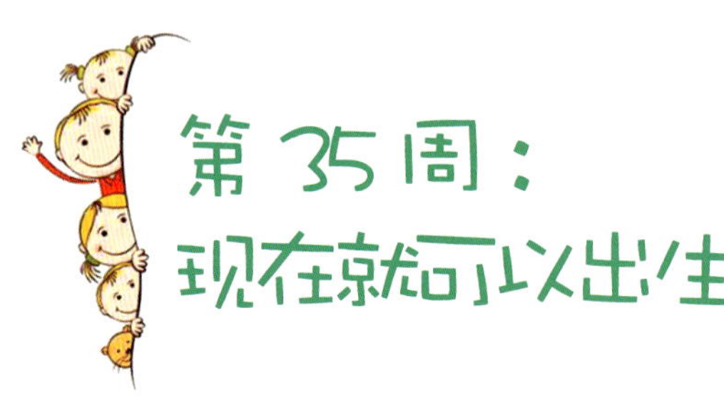

第35周：现在就可以出生

基本具有新生婴儿的能力啦

这一周最可喜的是，胎宝宝基本具有新生婴儿的能力啦。小家伙的身长此时大约50厘米，体重2500克左右。

行为能力

胎宝宝的肾脏已经完全发育，肝脏也能够代谢一些废物了，大部分的身体发育都已完成，除了不会哭，他现在基本具有新生儿所有的行为能力。胎宝宝逐渐建立起属于他自己的每日活动周期，白天有光亮时醒来，晚上睡觉。

现在的胎宝宝看起来已经很丰满了，在接下来的几周内，他的体重还将继续增加。随着胎宝宝的成长，准妈妈会觉得越来越吃力。

胎动变少

准妈妈子宫里的空间会越来越少啦，所以胎宝宝现在已经不能在羊水里漂浮着了，也不能再翻跟斗了。现在他的胎动也会有所减少。不过如果胎动次数过少（每12小时之内胎动少于20次胎儿可能缺氧），也要及时咨询医生或去医院就诊。测胎动时，准妈妈须有规律地（如早上起床前的1小时，中午午休的1小时，晚饭后的1小时）将手掌置于腹部最凸出的部位，感受胎动的次数，将3次胎动之和乘4，即为12小时的胎动次数。

准妈妈的子宫壁和腹壁已经变得很薄啦，甚至可以在胎宝宝活动的时候看到他的手脚、肘部在腹部突显的样子呢。

胎教提示

由于胎动开始减少了，准妈妈和准爸爸要向医生学习如何测胎心和胎动，以保证胎宝宝的安全。通过胎心仪即可测量到正常胎心音，正常的胎心音节奏整齐，强弱适度，似钟表的“嘀嗒”声。胎心率120~160次/分是正常值。

情绪胎教：准爸爸克服产前焦虑

迎接宝宝出生就像迎接一场大考一样，不仅准妈妈会紧张，而且准爸爸的心里也往往不轻松。有些准爸爸甚至因为焦虑而出现恶心、头晕的症状。这里我们提供一些可行性的建议供准爸爸参考。

1 有备无患。准爸爸在知识上多做准备，做到心中有数，这样一来准妈妈在出现一些情况时，就不至于慌乱、焦虑了。平常准爸爸不妨抽出时间和准妈妈一起多看看孕产专业书籍，了解相关知识。

此外就医方面的准备，准爸爸也不妨做一下。比如把去医院的路线、相关科室和流程观察好，做到心中有数。这样就不至于出现意外，搞得自己紧张无比。

2 强身健体，规律作息，保持精力充沛。身体强壮，人就容易有自信心，就容易克服焦虑了。准爸爸要注意不要熬夜，经常陪准妈妈散步和做运动。

3 变压力为乐趣。不要把宝宝的到来光看成是艰巨的责任和压力，应该是一种乐趣。用平和的心态去对待即将出生的胎宝宝，不要有太多高标准的期待，压力自然就变小了。

4 适当放松，积极生活。当准爸爸焦虑时一定要想办法让自己放松，比如适当休息、保证睡眠充足、适量运动以及均衡饮食等，将生活过得积极些。

5 倾诉。准爸爸要打开自己的心扉，学会倾诉。不要把自己的情绪藏起来，一起隐忍着反而更不容易得到缓解。找朋友或日志倾诉化解一下，你会更好。

6 建立适合自己的支持系统。准爸爸可以想一下在宝宝到来的日子里需要什么人帮助，并与他们联系。

7 实地考察。如果对准妈妈生产过于担心，可以抽出半天时间去医院实地查看一下。那样准爸爸就会发现之前所担心的场景，其实在准妈妈生产时都很少出现。

营养胎教：缓解焦虑的莴笋

准妈妈食用莴笋可谓一举两得：一是莴笋中含有的天然叶酸，有助于胎宝宝正常发育；二是莴笋含钾量较高，有利于促进排尿，它还含有碘元素，经常食用有助于消除准妈妈孕晚期焦虑与紧张。

清炒笋丝

材料 莴笋300克，盐、花椒、油、鸡精各适量。

做法

1 莴笋去叶、去皮后洗净切成细丝。提示一下莴笋叶营养价值比茎高，因此不要浪费掉，可以做汤喝或凉拌。

2 起锅热油，放入花椒粒炸香后捞出花椒粒。

3 倒入莴笋丝，大火快炒片刻，加盐、鸡精调味即可。

功效 补充莴笋中的营养，如钙、磷、铁、碘之类，而且可活血、清热。将来生产后也可食用，因为莴笋还有通乳的作用。

更多美食选择：除了清炒外，莴笋还可以做出多种食物，如莴笋拌竹笋、莴笋炒肉片、白果莴笋炖老鸡等，都是准妈妈不错的选择。

火爆腰花

材料 猪腰2个，净莴笋50克，葱、泡辣椒10克，姜25克，蒜、精盐、胡椒粉、酱油、水淀粉、料酒、油、鲜汤各适量。

做法

1 姜、蒜切成片。葱、泡辣椒切成“马耳朵”形。莴笋切成条。猪腰去筋膜，剖开去腰臊洗干净，先斜划花纹，再横着花纹直划3刀1断成“凤尾”形。

2 腰花装入碗内，加精盐、料酒、水淀粉拌匀。另一碗内将酱油、胡椒粉、水淀粉、鲜汤调成浇汁。

3 炒锅置旺火上，放油烧至七成油温，放入腰花快速炒散，再放泡辣椒、姜片、蒜片、葱、莴笋条炒出香味，淋入浇汁，颠翻几下，起锅装盘即成。

功效 猪腰补肝益肾、强筋健骨，还有利于消除水肿。

贴心提示 炒腰花时加上些葱、姜和青椒，有助于祛腥增鲜。

胎教提示

莴笋怕咸，炒莴笋的时候盐要少放一点。视力弱、有眼疾，特别是有夜盲症的准妈妈不宜多食莴笋，因为莴笋中的生化物对视神经有刺激作用，会引起头昏嗜睡的中毒反应。

运动胎教：缓解腰酸背痛的运动

孕晚期，胎宝宝的迅速发育使准妈妈的肚腹部日益向前“挺”，结果准妈妈的脊柱过度前凸，背伸肌持续紧张，造成腰、背部过度疲劳，因此准妈妈动辄就腰酸背痛。这里介绍一些运动和保健方式，帮助准妈妈缓解。

须提前提示一下的是，我们提供的练习方式是针对状态正常的准妈妈而言的，如果准妈妈有妊娠糖尿病、妊娠高血压等孕期并发症则不适合做。

吸气呼气练习

1 仰卧在床上，双手放在腰下，腿弯起，脚掌贴着地面。全身放松。

2 轻轻呼吸。吸气时腰部微微向双手压下，呼气时放松全身。

每次做 10 下即可。

这一练习可以缓解腰痛，增强腹背肌力，有助于顺利生产。

伸展练习

1 准妈妈坐在床上，脚掌相对，双手撑在臀后。保持自然的呼吸。

2 准妈妈双膝主动用力压向床面，这样可以伸展髋关节以及大腿内侧。保持 15 秒。

准妈妈在做此项运动的过程中，尽量做到呼吸自然。

准爸爸的按摩

1 按摩大椎穴：准爸爸用手掌或手指放在准妈妈的大椎穴上反复按摩，每次二三十下即可。大椎穴很好找，准妈妈可以低下头，颈椎与胸椎之间最突起的那块脊椎骨就突出出来了，它的下方的凹陷处就是大椎穴。

2 点按背俞：准爸爸把双手的拇指指端放在准妈妈的大椎穴两旁，然后向左右各旁开一横指，落定之后用一定的力量点按并持续数秒钟。然后下移一厘米左右，再进行点按。如此操作直至臀部以上。对于疼痛敏感的部位可以适当加长按压的时间。

提示准妈妈注意

腰痛伴有下列症状时，要及时咨询医生获取治疗：

1 伴有腿“抽筋”、坐骨神经痛。

2 伴有阴道出血且疼痛剧烈，要注意是否有流产的可能。

3 疼痛严重到影响活动或向其他部位放射。

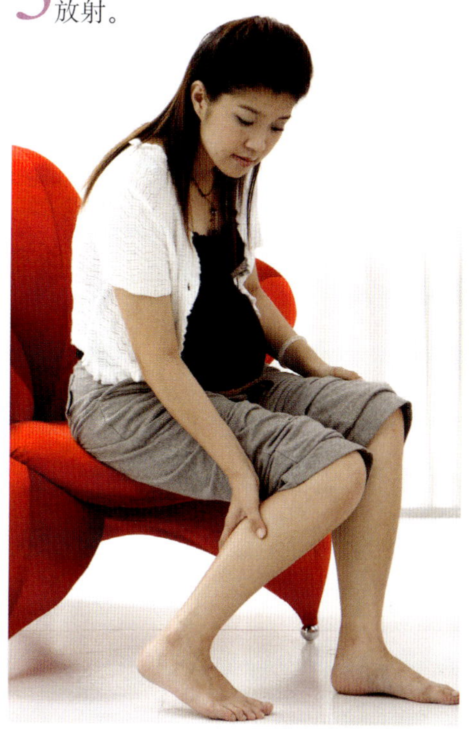

艺术胎教：看电影，做熊猫

准妈妈有时间的话，不妨和准爸爸一起看看《功夫熊猫》这部搞笑且别具意味的电影。

耐人寻味的“功夫熊猫”

一只名叫阿宝的熊猫，又肥又迟钝，而且不会武功，本来可以成为面馆老板的他，为什么非要立志练成天下第一的功夫？它是怎样成长为“功夫熊猫”的呢？

和平谷里山清水秀，可是并不和平，动物中的武林高手群聚，它们将上演怎样的武林大剧？

功夫片自然少不了英雄，我们的主人公阿宝，从哪里获得了力量，并经历了一番让人笑喷的经历后，一不小心成了拯救山谷的英雄的？

做个可爱的熊猫给宝宝

看罢《功夫熊猫》，如果准妈妈有兴致，不妨做个简单的熊猫贴在墙上，宝宝肯定会喜欢的。下面介绍一下熊猫的制作方法：

用白色卡纸剪一个大圆，剪去一小半，用剩余的大半做熊猫的身体，再剪几个圆做熊猫的耳朵、眼睛、嘴巴。将它们粘在一起涂上颜色，熊猫就做成了。

胎教提示

如果准妈妈喜欢做缝纫，也不妨把画纸上的图案用布和线变成“现实”。你可以把可爱的熊猫缝在给未来宝宝穿的小衣服上。这是多么有趣且有意义的一件事哦！

艺术胎教：名画《金色的秋天》

这是俄国杰出的写生画家、现实主义风景画大师列维坦（1860—1900）的名画。在画中，作家用洗练的笔调，充沛的感情展现了俄罗斯大地上的秋景。

一条小河将田野分为两片，近处的田野已经黄多绿少，而远处在黄色的包围中，凸出了两块较浓的绿色块。而田野上的树木则全部变成了金黄色。再向天空望去，秋高气爽，蓝天白云，活泼的气象跃然纸上。多么可爱的秋天啊！

秋天是收获的季节，准妈妈在欣赏这幅名画时是否对未来的“收获”越来越有期待了呢？告诉胎宝宝，你希望他健康快乐地成长并到来吧！

第36周：随时准备降生

即将成为足月婴儿

虽然准妈妈的子宫里空间越来越小了，可是这并不能阻挡胎宝宝生长的趋势哟。在本周他的身长约50厘米，体重在2800克左右。医生已经可以通过B超或触诊估计出胎宝宝的体重，但这并不是最后结果，最后4周内胎宝宝的体重可能还会增加不少。

即将成为足月儿

长到本周末，胎宝宝就是足月儿啦(在37~42周出生的宝宝即为足月宝宝，在42周后出生的宝宝为过期产儿)。现在胎宝宝的姿势很可能是头朝下的，这是顺产的最理想姿势。

有趣的分泌物

现在胎宝宝的脾脏已经发育完成，并可以分泌胰岛素了，所有器官几乎都已发育成熟，他的肝脏已经能处理一些废物了。

覆盖胎宝宝全身的绒毛和在羊水中保护胎宝宝皮肤的胎脂正在开始脱落。胎宝宝现在会吞咽这些脱落的物质和其他分泌物了，它们将积聚在胎宝宝的肠道里直到他出生。这种黑色的混合物叫作胎粪，它将成为胎宝宝出生后的第一团粪便。

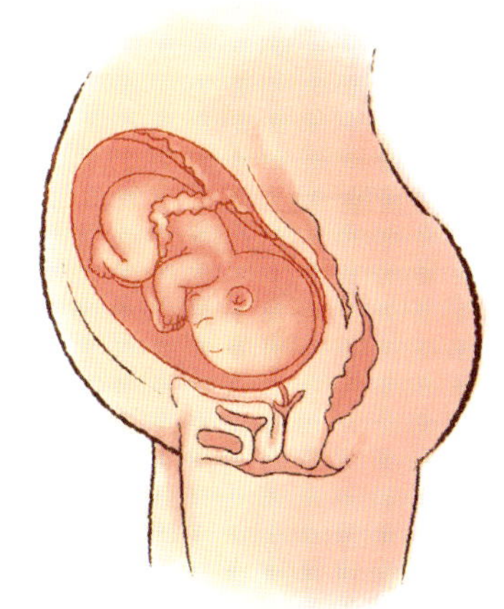

胎教提示

随着胎宝宝体重的增加，准妈妈现在可能经常有宝宝就要出来的感觉，另外有的准妈妈还会经常有尿意，这些都是正常现象，不必担心。最重要的是，准妈妈要保证吃得好、睡得香、体力充沛！

情绪胎教：帮准妈妈战胜对分娩的恐惧 

分娩会产生疼痛，准妈妈难免会对此表示恐惧，甚至会因此在一切正常的情况下选择剖宫产。准爸爸可要多为准妈妈宽心，让她战胜对分娩的恐惧。

了解自然分娩的好处

准爸爸要多跟准妈妈讲自然分娩对自己和宝宝的好处。以增强准妈妈对自然分娩的信心。

比如对胎宝宝来说，从产道出来时肺功能可以得到锻炼，大脑经过产道的压迫会产生积极作用，有利于胎宝宝脑部发育的完善，并且自然分娩可以在胎宝宝出生经过产道时压迫挤出羊水，避免新生儿出现湿肺或呼吸障碍等并发症等等。

而对准妈妈来说，自然分娩也利于产后恢复，而且自然分娩会刺激准妈妈的垂体分泌催产素，它能促进准妈妈产后乳汁的分泌，让准妈妈更好地进行母乳喂养，甚至在促进母子感情中也起到一定的作用。

了解分娩疼痛的原因

准爸爸要先了解分娩疼痛，然后帮助准妈妈解决怕疼的难题。

分娩时的疼痛主要来源于以下两个方面：

一是生产过程中带来的生理性分娩疼痛一般的准妈妈是可以忍受的。二是心理上的疼痛，准妈妈紧张、焦虑、恐惧的心理会引起体内一系列神经内分泌反应，使疼痛加剧，而越是怕疼，越会增加疼痛感，因此准妈妈还是要放松心理。

多给准妈妈宽心

1 多了解准妈妈情况，有备无患。准爸爸还要多了解准妈妈的身体情况，比如胎动、血压、阵痛情况等，帮助准妈妈及时向医生传递需求，这能让准妈妈得到最及时有效的诊断和看护，也能令准妈妈心安。

2 准爸爸自己放松，并让准妈妈放松。准爸爸要有承受心理压力的准备，在准妈妈害怕时要镇定地给她力量，让她放松，而不要乱了阵脚，否则只能给准妈妈带来负面影响，甚至无法顺利生产。

营养胎教：为体力加分的美食 

分娩以及坐月子、照顾新生的宝宝，都需要消耗很大的体力。我们在此向准妈妈推荐适合孕晚期妈妈的口味和生理需要的美食，这些美食一则可以助益准妈妈的脾胃功能，促进营养的吸收，二来本身就具有营养，直接为准妈妈补充营养。

蜜汁栗子烧鸡

材料 鸡翅10只，栗子12粒，老抽酱油15毫升，生抽酱油30毫升，料酒30毫升，白糖适量，番茄酱50克，盐1匙，葱1根，姜1块，油适量。

做法

1 生栗去皮；鸡翅表面用刀浅浅划三刀，以更加入味；葱切段、姜切片。

2 锅中倒适量油，油温后放入葱段、姜片爆香，鸡翅擦干水，放入锅中翻炒，待鸡翅炒得表面变色后，倒入老抽酱油翻炒，让鸡翅上色，然后倒入料酒，加入足量水完全没过鸡翅后，把栗子倒入。

3 将锅烧开后撇去浮沫，加入盐和生抽酱油，以小火炖约30分钟。

4 约30分钟后，加入白糖和番茄酱，继续炖约20分钟或至栗软，大火收汁即可。

功效 板栗富含蛋白质、脂肪、碳水化合物、钙、磷、铁、锌、多种维生素等营养成分，有健脾养胃、补肾强筋、活血止血之功效。准妈妈在孕晚期常吃板栗不仅可以健身壮骨，而且有利于骨盆的发育成熟，还能消除疲劳。

姜枣枸杞炖乌鸡

材料 乌鸡1只，生姜1块，大枣10颗，枸杞子10克，精盐适量。

做法

1 将乌鸡宰杀，剖洗干净；大枣、枸杞子洗净；生姜洗净去皮，拍破。

2 将大枣、枸杞子、生姜放入乌鸡腹中，再将乌鸡放入炖盅内，加水适量。

3 大火煮开，改用小火炖至乌鸡肉熟烂，加入适量精盐调味即可。

功效 乌鸡是补虚劳羸弱、补养身体的佳品。乌鸡可以提高生理机能、延缓衰老、强筋健骨。对于孕期体虚的女性及产后女性非常适合。配以大枣、生姜、枸杞子，补气益血，增进效果。

胎教提示

胎宝宝体内的钙一半以上是在孕后期储存的，准妈妈应每日摄入1500毫克的钙，同时补充适量的维生素D。准妈妈可以适当多吃一些奶类、鱼类和豆类食品。

音乐胎教：《嬉戏曲》

嬉戏曲是18世纪作曲家用以指称一种两拍子的快速、活泼的乐章，是一种快而匀速的舞曲风格的乐曲。巴赫与莫扎特创作的《嬉戏曲》在西洋古典乐同名曲中是最为有名的。

巴赫的《嬉戏曲》

巴赫的这首嬉戏曲（Badinerie，又译作谐谑曲）是《b小调第二管弦乐组曲》的一部分，这是一段非常有名的旋律，明快、轻巧的演奏表现出生动、活泼的情绪，滞缓的弦乐在低音区与之呼应，使乐曲显得诙谐而轻快，仿佛一群儿童在一起欢乐地嬉戏。

“为了使心情愉快”的创作

约翰•塞巴斯蒂安•巴赫（1685~1750）是德国音乐家，被称为“西方音乐之父”。巴赫生前并没多大名气，甚至他去世后的半个世纪里，人们已经淡忘了他。好在巴赫是个不为名利创作的音乐家，他的音乐是“为了使心情愉快而写”，他也曾为妻子和孩子谱写过很多美好的乐曲。1800年以后，人们对巴赫乐曲重新产生了浓厚的兴趣，巴赫开始声名鹊起。

胎教提示

巴赫从小具有极高的音乐天赋，但专制的大哥却不让他接触音乐，他只好偷偷自学曲谱成才。巴赫的经历给我们启示：天赋是扼杀不住的，要善于发现并引导孩子的天赋，为他的成才减少障碍，创造必要条件。

语言胎教：读好书《杧果街上的小屋》

你的心间是否也曾有一块温暖的精神家园？读一读这本《杧果街上的小屋》和胎宝宝一起感受一下吧！

爱上一本纯净的“诗小说”

《杧果街上的小屋》是一本优美纯净的小书，一本“诗小说”，一个关于成长，关于追求现实和精神家园的故事。书中每一个散落的韵脚都会敲打到你微妙的神经，每一下纤细的笔触都将牵动起你久远的记忆，心里有清泉的人都会爱上它，相信你和胎宝宝也会爱上它。

爱上它的简单，它的自然而不故作高深，一眼可以看到底的心，以及记忆深处一小块朴素的青草地，它们会让你想要停下来，回望自己走过的路以及自己的内心，这是一本会让你和胎宝宝感到温暖的书。

埃斯佩朗莎，“希望”与生命同在

埃斯佩朗莎是西班牙语里“希望”的意思，生活在美国芝加哥拉美移民社区杧果街的女孩埃斯佩朗莎，生来就对他人的痛苦富有同情心和对美的感觉力，她用清澈的眼打量周围的世界，用诗一样美丽稚嫩的语言讲述成长、讲述沧桑、讲述生命的美好与不易，讲述年轻的热望和梦想，清澈如水而又回韵悠长，关于亲人，关于头发、云朵、树木和荒原……

精彩书摘

1．你永远不能拥有太多的天空。你可以在天空下睡去，醒来又沉醉。在你忧伤的时候，天空给你安慰。可是忧伤太多，天空不够。蝴蝶不够，花儿也不够，大多数美的东西都不够。于是，我们取我们所能取，好好地享用。

2．有一天，我会有我自己的最要好的朋友。一个我可以向她吐露秘密的朋友。一个不用我解释就能听懂我的笑话的朋友。在那之前，我将一直是只红气球，一只底下被拴住的气球。

正如一首老歌唱的那样：“每个人心里一亩一亩田，每个人心里一个一个梦，一颗呀一颗种子是我心里的一亩田，用它来种什么？用它来种什么？”准爸爸和准妈妈不妨告诉胎宝宝，你们心里的那亩田要为他种什么呢？

艺术胎教：用饮料瓶做花瓶

日常生活中的废弃饮料瓶，经过巧妙打造，也能做出漂亮的花瓶。它能让你收获一份好心情的同时，也能让你向胎宝宝展示一下自己的手工技艺和插花技艺。如果有兴趣，准妈妈不妨试一试吧！

材料

塑料饮料瓶、剪刀、彩色胶带（如果能有几种不同的颜色就更好了）。

步骤

1 将饮料瓶从距离上口1/3处剪开，取下面的部分，共剪三个，一个大的，两个稍小的。

2 取一个小瓶子，将彩色胶带顺着瓶子竖直贴出若干条纹，如果有几种颜色的话，可以将几种颜色错开来贴。

3 再取一个小瓶子，将彩色胶带按第二步转圈贴出若干条纹，颜色可根据自己的喜好选择。

4 最后一个大瓶子将开口部分沿着圆周剪成0.5厘米宽的细条，长5厘米左右，然后将所有细条弯曲，用彩色胶带绕圈固定在细条底部。

5 这些塑料花瓶做好后，要注意把切口处用胶带封好，以免不小心划手。

6 三个漂亮花瓶就做好了，插花时可以在花瓶底部放一些小石块，这样花瓶就不会因为太轻而倒下了。

胎教提示

这些花瓶不用之后，要记得整理到妥当的地方，以免日后宝宝不小心玩弄时伤到自己。

孕10月

奇迹终于产生了

生命的奇迹就要出现了！准妈妈和准爸爸一定心情无比激动与紧张！不要因此而乱得无头绪哟。该做的准备都做好了吧？加油哦，一、二、三！小宝宝就要来啦！

本月胎教要点

首先提示的是，按要求最后一个月，为了准妈妈自己和胎宝宝的健康和安全，每周都须做一次体检，这是很有必要的。

本月准妈妈可以复习以前的内容，也可以继续教胎宝宝学习。在本月准妈妈可以进行的胎教有哪些呢？

胎教时注意姿势

怀孕第10月的时候，准妈妈随时都可能临盆，子宫也越来越大，所以进行胎教时要注意姿势，不要长时间躺着，以免增大的子宫压迫下腔静脉，导致胎宝宝缺氧，最好半卧在沙发或躺椅上。

情绪胎教，在愉快中企盼宝宝出世

准妈妈要尽量保持心情放松，不要过于恐惧。以勇敢的心态面对幸福的生产，一则可以使自己避免因为消极情绪而消耗分娩的体力，二则也可以对胎宝宝形成正面影响。相信你的正能量能带给自己和胎宝宝以力量！

运动胎教，为顺产做好准备

胎宝宝即将降临，准妈妈和准爸爸要齐心协力来为迎接胎宝宝进行必要的活动。要充分地了解婴儿是如何通过产道诞生出来的，认真地练习呼吸技巧和用力方法，并在分娩时正确运用。

音乐胎教，在音乐中养精蓄锐

静下心来听听自己喜欢的音乐吧！可以让你放松心情，让你养精蓄锐，为分娩积聚正能量。每天早中晚，准妈妈不妨用15分钟左右的时间来欣赏音乐，你可以边听边想象宝宝正张开蓓蕾似的小嘴跟着节奏在快乐地哼唱着，这将更富情趣。

为早教做好衔接

胎教与早教在宝宝出世那一刻开始就衔接上喽！在本月准爸爸和准妈妈要注意把胎教和早教衔接起来，提前进行一些早教练习，比如视觉训练、听觉训练、触觉训练等，这也是在巩固胎教的效果。

第37周：发育基本完成

头部完全入骨盆

现在胎宝宝作息的“房间”对于胎宝宝的个头儿来说显得太小啦！37周的胎宝宝仍然在生长，本周胎宝宝身长51厘米左右，体重3000克左右。在这么狭窄的空间里，胎宝宝不得不蜷着身体睡觉，不过他现在还是很习惯这样的姿势，而且出生后几周他都会保持这种姿势。

神奇的头脑

先说说长在外面的头发吧。现在胎宝宝的头发已经长得又长又密了，不过不长不密的也不必担心，在出生后随着营养的补充，他的头发自然会变得浓密光亮。

再说说他的大脑。本周胎宝宝的神经细胞数目已基本发育完成，他的大脑有近130亿~180亿个神经细胞，这与成人脑神经细胞的数量基本相同。

头部完全入盆了

这个时候宝宝的身体发育基本完成，头现在已经完全入盆，他的头部在盆内摇摆，被周围的骨盆架保护着，这样会很安全，而且这样的位置也有利于胎宝宝有更多的空间放自己的小胳膊小腿。

随着预产期的临近，胎宝宝显得越来越安静，在以后的日子里他便很少打扰准妈妈休息了。

胎教提示

如果此时胎位不正的话，那么胎宝宝自行转动胎位的机会就已经很小了，通常此时医生会建议准妈妈剖宫产。准妈妈从现在开始要注意休息和保持个人卫生，随时准备和胎宝宝见面。

临产症状，提示入院待产的信号

当准妈妈的身体出现以下症状时，准妈妈需要把自己的情况告诉家人和医生，并做好去医院待产的准备。

1 见红。分娩前24~48小时，从阴道排出少量血性黏液（咖啡色、粉红色或鲜红色的血液）称见红，见红是分娩即将开始的第一症状，可能持续几天，每天有少量排出，也可能一下子突然见红，如果见红量较多，超过平时月经量，或者伴有腹痛的感觉，应及时去医院或与医生联系。如果是淡淡的血丝，量不多，则不必去医院，可在家里休养并注意观察，不要过于操劳或避免剧烈运动即可。

2 宫缩。如果准妈妈感觉到自己下腹部一阵阵发硬，且有下坠感，这就是宫缩，表示分娩快要开始了。最初每阵宫缩持续10~30秒，间隔时间较长，渐渐地宫缩持续时间延长，随着时间的推移，阵痛的规律性也越来越强，间隔会越来越短，疼痛持续时间越来越长，疼痛感也逐渐加重，这时也可能伴有宫颈口的开大，应及时上医院待产。

3 破水。阴道突然有液体持续流出，不能自控且不黏稠，呈清水样，即为破水。如果羊水中混有胎便，液体还可呈黄绿色。这都提示胎膜已破，胎宝宝与外界相通。为免引起宫内感染，故此时应不管是否有宫缩，是否已到预产期，都要立即减少活动，尽快入院。

4 胎动异常。准妈妈如果发现胎动次数突然比前几天减少一半甚至消失，或是胎动较以前突然频繁，都提示有宫内缺氧，可能临产，应立即上医院。准妈妈在孕晚期要注意胎动的频率。

胎教提示

准爸爸要把入院的各种证件准备好，以便准妈妈及时顺畅地就医。这些证件有：医院就医卡、母子健康手册、产检档案、身份证、户口本、医疗保险卡。另外最关键的是钱。可以备少量现金，其他用银行卡结算。

情绪胎教：在喜乐中期待宝宝的降临

可爱的宝宝就要出世了！准妈妈和准爸爸在喜乐中期待他的降临吧！小宝宝需要的东西可不少呢，准爸爸准妈妈要准备的东西有哪些呢？我们列举出来供你们参考。相信你们在准备这些东西的时候，心情一定是非常开心的——因为你们是在为迎接宝宝给他准备最亲切的见面礼呀！

物品类别	具体需要准备的东西
衣物、卧具	和尚袍（中号、长袖）2件、小被子1条、婴儿床1个（栏杆不要太矮，最好是能一边打开的那种）、蚊帐（夏天用）、小玩具
洗护用品	婴儿浴盆1个、浴巾2条、小毛巾10块（洗屁屁用，可用纱布）、婴儿专用洗发露、沐浴露、润肤露、护臀膏各1瓶、塑料盆2个（用来洗衣物、尿布）、爽身粉（夏天需要）、水温计1个、婴儿洗衣液
卫生用品	纸尿裤1包、尿布（布尿片或纸尿布）不少于10块、纸尿布若干包、婴儿柔湿巾多多益善、指甲剪、体温计1个（有的医院会送）、隔尿纸巾1包（一次性，迅速将尿渗透）
喂奶用品	小号奶瓶1个、奶嘴2个（小号、十字开口）、奶粉6小袋（以备不能母乳喂养之需）、奶瓶奶嘴刷、奶瓶清洁液

如果准爸爸和准妈妈一时确定不了，哪些物品是否适合买给未来的宝宝，不妨向有经验的亲戚朋友多请教。

胎教提示

如果亲戚朋友家里有大一点儿的宝宝，你们还可以问问他们有什么东西能赠送你。至于袜子、裤子之类的物品，对于小婴儿来说用处不大，就不必买了。

营养胎教：准妈妈怎样吃最利于分娩

健康合理的饮食是顺产的前提条件。顺产对准妈妈和胎宝宝都有很多益处，例如产后恢复快，生产当天就可以下床走动，产后可立即进食，可喂哺母乳等。因此在生产前，准妈妈不妨食用一些有助于顺产的食物。

1 含锌的食物。研究表明，准妈妈每天从食物中摄取的锌越多，其自然分娩的机会就越大。锌对分娩的影响主要是可增强子宫有关酶的活性，促进子宫肌收缩，把胎宝宝挤出子宫腔。肉类中的猪肝、猪肾、瘦肉；海产品中的紫菜、牡蛎、蛤蜊；豆类食品中的黄豆、绿豆、蚕豆；硬壳果类中的花生、核桃、栗子等均含有丰富的锌。

2 含维生素 B_1 的食物。如果在最后一个月里，准妈妈维生素 B_1 不足，容易引起呕吐、倦怠、体乏，影响分娩时子宫收缩，使产程延长，分娩困难，因此准妈妈多吃含维生素 B_1 的食物有利顺产。

维生素 B_1 主要存在于种子的外皮和胚芽中，碾磨得不精细的谷类食物所含维生素 B_1 也较多；植物性食物中，豆类和花生含维生素 B_1 最多；在蔬菜中，苜蓿、枸杞子、毛豆的维生素 B_1 含量较多；动物性食物中，畜肉及内脏维生素 B_1 很多；此外干酵母中含维生素 B_1 最高，每 100 克为 6.53 毫克。

讲究规律，合理用餐

1 时间上要有规律。准妈妈每天用餐四五次即可，可采用少食多餐的办法进食。但是要按时用餐，不可这顿不吃，下顿多吃，以零食替代正餐，甚至是暴饮暴食。

2 饮食结构合理，量上不必刻意增加。在最后一个月，准妈妈的饮食量不必刻意增加，按照以前的饮食结构即可，因为这个阶段胎宝宝的身体发育已经成熟，主要是皮下脂肪在增多，若摄入营养过量，容易使胎宝宝长得太大，在出生时造成难产。

胎教提示

有些长辈认为多吃鸡蛋能长劲，让准妈妈一顿猛吃好多个，这是不对的。人体吸收营养有限制，一般鸡蛋每顿一两个就足够了，过多摄入不仅会加重胃肠道的负担，还会引起消化不良、腹胀、呕吐等不良后果。

运动胎教：产前不妨简单练习盘腿坐

顺产是准妈妈最期待的事情了！准妈妈在产前可以坚持做一些力所能及的运动，以帮助顺产。下面我们为准妈妈介绍一种这样的运动——盘腿坐练习。

这个练习是临产前的准备练习，可以增加背部肌肉的力量，使大腿及骨盆更为灵活，并且能改善身体下半部的血液循环，使两腿在分娩时能很好地分开，具体做法是：

1 地上垫上垫子，准妈妈轻轻坐下，保持背部挺直。

2 两腿弯曲，使脚掌相对，让脚尽量靠近身体。

3 两手抓住脚踝，两肘分别向外压迫大腿的内侧，使其伸展。

4 保持这种姿势 15~20 秒。

5 重复第 2~4 步数次。

准妈妈也可两腿交叉而坐，也许会感到更舒服，但在做的过程中要注意不时地更换两腿的前后位置，以免阻碍血液循环。如果感到盘腿有困难，可以在大腿两侧各放一个垫子，或者背靠墙而坐，但要尽量保持背部挺直。

准爸爸在准妈妈做这个运动时，一定要从旁做好保护与协助工作哦。

胎教提示

在咨询专业人士之后，准妈妈现在可以认真练习有助于分娩的呼吸法，使得自己放松，还要注意坚持练习一些有助于分娩的简单分娩操。如果能在分娩时正确运用这些分娩辅助动作，将对顺利分娩起到很好的作用。

音乐胎教：《空山鸟语》

《空山鸟语》这首名曲，可谓是穿越时空的一位大诗人和一位大音乐家的合作。此曲取自于唐朝大诗人王维的诗《鹿柴》的意境，而曲谱由我国现代著名音乐家刘天华（1895—1932），经十年工夫创作。

别样的二胡

如果提起二胡，往往给人一种只能表现凄凉格调的感觉，其实不然。二胡的音色具有柔美抒情的特点，发出的声音极富歌唱性，宛如人的歌声，其拟声效果也非常出色。在此曲中，刘天华创造性地运用三弦拉戏式的模拟手法，模仿了空山鸟鸣的美好意境，生动活泼，极富形象性。

这首二胡曲首先用跳跃的音符营造出一种幽渺、静穆的意境，恰似空谷回声，进入第一、二段后，音乐清新活泼，气氛活跃，仿佛一两只小鸟打破寂静，接着引来众鸟争相飞鸣，展现出一幅鸟声四起的喧闹情景。

找一个空闲的时间，坐下来和胎宝宝一起静静地感受这首曲子，好好地听一听空寂的山中，竹木疏影之间，百鸟的鸣唱吧。

诗、画、乐三合一的意境

大诗人王维《鹿柴》中这样描绘空山之景、之音：

鹿柴

王维

空山不见人，
但闻人语响。
返景入深林，
复照青苔上。

山谷清幽，不见人影，却可闻得人声。夕阳余晖落入深林之间，又反照在青苔之上。诗人用画家的眼光，捕捉到夕阳返照深林青苔的瞬间，光线冷暖的变化；用音乐家的耳朵捕捉到空山人语与清寂的对照，没有如此敏感的眼光与耳朵，没有一颗潜心观察、深刻体悟的心是不可能写出这样将诗、画与乐结合在一起的千古名句的。

而著名的音乐家刘天华正是在充分理解了王维诗风的艺术风格基础上，结合自己家乡的山谷风景之美，采用音乐这种艺术形式，将诗艺化到二胡的曲风之中，成为传世的经典曲目。

胎教提示

潜下心来，才能捕捉自然之趣。准妈妈能潜下心来，便能在心神安宁之际，带领胎宝宝一起捕捉到自然中的各种美，有白云的流动之美，有蓝天的高远之美，有鸟鸣清啼之美。这些美都将是非常好的胎教内容。

语言胎教：宋词《清平乐·村居》

生活节奏的加快，让人们远离了记忆中在农村老家生活的点滴，重拾记忆中的青草、豆苗的芳香，以及农村小朋友的活动，是多么有趣的一件事！今天就借着这首《清平乐·村居》，和胎宝宝讲讲你们记忆中的农村生活趣事吧！

清平乐·村居

辛弃疾

茅檐低小，溪上青青草，
醉里吴音相媚好，白发谁家翁媪。
大儿锄豆溪东，中儿正织鸡笼，
最喜小儿无赖，溪头卧剥莲蓬。

虽然辛弃疾描写的生活情景与儿时在农村的生活情景有些不同，但其中的情趣却是相同的：一所低小的茅屋，紧靠着一条流水潺潺、清澈见底的小溪，溪边长满碧草。一对满头白发的老夫妻，刚刚饮罢了酒，亲热地坐在一起聊天。在远处，大儿子在地里锄草，二儿子在屋檐下编制着鸡笼，可爱的小儿子躺在溪边剥莲蓬。

这是多么祥和美好、朴实无华却又生动情趣的生活呀。

将来如果有机会，也带宝宝一起去这样原生态的村居，体验一下词中的情趣吧！

脐带绕颈是胎宝宝常见的情况，绝大部分脐带绕颈不会对胎宝宝产生大的影响，所以你不必过于担心，听从医生的建议选择分娩方式即可。

艺术胎教：品好书《月亮忘记了》

感受温暖与美好的记忆

这是著名绘本作家几米的一部力作。一个小男孩把掉入水中的月亮捞了起来。失去月亮的人们先是恐惧，而后制造出了许多“月亮”。而真正的月亮却渐渐被人淡忘，它去了哪里呢？

它暗淡地躺在小男孩的家里，忘记了以前的事情。两颗寂寞的心在城市里享受着孤独带给他们的温暖。渐渐的，月亮长大了，也恢复了记忆，当它和小男孩一起重拾记忆中的美好时，它又获得了升上天空的勇气……

它和小男孩从此天各一方了。

月亮在悄悄地陪伴你

你是否也有过，像书中的小男孩一样与月亮有过美好的交往的经历？月亮是我们童年的伙伴，是我们成年后的伙伴。它的光辉在我们满心期待时，给了我们多少美好憧憬；在我们悲伤寂寞时，给了我们多少抚慰？无论生活中发生怎样的情绪，都有个可爱的月亮悄悄地陪伴在我们身旁。它就在我们身边，你注意到了吗？

第38周：胎脂在脱落

皮肤越来越光滑

本周胎宝宝长到52厘米左右啦，他的体重达到3200克左右。小家伙的各个器官发育完全并已各就各位，脑和肺部也开始了工作，并会在出生后继续发育，直至成熟。

免疫系统建立

这个阶段，胎宝宝本身的免疫系统虽已建立，但还不十分成熟，为了补偿这种不足，胎宝宝可以通过胎盘和哺乳接受来自母亲的抗体，从而抵御一些像流行性感冒等感染。

皮肤变得光滑

这一周，胎宝宝身上覆盖的一层细细的绒毛和大部分白色的胎脂还在逐渐脱落，并随着羊水吞入宝宝的肚子里，储存在他的肠道中，出生后随胎便排出。宝宝的皮肤变得光滑，胎毛正在消失，若胎毛保存到出生，多会出现在他的肩部、前额和颈部。

抓握能力

此时，胎宝宝的抓握已经很有力了，在他出生之后，如果你用手指碰触他的小手，他很快就会紧紧地抓住。

准妈妈在活动时一定要小心，一是不要长时间站立，二是小心滑倒，尤其是在洗澡的时候。此外要好好休息，密切注意自己身体的变化，随时做好临产准备。

情绪胎教：缓解准妈妈的产前不良情绪

离生产越来越近了，准妈妈在身体上和心理上都会受到一定程度的考验。有些准妈妈会出现焦虑、烦躁、委屈、想哭、想发脾气等情绪，这里我们介绍一些方法，来帮助准妈妈改善自己的情绪，在一份阳光心情中为生产做准备。

1 接受现实，多方化解。怀孕与生产是女人面临的一大生理过程，这是“命中注定”的。因此准妈妈不必对孕产过程中身体上的不适过于焦虑、担心，不妨将心思放在好好了解孕产知识上，做到心中有数，这样一来便可泰然处之。而且现在医学发达，是保护你的宝宝健康的前提。而生活中如果面临不顺畅之事，如果暂时不能解决，不妨先接受，等有办法了，有能力了再解决。此外，心中的不快不要憋在心里，越憋则越不快，一定要找知心人倾诉，以释放出来。

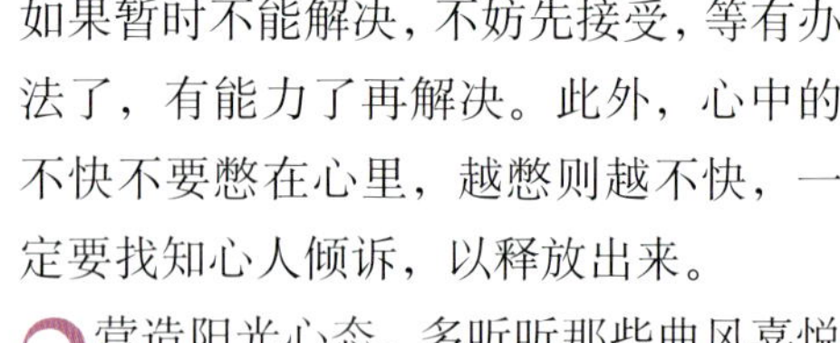

2 营造阳光心态。多听听那些曲风喜悦活泼的音乐，多出去走走，看看阳光、赏赏花、望望蓝天白云，或者看一场喜剧电影之类。只要能让你心情保持舒畅的事情，你都可以去做。

3 没乐找乐，乐在其中。没乐也可以找点乐：吃点自己爱吃的，或者对着镜子做个鬼脸逗自己开心之类，只要能让你放松心情的事情，都不妨去尝试。如果你心情不好，笑不起来，就做这样一个动作：努力去张嘴微笑！虽然你心情不好，但做出这个动作，你的心情就会跟着慢慢好起来。试一试吧，如果你不排斥，这个办法很有效的。

4 准爸爸及家人要努力营造良好的氛围。准爸爸要多给准妈妈鼓励，多为她打气。并且在实际行动中，做好孕检、产前的各种准备。如了解医院情况、做好交通安排，准备好住院的用品以及营养品之类。准爸爸和家人的关怀，会让准妈妈心里有可靠感，自然会缓解担忧、焦虑的心情。

胎教提示

准妈妈如果觉得自己脆弱，不妨看一些励志故事给自己打气。要给自己以勇气、快乐，多笑一笑，学会创造条件，让自己放松。

营养胎教：多功能的猕猴桃

猕猴桃虽然个子不大，但是它的维生素C含量极高，足能补充你所需要的量不说，它还含有一定量的纤维素和果酸，可以起到促进消化、增加肠道蠕动、促进排便的作用。此外，猕猴桃中的血清促进素具有稳定情绪、镇静心情的作用，对帮助你保持良好心情、预防产前抑郁症也有一定的帮助。

猕猴桃麦片粥

材料 大米100克，燕麦片30克，苹果、猕猴桃、菠萝各50克，白糖适量。

做法

1 苹果、猕猴桃、菠萝洗净去皮，切丁备用。

2 大米淘洗干净，放入锅中，加入适量清水，煮成粥。

3 粥沸后加入燕麦片稍煮，再加苹果丁、猕猴桃丁及菠萝丁拌匀，加入白糖调味即可。

功效 不仅补充各种营养成分，而且甜润润的味道也让准妈妈精神为之一振。

猕猴桃西米粥

材料 猕猴桃200克，西米100克，白糖100克。

做法

1 将西米洗净，浸泡30分钟后沥干水备用。

2 将猕猴桃去皮、核，用刀切成黄豆大小的丁备用。

3 锅置火上，加入3碗清水，放入西米、猕猴桃丁和白糖，用大火烧开，再用小火稍煮即可。

功效 西米有健脾运胃、补肺化痰的功效，适宜体质虚弱、神疲乏力者进补。孕期及产后的女性都适宜。不过糖尿病者禁食。

运动胎教：准爸爸学习助产放松法

生产过程中，如果有准爸爸的陪护，帮助准妈妈放松，也能为准妈妈提供不小的帮助呢！

第一产程中的放松方法

从阵痛开始到宫开，是一个漫长的过程。在这个过程中，也许医生会建议准妈妈在家中等待。此时，准爸爸可以陪伴准妈妈散散步、说说话或者看看喜欢的电影，帮助她放松及积蓄精力。

在宫缩间隙，准爸爸可以给准妈妈按摩脖子、手腕、大腿、脚踝，上、下、左、右按摩腰部，或者用手或拳头压迫准妈妈感觉不舒服的地方以缓解不适，以便用较好的状态迎接下次宫缩的来临。

在此期间，准爸爸还要让准妈妈尽量进食，并协助她补充足量的水分，积蓄足够的体力来应对第二产程。

第二产程中的放松法

在第二产程开始时，如果准爸爸选择陪产，可以与准妈妈一起采用协助分娩呼吸法，甚至可以让他来引领你的呼吸。准爸爸需要尽量让准妈妈放松，保持平稳、有节奏的呼吸，并紧握准妈妈的手或轻轻抱住准妈妈，替她擦擦汗水，给她以支持和鼓励。

如果准爸爸对分娩的场面没有心理准备，甚至是怵头，就不妨让他在产房外等待，以免进产房后，他自己慌乱，反倒给准妈妈起到不良的示范作用。

音乐胎教：古筝曲《高山流水》

这是一曲关于友情、山水的名曲。相信基调平缓、意境高远的《高山流水》能让准妈妈在山的巍然与水的柔润的抚慰下，获得一份独特的心灵享受。

山水友情传奇

《高山流水》是我国十大古曲之一。这个古曲与一段友情佳话相联系。传说先秦时期，有一位著名的琴师俞伯牙，一次他在野外弹琴，碰巧樵夫钟子期路过，便聆听琴声，道破琴韵："巍巍乎志在高山"，"洋洋乎志在流水"。伯牙因此视钟子期为知音。子期死后，伯牙摔琴绝弦，终身不操琴奏曲。

《高山流水》曲原是古琴曲，现多为古筝弹奏。乐曲音韵古朴、典雅，前半部分表现高山的气魄，后半部分写意流水的各种形态。让人如身临其境，如在高山流水之间，与一二知音琴瑟相和，寄情山水，相融相谐。

古筝小知识

古筝是我国独特的、重要的民族乐器之一。其历史悠久，在2500年前的战国时代，就在秦国一带广为流传了。古筝音色优美，音域宽广，演奏技巧多样，表现力丰富，深受人们喜爱。

语言胎教：故事《哪吒哪里来的》

不知道你们是否还记得动画片《哪吒》中，小哪吒出世的一段情景，充满了奇趣的气氛。准爸爸就讲讲《哪吒哪里来的》吧，让准妈妈紧张的心情在故事中化解掉，而且也能让准妈妈期待自己生个像哪吒一样美丽可爱的小娃娃。

哪吒哪里来的

——老爷，老爷！夫人生了！

——是男是女？

——呃……不知是个什么……

——哼！

——啊？！怀胎三年六个月，生下这么个东西！恐怕不是个好兆头。哼！

——哈哈哈哈，李总兵，金光洞太乙真人向你贺喜了！

——嘿，变了一个不成形的小人儿。

——哈哈，不成形也好，请让我看看。

——谁知道这小东西这会儿跑到哪儿去了。

——哈哈哈哈……你看，来呀来呀。他不是在这儿吗。哈哈哈，我给他起个名字叫哪吒。

——谢师父，师父是神仙，定和小儿有缘，就请仙师收为徒弟吧。

——俗话说，神仙也是凡人做，只是凡人心不坚。哪儿有什么神仙哪。我只是个好打抱不平，爱开玩笑的老头罢了。你父亲既然有意，那我就收你这个徒弟了。

——哦？真有意思！

——你以后有什么难处，到金光洞来找我！

——谢谢师父！

——后会有期！

轻松的语言交流

轻松幽默的语言交流或故事不但可以调节准妈妈的紧张感，而且对胎宝宝听觉和智力的锻炼也很有好处。所以准爸爸不妨多讲一些有趣的故事给准妈妈和胎宝宝听。

1 语言交流的材料随处可得。这些材料可以是轻松幽默的故事。可以从动画片、儿童故事、电影中寻找素材，也可以讲准爸爸准妈妈自己的所见所闻。

2 多种讲述方式。如果可能可以下载相关画面和准妈妈一起看，边看边交流心得。记得交流的时候，别忘了跟胎宝宝一起互动哟。

胎教提示

充满爱的语言可以促进母子、父子情感的建立和心灵的沟通。这个时期，准妈妈和准爸爸可以多与胎宝宝说话，让胎宝宝安心，比如："宝宝，你一定很想和爸爸妈妈见面了，是吧？我们好盼望这一天啊！"，等等。

艺术胎教：名画《湖光春色图》

吴历（1632—1718），我国清初著名的山水画家。生于江南的他，在《湖光春色图》中表现了江南水乡秀美怡人的春色：湖岸柳色新绿，带雨含烟，远山清淡，一条小径沿湖岸、穿绿树，迤逦而行至远山，有意境悠远之感，让人心旷神怡。此画既表现了春天的盎然生机，无限的生命力，同时又温润儒雅、浑朴厚重，透着翩翩君子之风。

有趣的是与传统国画技法不同，吴历因为有机会接触西洋画，因此在这幅代表作中，有意无意地运用了西洋画法，但他表现的意境却是传统人文情怀。

胎教提示

“不以物喜，不以己悲。”这幅画苍润淡雅、气韵平和的氛围能让准妈妈陶冶情操，内心宁静下来，相信胎宝宝也会在平和的情绪中生长得更健康、更聪敏。

第39周：发育完全啦

体重还在增加呢

本周胎宝宝的身长比上周又长了1厘米左右，他的体重达到3200~3400克。这个沉甸甸的小家伙，头部固定在骨盆中，他将会向下运动，压迫准妈妈的子宫颈，随着头部的逐渐下降，他便会来到这个世界上啦。

胎宝宝此时身体各器官都发育完成，肺是最后一个发育成熟的器官，通常是胎宝宝出生后几个小时内，它才建立起正常的呼吸模式。胎宝宝现在安静了许多，不太爱活动了。

体重还在增加

虽然他快要出世了，但是他还是很“贪长”哟。他的体重每天都在增加，脂肪正以每天超过14克的速度增长，脂肪的储备会让胎宝宝在出生后进行体温调节。有的胎宝宝出生时体重可以达到4000克以上。通常情况下，男孩出生时的体重会比女孩重一些。

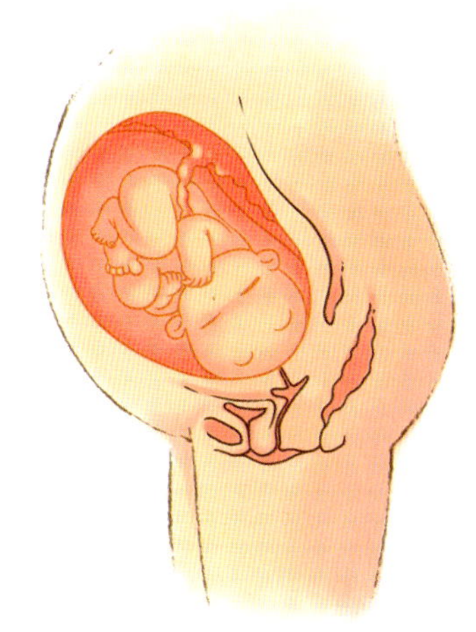

胎教提示

这时候准妈妈可能还在犹豫是否做剖宫产，如果没有特殊情况，准妈妈最好选择自然分娩，这是人类的本能，也是最可靠的分娩方式。

情绪胎教：幸福多，快乐多

快做妈妈了！你的心中是否充满幸福感？幸福让你快乐，让你相信自己的生活每一刻都是美好的！幸福需要用心去感悟、用爱去创造，你的幸福心意也会传递给胎宝宝，让他也获得感应，希望在幸福的家庭里快乐成长！一起来创造和感受幸福吧！

1 在音乐中放松。听一些轻松愉快的音乐对你的心情大有好处。虽然你不是音乐发烧友，但只要你有一双耳朵和一颗心，你就能在轻松的音乐中收获乐曲传递给你的快乐、祥和、幸福。

2 与喜剧打交道。常看令你感觉开心的喜剧、小品或者相声，这些来自生活中的幽默会让你倍感轻松，你会感到生活是一件奇妙的事情。把这种愉快跟胎宝宝和准爸爸分享，你会发现你们“一家三口”是多么开心、幸福！

3 静读中感受幸福。每天腾出一点时间读几页令人鼓舞的图书或者文章，当你与作品中的情感共鸣时，这将让你感到由衷的幸福。而书中的主人公的经历，也许会引起你的联想，让你有同感，你的悲伤、低落的情绪也会得到化解。

4 每天做一点自己喜欢的事情。比如给自己买一本书、吃点自己喜欢的吃的、看一个自己喜欢的电视节目或者电影等。

5 每天做一件让别人高兴的事情。一句温暖人心的话、一个贴心的微笑、一件有诚意的小礼物，都会令对方感到高兴，你会发现这种高兴将是相互的。

6 与你认为幸福的人接触。你要相信幸福是可以感染的，当你看见一个牵着孩子的妈妈时，你一定也会有幸福感。

7 学会创造与共享幸福。以感恩的心去创造幸福吧。你和家人一起做一顿饭，一起去看一场电影，和准爸爸一起为未来的宝宝搭起他的小婴儿床，这都是表达幸福的方式。

胎教提示

“幸福在哪里？”幸福就在每时每刻自己创造妙趣的点滴生活中。生活中会有许多大大小小的不如意，但只要你能敞开心扉，包容它们、悦纳它们，它们也会变成你幸福的调料。

营养胎教：促吸收的美味

有没有既能让准妈妈补充营养，而且促消化、助吸收、助运化、补充体力的食物呢？有呀。今天我们就推荐两款美食给准妈妈！

土豆炖鸡块

材料 鸡肉200克，土豆300克，葱白、姜片、油、酱油、料酒、盐各适量。

做法

1 鸡肉切块，用盐、料酒、酱油、葱白拌匀腌渍15分钟；土豆去皮，切1厘米见方的小块。

2 锅内烧热油，放葱白、姜片，下鸡块翻炒至鸡块变色，待水大部分消失时，下酱油和土豆块翻炒2分钟。

3 放入适量清水，没过鸡块和土豆块即可，加盐调味，大火烧开后小火慢炖20分钟，转中火收干汤汁即可。

功效 鸡肉富含优质蛋白质和促进人体生长发育的磷脂类，极易被人体消化吸收，有强身健体的作用，对孕期的营养不良、畏寒怕冷、乏力疲劳，以及产后乳汁不足、水肿、食欲不振等虚弱症状有很好的食疗作用。土豆虽然“其貌不扬”，但传统中医认为，它能健脾和胃、益气调中、缓急止痛、通利大便。

鲫鱼菜花羹

材料 鲫鱼1条，菜花120克，香油1小匙，姜片、盐、油各适量。

做法

1 鲫鱼宰杀洗净，再用盐水浸泡5分钟后洗净；菜花去粗梗，洗净，切成朵。

2 锅内放油，烧热，把姜片爆香，下鲫鱼稍煎，加适量水，煮30分钟，下香油、菜花朵煮熟，加盐调味即可。

功效 鲫鱼味甘性温、利尿消肿、益气健脾、消热解毒、通脉下乳，可补充胎宝宝大脑发育所需的营养，经常吃对预防和治疗胎动不安、妊娠性水肿有很好的功效。鲫鱼不仅孕期可以用来进补，产后还可以用来催乳。菜花可以提高肝脏解毒能力，增强机体免疫能力，预防感冒和坏血病，还具有抗癌的作用。

贴心提示 鲫鱼是很好的滋补品，还可以做成萝卜丝鲫鱼汤、清蒸鲫鱼、葱烤鲫鱼等菜式，供准妈妈食用。

胎教提示

感冒发热期间不宜多吃鲫鱼。另外，菜花农药残留较高，可以用盐水泡或用去除农药的洗涤剂清洗干净。此外，鸡肉中的磷含量较高，为了避免影响铁元素的吸收，准妈妈服用铁剂时暂不要食用鸡肉。

运动胎教：冥想宝宝出生的过程

冥想宝宝出生的过程，可以释放你的紧张、焦虑、担心、恐惧情绪，从而获得健康、积极、乐观的冥想信息，这是胎教最好的过程。

静心呼吸

衣着宽松舒适，盘腿或采用金刚坐的方式坐好，腰背挺直，闭上眼睛，开始腹式呼吸，摒除一切杂念，意识保持在清醒与模糊之间，静心聆听自己内心的声音，然后开始想象宝宝的出生过程。

冥想宝宝出生的过程

打破禁锢的思想，充分发挥想象力吧！随着你的呼吸，你可以展开想象：可爱的胎宝宝在云层中幻化成形，他有着亮黑的眼睛，挺直的像爸爸的鼻梁，花朵般的嘴唇，胖乎乎的小手小脚。

如此可爱的宝宝躺在一个摇篮中，鹳鸟用长嘴衔着，腾空而起。鹳鸟飞过辽阔的森林，满眼都是青翠欲滴的绿；飞过大海，海鸥在周围拥护着飞翔，海豚从海底跃起，跟宝宝欢快地打招呼；飞过高楼林立的城市，飞到你的窗前，将宝宝放入你的怀中，你轻轻地将他揽入，仔细端详着他的脸，他的眉眼就是你和准爸爸的翻版，他正朝你甜甜地笑着……

你还可以想象宝宝天使般降生的样子，只要你充分放飞自己的想象，并让想象唤起你视觉、触觉、听觉和嗅觉的共鸣，就可以让自己真正放松。

如果杂念太多，思想不能集中，那就不要勉强自己，换个时间或地点再去做。

音乐胎教：《凤凰于飞》

“像凤凰于飞在云霄，一样的逍遥，像凤凰于飞在云霄，一样的轻飘。”这是多么熟悉的歌词！《凤凰于飞》曲是由流行音乐改编的扬琴曲，甜美的旋律配合扬琴独特的音质，能更好地平和你的情绪，将爱意溢满心间。

潇洒自在的凤凰

《凤凰于飞》是陈歌辛的代表作。在旋律优美的歌声中，音色明亮的扬琴，展示出凤凰在云霄中轻盈飞舞的喜庆、自在与飘逸。

“歌仙”简介

陈歌辛（1914—1961），我国著名流行音乐制作人，人称“歌仙”，他的代表作准妈妈一定非常熟悉：《玫瑰玫瑰我爱你》、《凤凰于飞》、《恭喜恭喜》、《夜上海》等，传唱至今。

传统乐器中的“钢琴”——扬琴

扬琴是中国传统的击弦乐器，与钢琴同宗，擅长演奏轻快、活泼的曲调，在中国民族乐队中也常充当钢琴的角色。扬琴的音色明亮，慢奏时音色如叮咚的山泉，快奏时音色又如潺潺流水。扬琴的表现力极为丰富，可以独奏、合奏或为琴书、说唱和戏曲伴奏，用途广泛。

胎教提示

准妈妈可以多熟悉几种乐器，了解自己的爱好，这种感觉也可以传递给胎宝宝呢，以后他可能就会有自己的选择呢。

艺术胎教：电影《猫和老鼠》

猫和老鼠这对欢喜冤家，给我们带来多少快乐呀！

《猫和老鼠》从1940年问世以来，一直是全世界最受欢迎的卡通之一，它陪伴了几代人的成长！

Tom和Jerry这一对搞笑活宝，20世纪90年代来到中国后更是得到各年龄段人们的狂热喜爱。这对天敌与邻居，在日常生活琐事中，斗得不亦乐乎。傻乎乎的汤姆猫总是自以为是的聪明，而真正精灵的杰瑞老鼠，却总是让汤姆猫聪明反被聪明误。

它们的可爱造型与故事，让我们总是忍俊不禁。准妈妈和胎宝宝来欣赏一下这对活宝是怎么搞笑的吧。相信你一定能和胎宝宝在这对活宝的趣味耍宝中，乐得合不上嘴的（不过不可大笑哟）。

胎教提示

动画片虽然好看，但如果准妈妈在看的过程中觉得乏累，可要休息一下，过后再看也不迟。

语言胎教：准爸爸讲故事《美猴王》

准爸爸讲讲一只猴子如何通过智慧与勇气成为“美猴王”的故事吧！

美猴王

一朝天气炎热，与群猴避暑，都在松荫之下顽耍。一群猴子耍了一会儿，却去那山涧中洗澡。见那股涧水奔流，真个似滚瓜涌溅。古云：“禽有禽言，兽有兽语。”众猴都道：“这股水不知是哪里的水。我们今日赶闲无事，顺涧边往上溜头寻看源流，耍子去耶！”直至源流之处，乃是一股瀑布飞泉。众猴道：“哪一个有本事的，钻进去寻个源头出来，不伤身体者，我等即拜他为王。”忽见丛杂中跳出一个石猴，应声高叫道：“我进去！”他瞑目蹲身，将身一纵，径跳入瀑布泉中，忽睁睛抬头观看，那里边却无水无波，明明朗朗的一架桥梁。他住了身，定了神，仔细再看，原来是座铁板桥。桥下之水，冲贯于石窍之间，倒挂流出去，遮闭了桥门。却又欠身上桥头，再走再看，却似有人家住处一般，真个好所在。石猴看罢多时，跳过桥中间，左右观看，只见正当中有一石碣。碣上有一行楷书大字，镌着“花果山福地，水帘洞洞天”。

石猴喜不自胜，急抽身往外便走，向众猴描述了洞内光景。众猴听得，个个欢喜。都道：“你还先走，带我们进去！”石猴却又瞑目蹲身，往里一跳，叫道：“都随我进来！进来！”那些猴有胆大的，都跳进去了；胆小的，一个个伸头缩颈，抓耳挠腮，大声叫喊，缠一会儿，也都进去了。跳过桥头，一个个抢盆夺碗，占灶争床，搬过来，移过去，正是猴性顽劣，再无一个宁时，只搬得力倦神疲方止。石猴端坐上面道：“列位呵，‘人而无信，不知其可’。你们才说有本事进得来，出得去，不伤身体者，就拜他为王。我如今进来又出去，出去又进来，寻了这一个洞天与列位安眠稳睡，各享成家之福，何不拜我为王？”众猴听说，即拱伏无违。一个个序齿排班，朝上礼拜，都称“千岁大王”。自此，石猴高登王位，将“石”字隐了，遂称美猴王。

胎教提示

是否也希望你们的宝宝像美猴王那样勇敢、具有探索精神呢？今后就多讲讲这段故事给他听吧！

第40周：天使降临

期待第一口空气

嘘！可爱的胎宝宝随时可以出世了！本周胎宝宝的身长在48厘米左右，体重3400克左右，已经是一个成熟的胎宝宝了。此时他的腹部要比头部稍微大些，脂肪的比例非常大，占胎宝宝体重的15%左右，身体内的所有器官和系统都已发育成熟。

此时，胎宝宝所处的羊水环境有所变化，由原来清澈透明的羊水变成现在的乳白色浑浊的液体了。此外，胎盘正在老化，传输营养物质的效率在逐渐降低，胎宝宝娩出后即完成使命。

期待第一口空气，第一次呼吸

随着出生，胎宝宝的最后一个成熟的器官——肺部将建立起正常的呼吸模式，胎宝宝现在正等待着呼吸第一口空气。当他出生后第一次呼吸时，会激发心脏和动脉的结构迅速产生变化，从而使血液输送到肺部，并发出第一声啼哭。这声啼哭通常是没有眼泪的，因为他的泪腺功能还没有被开发，这种情况会持续两三周。

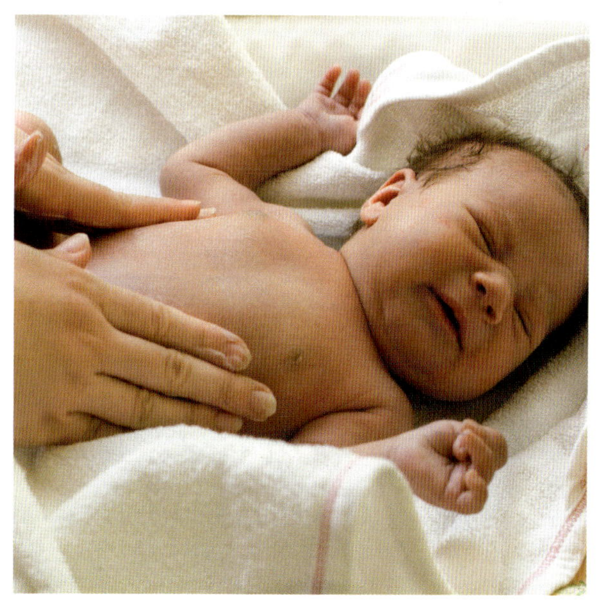

胎教提示

胎宝宝提前或推后两周出生，也是正常的。如果胎宝宝比预产期推后两周依然没有要出生的迹象，要采取催产措施尽快生产，因为胎宝宝发育过熟也会有危险。

情绪胎教：克服产前焦虑

产前焦虑是准妈妈面对生产以及生产的一系列情况而产生的心理上的紧张、无措感。这种情绪对准妈妈和胎宝宝都不利。产前严重焦虑的准妈妈，不仅剖宫产率升高1倍，而且还常伴有恶性妊娠呕吐，并导致早产、流产，分娩时产程延长、难产、新生儿窒息、产后易发生并发症等，在孕晚期准妈妈和家人要采取积极的态度消除产前焦虑。

下面的经验可能会对准妈妈消除产前焦虑有帮助。

1 向准爸爸倾诉。不要因为自己的喋喋不休而自责，情绪不好时尽量向准爸爸诉说，寻求准爸爸的保护和重视，这是宣泄不良情绪的合理渠道。准爸爸也要体谅妻子的心理，对妻子的倾诉给予理解与安慰。

2 相信老人的“现身说法”。你的婆婆和妈妈都会以“过来人”的身份告诉你自己的生产以及育儿的经验。要知道在她们生孩子的时代，我们的医学条件远没有现在发达，但是她们不也是顺利生下了孩子，而且健康地成长起来吗？因此你要坚定信心，要相信生孩子并没有电视剧中表现得那么可怕。

3 相信专业人士。相信你选择的医生，相信医学，现代医疗技术已经为数以亿计的人平安生下了孩子，你也不会例外。退一步讲，即使出现意外，你和胎宝宝也能得到最大限度的安全保障。

4 交流生产经验。和一些刚生产完的准妈妈们交流一下，讨教一些经验。

5 多做一些有利健康的活动。如编织、绘画、唱歌、散步等，不要胡思乱想，整日躺在床上，把注意力集中到对未来的担忧上。

6 保持坦然的心态。该面对终将要面对，该承受的也要承受。把心态放得坦然，你的勇气便会增加。

胎教提示

患有妊娠高血压综合征等产前并发症的准妈妈，往往因为健康问题比其他准妈妈更容易焦虑，我们建议这样的准妈妈积极治疗并发症，与医生保持密切联系，有问题时及时请教医生，保持良好的情绪。

营养胎教：充分补充能量的美味鲜汤

分娩需要充足的体力，而坐月子更是需要补充能量。这里我们向准妈妈推荐两款美味的汤，给准妈妈带来充足体力的同时，也能为健康带来益处。

鱼头汤

材料 大鱼头1个，五花肉、香菇少许，姜丝、豆腐、大白菜、盐、油各适量。

做法

1 五花肉、香菇切丝，鱼头用油煎到半熟。

2 锅里放少许油加热后，放进五花肉丝、香菇丝、姜丝爆香。

3 再放入大白菜、豆腐、鱼头及水，蒸煮2小时后放进少量盐即成。

功效 此汤有肉类、有豆类、有蔬菜，荤素搭配，营养丰富，味道鲜美，准妈妈的舌头刚碰到一口，便想一下子吃个够！

说明 1. 鱼头里钙质含量非常丰富，如果和大骨汤、鸡骨汤轮流食用，可以更好地帮助准妈妈增加体力。

2. 这道汤里可加入粉丝或面条，最好用土锅或陶锅来炖煮。

莲藕干贝排骨汤

材料 适量新鲜莲藕、干贝、排骨及少许盐。排骨重量与莲藕相同，干贝取莲藕的1/10，一般以7克为平均分量。

做法

1 干贝于前一天晚上用10倍的水浸泡至第2天，浸泡的水留着备用。

2 莲藕不削皮也不切片，留下两头的节，以整节整节的方式下锅。

3 排骨氽烫过后，将所有食材放进锅里（土锅和陶锅是比较好的选择），加进6倍的水（含浸泡干贝的水）及少许盐，开大火煮开后，改用小火炖两个小时即可食用。

功效 熟莲藕有补益脾胃、益血生肌的功效；干贝富含人体所需要的大量营养元素如氨基酸，而且味道与鲍鱼、海参不相上下；排骨自然是日常营养丰富且味美的食材。三者搭配，营养与口味双丰收。

运动胎教：练习呼吸和出力技巧

正确的呼吸和出力技巧可以使你在生产过程中使体力用得适得其所，避免消耗体力，使分娩过程更加顺利。此时你需要继续坚持练习拉梅兹呼吸法。

可由准爸爸陪同练习

在练习拉梅兹呼吸法时，你不妨让准爸爸参与进来，从第一阶段开始，模拟拉梅兹呼吸的整个过程，这样会让准爸爸了解你呼吸的表现，在分娩过程中甚至可以让他来引领你的呼吸节奏。

出力，关键在于掌握技巧

在不同的阶段，注意不同的出力技巧，会让你生产顺利。

1 分娩开始后等待宫口张开的阶段：不需要过于用力。此时宫口未开，如果你过于屏气用力，会过早地消耗体力，而且过长时间屏气易导致呼吸性酸中毒。你需要保持均匀呼吸，宫缩时慢慢深吸气，慢慢吐出。

宫缩间歇期，最好闭眼休息，养精蓄锐。

2 宫口开全至胎宝宝头部娩出的阶段：用尽全力，屏气使劲。这时宫口开了，需要足够的力量将宝宝推出。宫缩时你可以双腿屈曲分开，两手抓住手柄（或陪产人的手），像解大便一样用力向下，时间越长越好，以增加腹压，促进宝宝娩出。

宫缩间歇时充分放松休息，下次宫缩时再开始用力。此时避免大声呻吟或大喊大叫，这样做不仅不能减轻疼痛，反而可能引起过度换气，致使母体缺氧，影响宝宝的血液循环，还会过多消耗体力，使真正要用力时无力可使。

3 头部娩出后的阶段：你可以再次用力，宝宝娩出一部分了，这时你可按照第二阶段的屏气法用力，用尽全力，以加快胎盘的娩出，减少出血。

在做运动时，我们建议准妈妈在专业人士的亲自指导下进行，技巧掌握熟练了，再由家人陪同单独练习。在运动时，注意不要用力过猛或猛地转身之类的不宜动作；此外如果出现疼痛、恶心、眩晕等症状，应立即停止运动。

在分娩过程中，助产士会根据胎宝宝的娩出情况给你用力提示，此时遵从他的要求就好。

出生后：巩固胎教成果

宝宝出生后，“胎”教自然不存在了，但是胎教的成果则需要巩固哟。胎宝宝接受的各种训练，比如语言训练，如果出生后不再坚持练习，胎宝宝很快就会忘记，非常可惜。因此宝宝出生后，妈妈仍然需要重复之前的胎教内容，不要让宝宝把这些美好的记忆忘掉。

而且宝宝出生后是巩固胎教成果的最佳时机。从出生起，只要胎宝宝醒着，妈妈和爸爸就应该多和他说话，给他读读过的故事，听听过的音乐，唱唱宝宝曾熟悉的歌曲，以加深他的印象，有助于唤醒宝宝最初的记忆，而且这还能增进亲子关系。

此外在宝宝视觉发展时，还可以把曾用于胎教的实物，比如闪光卡片、玩具等，再次摆在他面前，他在胎内学过的东西，会逐渐反馈回来，并做出反应。

巩固胎教成果，要根据宝宝出生后的感觉器官发展规律来进行。

爸爸也是巩固胎教成果的“老师”之一哟，不可偷懒。此外妈妈照顾新生儿，消耗的精力比较多，爸爸更应该在巩固胎教成果上多出力才是。这也有助于增进爸爸和宝宝的关系。

附录

准妈妈40周保健备忘录

你的备忘录

第1周：不要随便吃药，不要喝酒抽烟

第2周：算好排卵期，排卵期开始隔天一次性生活

第3周：放松心情，把自己当个孕期女性

第4周：留意月经来潮之日是否见红

第5周：若月经未来，上医院做检查，确定是否怀孕

第6周：记录孕期禁忌食品

第7周：如果工作强度大或工作性质可能影响胎宝宝，考虑辞职

第8周：穿浅色内裤，及时发现异常分泌物(流产前兆)

第9周：注意口腔卫生，防止牙龈炎

第10周：别忘了做胎教，孕早期以情绪胎教为主

第11周：每天晚饭后散步半小时

第12周：做第一次产前检查，并在医院建档

第13周：根据检查确定是否需要补钙、补铁

第14周：开始换大一号的文胸，并经常做乳房按摩

第15周：多跟宝宝说话，将愉快的情绪传给肚子里的小宝贝

第16周：第二次产前检查，进行唐氏综合征筛查

第17周：留意胎动（像小鱼儿吐泡泡的感觉）

第18周：肚子变大，穿宽松的孕期女性服装

第19周：分泌物增多，内裤每天一换

第20周：第三次产前检查，预约四维彩超（一般需要提前预约）

第21周：学习监测胎动

第22周：取下身上的饰品，特别是戒指

第23周：每天在胎宝宝活动的时候听轻柔的胎教音乐

第24周：第四次产前检查，进行糖筛查和做四维彩超

第25周：控制饮食，防止体重增长过快

第26周：不要总是坐着或躺着，适当的运动有利于自然分娩

第27周：学习给宝宝做光照胎教

第28周：第五次产前检查，这周开始每两周一次产前检查

第29周：确定生产医院

第30周：第六次产前检查，开始进行胎心监测

第31周：和老公一起购买宝宝用品

第32周：第七次产前检查，向医生了解胎位状况

第33周：开始会阴按摩，预防会阴侧切

第34周：第八次产前检查，想在分娩中采取镇痛措施，产检时可咨询下医生

第35周：准备待产包

第36周：第九次产前检查

第37周：如果还在工作，要做休产假的准备了

第38周：了解分娩常识，学习一些分娩技巧

第39周：留意分娩前兆（分泌物增多、见红、宫缩频繁等）

第40周：检查待产包，随时准备去医院

产前检查详细时间安排表

为了让准妈妈和准爸爸更直观地了解产前检查的具体检查项目及大致时间安排，我们将一般产前检查的项目和时间列为下表，供准妈妈和准爸爸参考。

孕 28 周前，产检频率为每月 1 次

产检次数	怀孕周数	常规检查项目	特殊检查项目	温馨提示
第 1 次	12 周左右	了解病史（年龄、职业、月经史、孕产史、手术史、本次妊娠过程、家族史、准爸爸健康情况等） 推算预产期 体重 身高 血压 宫高 腹围 四肢浮肿情况 胎心	尿常规 血液检查（验血） 血常规 凝血功能 血型（ABO、Rh） 甲乙丙肝抗体 艾滋病抗体 梅毒抗体 肝功能 风疹病毒 弓形虫抗体 巨细胞病毒等 阴道检查 心电图 颈后透明带扫描（NT，检测胎宝宝唐氏综合征，怀孕 11~13 周进行） 绒毛活检（检测胎宝宝唐氏综合征，怀孕 11~13 周进行）	1. 建卡 2. 预约 B 超 3. 不要因为产检时要称体重就不吃东西，饥饿不仅对自己和胎宝宝都不好，而且还会使很多检查受到影响，除非医生特别通知，一定要好好吃东西
第 2 次	16 周	体重 血压 宫高 腹围 四肢浮肿情况 听胎心 血常规 尿常规	唐氏综合征筛查（怀孕 14~20 周进行） 羊水穿刺（检测胎宝宝唐氏综合征，怀孕 16~20 周进行）	有些医院会合并进行第一次产检时的血液检查和唐氏综合征筛查
第 3 次	20 周	同上	B 超（排除胎宝宝畸形，怀孕 18~24 周进行）	
第 4 次	24 周	同上	糖筛查（一般在怀孕 24 周进行，如有高危因素可提前至孕早期） 糖耐量测试（糖筛查测量值超过标准时进行）	

怀孕 28~36 周，产检频率为每 2 周 1 次

产检次数	怀孕周数	常规检查项目	特殊检查项目
第 5 次	28 周左右	体重 血压 宫高 腹围 四肢浮肿情况 听胎心 血常规 尿常规	
第 6 次	30 周	同上	B 超（检查胎宝宝发育情况并进一步排畸，怀孕 30~32 周进行）
第 7 次	32 周	同上	
第 8 次	34 周	同上	
第 9 次	36 周	同上	胎心监护（从 36 周开始每周一次）

怀孕 36 周以后，产检频率为每周 1 次

产检次数	怀孕周数	常规检查项目	特殊检查项目	温馨提示
第 10 次	37 周左右	体重 血压 宫高 腹围 四肢浮肿情况 胎心监护 血常规 尿常规	骨盆测量 B 超（检查胎宝宝大小、胎位和羊水状况，为分娩做准备，怀孕 36 周或以后进行） 心电图（可在门诊做，无特殊情况也可在入院待产时做）	1. 与医生讨论分娩方式 2. 在最后一个月一定要坚持做胎心监护
第 11 次	38 周	同上		
第 12 次	39 周	同上		

注意：

由于所在城市及产检医院不同，具体检查的时间与常规和特殊产检项目可能与表格中有差别，有些检查项目是根据准妈妈的具体情况由医生安排，因此不一定都会进行。在实际检查时，准妈妈应以医院和医生的要求为准，配合医生进行检查。